全民健身理念解读与运动方法研究

王冬梅◎著

中国水利水电出版社
www.waterpub.com.cn
·北京·

内 容 提 要

本书分两个部分。第一部分是对全民健身理念的解读,首先对全民健身的基本知识进行了阐述,然后对我国全民健身的发展现状与趋势进行了解析,接着对全民健身运动的科学理论基础、科学原理与策略以及科学保障理念与方法进行了分析。第二部分是对全民健身运动方法的研究,首先对城市社区体育健身方法、社会不同群体的健身方法进行了研究,然后又分别对常见休闲体育、民族传统体育、极限运动健身与运动方法进行了研究。本书的结构清晰明了,语言简洁凝练,知识点丰富全面,是一本可读性和借鉴性都非常强的专业学术著作,能够为人们了解和参与全民健身提供科学的指导。

图书在版编目(CIP)数据

全民健身理念解读与运动方法研究 / 王冬梅著. --
北京 : 中国水利水电出版社,2016.10(2022.9重印)
ISBN 978-7-5170-4711-7

Ⅰ. ①全… Ⅱ. ①王… Ⅲ. ①全民健身－健身运动－
研究 Ⅳ. ①G812.4

中国版本图书馆CIP数据核字(2016)第216727号

责任编辑:杨庆川　陈　洁　　封面设计:崔　蕾

书　　名	全民健身理念解读与运动方法研究　QUANMIN JIANSHEN LINIAN JIEDU YU YUNDONG FANGFA YANJIU
作　　者	王冬梅　著
出版发行	中国水利水电出版社
	(北京市海淀区玉渊潭南路1号D座 100038)
	网址:www.waterpub.com.cn
	E-mail:mchannel@263.net(万水)
	sales@mwr.gov.cn
	电话:(010)68545888(营销中心)、82562819(万水)
经　　售	全国各地新华书店和相关出版物销售网点
排　　版	北京厚诚则铭印刷科技有限公司
印　　刷	天津光之彩印刷有限公司
规　　格	170mm×240mm　16开本　20印张　358千字
版　　次	2016年10月第1版　2022年9月第2次印刷
印　　数	1501—2500册
定　　价	60.00元

前　言

　　政治稳定、经济发展迅速，人们的基本物质需求已经得到满足，并且开始追求更高层次的需求。当前生活、工作节奏快、压力大，脑力劳动逐渐代替了体力劳动，另外，由于科学技术的不断发展，人们工作、生活中的机械化程度越来越高，人们足不出户就能做许多事情，这就解放了人们的双脚。正因为如此，当前社会的"现代病""文明病"泛滥，改善这些状况已经成为现代社会的首要任务。而全民健身就成为完成这一任务的重要途径和方式。

　　全民健身早在 20 世纪 90 年代就被提出来，全面提高国民体质和健康水平是其重要宗旨。在国家政府的大力支持和人们的积极参与下，全民健身至今已经发展了二十多年，并且取得了一定的成效。比如，城市社区健身、学校健身的广泛开展，人们健身意识不断增强等。但是与此同时，全民健身的发展中也存在着一定的问题，比如，对全民健身的理论研究较少，对实践的指导性较为欠缺；健身内容较为单一，人们的健身选择范围较小，这就在一定程度上制约了人们参与健身运动的积极性；等等。鉴于此，特意撰写了《全民健身理念解读与运动方法研究》一书，希望能够为上述问题的解决提供必要的依据，为全民健身的进一步发展做出应有的贡献。

　　本书共十章，可分为两个部分。第一部分为前五章，是对全民健身理念的解读，其中，第一章对全民健身的概念与内涵、内容与特征以及《全民健身计划纲要》等基本知识进行了解读，能够使人们建立一个全民健身的初步概念；第二章对我国全民健身的现状及发展进行了解析，以此来了解全民健身的发展历程与发展前景；第三章对全民健身运动的生理学、心理学、运动学方面的科学理论基础进行了分析；第四章对全民健身运动的科学原理与策略进行了研究，主要包括全民健身运动的科学原理与准备工作、原则与方法、效果测评以及服务体系的构建几个方面的内容；第五章则是对全民健身运动的科学保障理念与方法的阐述，主要涉及营养、伤病以及医务监督几个方面。这一部分能够使人们对全民健身有一个全面的了解，并且为实践部分提供科学的理论指导。第二部分是第六章至第十章，是对全民健身运动方法的研究，其中，第六章在对城市社区体育基本知识和城市居民体育健身的特点与方式进行分析的基础上，对社区健身器械健身方法进行了研究；第七章对不同年龄、性别、社会阶层、社会弱势群体的健身方法进行了研究；第八章至第十章则分别对常见休闲体育（健身走与健身跑、游泳、球类运动、形体类运动)、民族传统体育(武术、气功术、民间民俗运动)以及极限运动(陆上运动、水上运动、冰雪运动、空中运动)健身与运动方法进行了研究。这一部分能够为人们参与到全民健身中提供科学的实践指导。

　　本书通过简洁凝练的语言、系统明了的结构以及丰富的知识点,从理论与实践两个方面对全民健身进行了全面的分析和阐述,充分体现出了科学性、系统性、全面性、实用性、时代性等显著特点,是一本指导性非常强的学术著作,值得阅读和借鉴。

　　本书在撰写过程中参考和借鉴了部分专家学者的研究成果和观点,在此表示最诚挚的感谢! 另外,由于时间和精力有限,书中不足之处,敬请指正!

作　者
2016 年 6 月

目 录

前言

第一章　全民健身概述……………………………………………… 1

　　第一节　全民健身的概念与内涵………………………………… 1

　　第二节　全民健身的内容与特征………………………………… 6

　　第三节　《全民健身计划纲要》解读 ………………………… 11

第二章　我国全民健身的现状及发展解析 ……………………… 26

　　第一节　全民健身产生的背景 ………………………………… 26

　　第二节　我国全民健身的发展现状分析 ……………………… 29

　　第三节　我国全民健身发展的趋势与对策 …………………… 37

第三章　全民健身运动的科学理论基础 ………………………… 56

　　第一节　全民健身运动的生理学基础 ………………………… 56

　　第二节　全民健身运动的心理学基础 ………………………… 67

　　第三节　全民健身运动的运动学基础 ………………………… 79

第四章　全民健身运动的科学原理与策略 ……………………… 87

　　第一节　全民健身运动的科学原理与准备工作 ……………… 87

　　第二节　全民健身运动的原则与方法 ………………………… 95

　　第三节　全民健身运动效果的测评…………………………… 104

　　第四节　全民健身服务体系的构建…………………………… 116

第五章　全民健身运动的科学保障理念与方法 ………………… 119

　　第一节　全民健身运动的营养消耗与补充…………………… 119

　　第二节　全民健身运动的伤病与恢复………………………… 127

　　第三节　全民健身的科学医务监督…………………………… 140

第六章　城市社区体育与健身方法研究……………………………… 148

　　第一节　城市社区体育概述……………………………………… 148

　　第二节　城市居民体育健身的特点与方式……………………… 152

　　第三节　社区健身器械健身方法指导…………………………… 160

第七章　社会不同群体的健身方法研究…………………………… 180

　　第一节　不同年龄群体的健身方法指导………………………… 180

　　第二节　不同性别群体的健身方法指导………………………… 191

　　第三节　不同社会阶层的健身方法指导………………………… 200

　　第四节　社会弱势群体的健身方法指导………………………… 204

第八章　常见休闲体育健身与运动方法研究……………………… 212

　　第一节　健身走与健身跑………………………………………… 212

　　第二节　游泳健身………………………………………………… 217

　　第三节　球类运动健身…………………………………………… 223

　　第四节　形体类运动健身………………………………………… 238

第九章　民族传统体育健身与运动方法研究……………………… 246

　　第一节　武术健身………………………………………………… 246

　　第二节　气功术健身……………………………………………… 264

　　第三节　民间民俗运动健身……………………………………… 272

第十章　极限运动健身与运动方法研究…………………………… 277

　　第一节　极限运动概述…………………………………………… 277

　　第二节　陆上运动健身…………………………………………… 278

　　第三节　水上运动健身…………………………………………… 288

　　第四节　冰雪运动健身…………………………………………… 302

　　第五节　空中运动健身…………………………………………… 306

参考文献……………………………………………………………… 311

第一章　全民健身概述

自 1995 年国务院颁布《全民健身计划纲要》以来,我国各省市城乡居民对全民健身活动的认识和了解不断加深,参加体育健身的人口显著增加。在一些经济发达地区,全民健身活动已成为市民生活中不可或缺的一个重要部分了。本章就全民健身的基本知识进行阐述,主要从全民健身的概念与内涵、内容与特征、《全民健身计划纲要》解读三个方面具体展开。通过对这几方面内容的分析与研究,我们可以对全民健身的基础知识有一个全面的了解与认识。

第一节　全民健身的概念与内涵

一、全民健身的概念

(一)健身的概念

通过研究健身产生与发展的过程后发现,健身这一活动过程在世界上不同国家和地区都有不同的称谓,因此对其内涵的理解自然也就有差异。在古代,不管是东方国家,还是西方国家,人们对健身的认识是较为统一的,即强健体魄、修炼身心。健身与我国传统养生的含义基本上是相同的。我国传统养生方法就通过独特的运动方式,来达到维持生命、延长寿命的目的。传统体育养生又称"道生""养性""保生"等。养生一词最早出现在《庄子》内篇中。其中,"生"意为生命、生存、生长;"养"即保养、调养和补养。简单来说,保养生命就是养生。养生与现代医学中所说的保健又有异曲同工之处,近代西医传入我国后,保健一词逐渐出现,其最初是一个医学专用术语,指个人与集体所采取的医疗预防与卫生防疫的综合措施。养生与保健对于个人而言,其含义是基本一致的,但对于集体而言,保健的范围更广泛。

现阶段,随着社会经济的快速发展,人民的物质生活水平日益提升,并开始追求健康的生活方式,一些人已将健康作为自己的第一需求了。人们关于健身的认识,大都是浅显的,认为健身仅仅就是体育锻炼,实际上健身的含义不止如此。"健身"一词是在 20 世纪 90 年代出现的,在当时,除了医疗手段之外,其他所有为了人体健康而采用的方法与手段都被纳入了健身的范畴。在众多的健身方法与手段中,人们通过体育运动的方式实现健身的目的被称为体育健身,也称作"运动健身"。

20 世纪 90 年代之后,我国从其他国家引入了大量的与健身相关的文献和资料,从此,人们对健身一词的理解就更加深入了。例如,林建棣在《体育健身指南》中指出,实质上健身的意思就是促使人的身体健全和体质增强。林笑峰先生认为,人类的身体不能任其自然发展,要对其加以建设,这是人类生长与发展的客观需要。健身是对人的身体进行建设或健全的有效手段,通过这个方法可以使人的体质不断增强。健身时,不仅要对四肢进行锻炼,而且要对头脑加以锻炼,因为头脑也是人身体的重要组成部分,头脑不健康,身体就难以实现整体的健全。毕春佑在《健身教育教程》中认为,建设和健全人的身体就是健身,实际上也就是说增强人的体质,这和前面的观点是一致的。朱金官在《健身健美手册》中认为,健身指的是通过对一定身体锻炼方式的运用来实现促进体质强健的目的。

不同的学者对健身含义的界定各有侧重,在分析上述几种观点之后可得出,健身是促进人体健康,提高生活质量的一种行为方式。我们可以对健身的概念作如下界定:健身是指运用各种体育手段,结合自然力和卫生措施,以发展身体、增进健康、增强体质和愉悦身心为目的的身体活动过程。健身包括一系列的行为过程,有智力行为、机体行为,也有社会行为,这些行为的实施都是为了改善身体健康状况,而不仅仅只是从疾病的状态中脱离出来,可见健康是健身的主要目的。

现代健康新观念认为,健康的内涵不仅包含人的身心全面发展,同时还包括人心智方面的全面发展,以及个体与社会的协调统一。可是,在现实生活中并不是每个人都清楚地了解"健康"的概念。人们通常将"健康"理解为没有疾病,"要拥有健康只要加强锻炼、合理膳食就可以了"。其实不然,"健康"的含义远不止这样简单。早在 1948 年世界卫生组织成立之时,就在其宪章中明确地指出:"健康"不仅仅是没有疾病和没有衰弱的表现,更重要的是在生理上、心理上以及社会适应能力方面的一种完美状态。"健康"至少应该包括三个层面的含义:首先是自然性的,人首先是一个自然体,人的组织器官以及生理功能良好,这是生物意义上的一种健康状态;其次表现在文化性上,人不仅仅是一种动物,人具有自己的思维,具有非常丰富的内心世界,他不但要去适应自然还要去改造自然,从这个层面上来讲,健康的心态以及健康的行为与规范是文化层面上的健康;再次是社会性层面上的"健康",个人与社会之间不仅互为需要,同时还是一种互动的关系,健康的活动大多是一种个体的行为,但一定会受到特定社会制度、道德规范以及人际关系等方面的制约,因此健康的心理品质(如良好的认知、意志品质、处事态度、适度的情感及表达方式、高尚的审美情趣、自尊、自信、自爱等)就是社会意义上的健康。换言之,判断与衡量一个人是否健康,一定要从生理、心理以及行为等多方面进行综合分析,不仅要看所判断对象身体上的器质性或者功能性异常,还应该观察其有没有主观不适感,身上是否具备社会所公认的不健康行为。

综上,健身不仅体现了古汉语中养生的含义,而且也体现了现在我们通过所说的"发展身体""完善人体""增强体质"等。人类健全自己的身体,不仅要使身体从弱变强,而且要使身体从不完善到健全与完善。所以,"养生""发展身体""增强体质""完善人体"等词语都可以用健身一词来标记。这些词语的内涵在健身中都能够体现出来,所以说健身是一个具有综合含义的词汇,既有强健身体的意思,又有健全身心的含义。

(二)全民健身的概念

全民健身是指全国人民,不分男女老少,全体增强力量,柔韧性,增加耐力,提高协调,控制身体各部分的能力,从而使人民身体强健。全民健身旨在促进国民体质和健康水平的全面提高,全民健身活动的重点对象是儿童和青少年,倡导全民每天参加一次以上的体育健身活动,学会两种以上健身方法,每年进行一次体质测定。[①]

我国之所以会产生全民健身的概念,主要有以下两方面的背景原因:一方面是世界大众体育对我国产生了广泛的影响;另一方面是对中国特色社会主义国家进行建设的客观需求和必然产物,对这两个方面的分析具体如下。

1.世界范围内大众体育发展在中国的体现

第二次世界大战后,大众体育开始在西方国家尤其是发达国家出现,20世纪60年代,西方发达国家的大众体育的发展规模初步形成,在20世纪80年代后大众体育的发展速度不断加快,其在世界上迅猛发展、势不可挡的趋势也开始越来越突出。在这种背景下,各种类型的世界性民间组织、政府组织都对大众体育给予了高度的关注与重视,不仅如此,世界上很多国家都以本国的实际发展情况为依据对一系列的大众体育发展规划进行了科学制定,大众体育在法律层面上又有了新的发展,发展规划的建立确保了大众

---

① 李相如,苏明理.全民健身导论[M].北京:高等教育出版社,2008.

体育的健康、可持续发展。

随着世界大众体育运动发展势头的日益强劲,许多国家深深地受其影响,纷纷对本国的大众体育发展规划进行有组织、有计划的制定,并对长期奋斗目标进行了明确,对具体落实计划进行了科学规划。例如,澳大利亚的《生命在于运动计划》《积极澳大利亚》;加拿大颁布了有关大众体育的《积极生活》;韩国的《小老虎体育健身计划》;德国制定了《家庭体育奖章制》和《黄金计划》等;新西兰的《国家运动计划》;英国的《年代体育战略规划》和《体育:提升娱乐》;比利时的《每家一公里计划》;美国提出了《最佳健康计划》和《健康公民 2010》;日本出台了《东京都增进健康计划》《国家体育促进与大众体育建议》和《迈向 21 世纪体育振兴策略》。① 这些计划的实施使得体育与健康、卫生、生活方式及质量等之间的关系日益密切,进一步促进了大众体育运动的发展。

随着大众体育的广泛发展,我国也开始认识到了这一趋势与现象。我国是世界人口大国,我国如果要发展大众体育,不但会对本国造成影响,而且会影响全世界。在观察到世界大众体育运动的发展势头后,政府对大众体育在我国的发展进行了认真规划和科学布局,并对专门的法规性文件——《全民健身计划纲要》进行了制定、颁布与实施,而且实践证明这一决定是英明的。从这一点来看,世界大众体育的发展潮流直接影响了我国全民健身活动的开展,实际上,大众体育在我国的发展正是通过全民健身活动体现出来的。

2. 建设中国特色社会主义国家的客观要求

人是我国社会主义现代化建设的根本力量,社会主义事业的发展程度直接受到人力资源质量的影响。胡锦涛同志在党的十七大报告中提出:科学发展观,第一要义是发展,核心是以人为本。人是"以人为本"理念的核心,人与人、自然及社会的和谐相处也是以人为本理念的重要含义,而人的基本权利就是健康。因此,在和谐社会的构建过程中,一个至关重要的问题就是人的健康问题。而且国际社会也普遍认同在建设国家的过程中要将人的问题充分重视起来。人是社会发展的根本,而健康又是人发展的根本。我国经济建设和社会发展要求国民整体上要有良好的素质。而从整体上提升全民素质的一个很重要的途径就是全民健身,在促进全民体质增强,促进国民健康水平提升的过程中,全民健身发挥的价值与作用是积极的、巨大的。

---

① 李相如,苏明理. 全民健身导论[M]. 北京:高等教育出版社,2008.

　　新中国成立后,我国大力发展体育事业,并取得了可喜的成就。具体表现在:全国各地普遍开展群众性体育活动,而且活动内容丰富,活动形式多样;我国的体育物质条件得到了明显的改善;体育活动的参与者大量增加;人民的体质与健康水平日益提高;在促进人民整体素质提高、加强社会主义建设的过程中,体育发挥着日渐显著的作用。

　　以上这些成就都说明我国社会各界普遍重视与支持全民健身工作。但需要注意的是,我们不仅要看到全民健身工作开展的成就,也要看到在发展中存在的不足。总体上来说,我国全民健身工作的现状与我国现阶段社会主义现代化建设的需要还不相适应,具体表现在以下几方面。

　　(1)群众普遍还没有较强的体育健身意识,我国还没有特别广泛地开展群众性体育活动。体育锻炼的参加者数量还不够多。

　　(2)群众参与体育锻炼的需求得不到满足,现有体育场地设施向社会开放的情况不多见。

　　(3)我国还没有先进的全民健身工作科学技术和监测管理系统。

　　(4)我国对相关法规、文件的执行力度还不够。

　　(5)与社会主义市场经济制相适应的全民健身管理体制和运行机制还未建立,处于摸索阶段。

　　我国在发展经济与体育的过程中,要通过合理的政策与有效的措施来对以上这些问题逐步加以解决。1995年,《体育法》和《全民健身计划纲要》正式颁布实施,这是我国相关部门经过反复酝酿和多次论证修改的结果。这些法律制度的颁布标志着我国全民健身活动正式起步并进入了规范发展的轨道。此后,全民健身活动的参与者有法可依,并拥有了健身的权利。

二、全民健身的内涵

　　《全民健身计划纲要》明确指出:"为了更广泛地开展群众性体育活动,增强人民体质,推动我国社会主义现代化建设事业发展,特制定本纲要。"群众性体育活动、人民体质、社会主义现代化建设事业是这句话的三个关键词,全民健身的主体、内容和目的是这三个关键词传递出的重要信息。

　　《全民健身计划纲要》(送审稿)中明确指出,全民健身计划的实施是以全体国民为对象的。全民健身中,"全民"指的是具有中国国籍的十几亿国民,无论男女老少,不管东西南北,甚至居住在国外的侨民都在这个范围中。"健身"就是对人的身体进行健康维护,并促进体质不断增强。我国一些学者对全民健身概念的界定主要从两方面入手,即对象和方法,因此将全民健身界定为全体人民采取不同的手段、方法达到增强体质的目的。蓝新光在

《全民健身大视野》中提到,对于我国而言,"全民健身"已经不仅仅是一个简单的词汇,它已是我国建设社会主义现代化过程中的一项事业,是我国亿万同胞的体育实践。在 20 世纪末期,全民健身是当时的体育热点,是我国特有的社会现象。"全民健身"的含义已经不仅仅是全国人民来健身这样浅显的字面意义了,它已经成为"全民健身事业""全民健身计划""全民健身战略""全民健身工作"及"全民健身工程"等的代名词了,内涵更加丰富了。

强身健体是我国全民健身的主要功能和作用,但不是唯一的。积极向上、团结合作、遵守规则、公平竞争、和谐发展等都是全民健身所倡导的重要精神及理念,这与我国构建和谐社会的理念基本上是完全相符的。所以,我国要继续探索如何将全民健身的作用与功能更好地发挥出来,使其在社会主义事业发展和人民生活质量方面都能够起到积极的促进作用,使人们不仅将全民健身看作是身体运动,更看作是一种健康的生活方式。这样,全民健身才有可能成为促进社会进步与发展的重要推动力,和谐发展、公平竞争、崇尚规则等理念才有可能真正的落实。

综上可知,全民健身的含义在不断演化,并且向"中国特色的大众体育"层面不断延伸,其具备内涵如下。

(1)全民健身活动的法规法律与组织。

(2)全民健身活动设施与资源开发。

(3)全民健身活动分类与基本内容。

(4)中国社会体育指导员、市民健身、农民健身、学生健身、特殊人群健身。

(5)全民健身效果评价以及全民健身的国际借鉴等。

第二节　全民健身的内容与特征

一、全民健身的内容

(一)普通健身人群活动内容

1. 个体健身活动内容

通过查阅《中国全民健身现状调查结果报告》发现,长走与跑步、足篮排球、羽毛球、游泳、体操、乒乓球、登山、跳绳、台球与保龄球、舞蹈是在我国体育人口健身活动中排名前十的。这些活动内容与过去相比,相对具有一定的稳定性。与过去相比,参加太极拳、气功、武术、门球、地掷球等项目的人数有所减少,而舞蹈、球类等有很强的娱乐性与竞技性的项目参与者有所增多,登山的人也较过去有了增加。

2. 群体锻炼健身活动内容

据调查发现,我国城乡居民参与全民健身活动点从事的体育项目排在前九位的依次是健身健美操、武术、秧歌、交谊舞、广播操、羽毛球、气功、门球、网球。与以前相比而言,气功项目的参与者有所减少。以前气功在居民的健身项目中排名第一,现在排第七。基本上,有很多居民活动点将这些项目作为长期锻炼的项目,也有少数居民活动点按照季节调整相应的锻炼项目,随体育潮流的变化而变化而更换活动项目的活动点也有,但比较少。

之前,人们只是参与大众健身中几个有意思的项目,现在随着全民健身运动的不断发展,各种各样的项目都成为全民健身路径。当前,具有创造性的大众健身锻炼项目不断出现,如太极柔力球就是一个典型,中老年健身人群普遍都喜欢参与这项运动,其是羽毛球与太极拳技术和思想的结合,对于中老年人锻炼身体十分有益。老年拐棍操也是一个比较新颖的项目,它由上海市某社区设计而来,主要是为了满足老年男子锻炼的需要,这一项目动作合理,形式诙谐,颇有趣味,因此对老年男性有很大的吸引力。

(二)商业健身人群活动内容

1. 商业健身概述

商业健身全称是"商业健身服务业",是通过将优质的体育健身产品和优良的服务提供给客户,从而使客户健身需求得以满足的服务行业。

作为体育产业的重要组成部分,商业健身服务业在大城市的发展十分迅速。从另一个角度来看,商业健身服务业在大众体育中也是一个重要组成部分,其在大众体育中的作用与地位都很重要。然而,有些人错误地认为,这不是大众体育的一部分,只是那些为富有的人服务的行业,其实从本质上而言,其从属于大众体育的范畴。

2. 商业健身的特点

(1)商业健身服务业中,不管是企业,还是客户,增强体质是他们共同追求的目的。

(2)从第一点商业健身的目的性来看,商业健身属于大众体育健身的一个重要组成部分。

（3）商业健身服务业的客户有良好的经济水平,而且随着社会经济与人民生活水平的提高,这部分群体在不断壮大。

（4）商业健身中,健身设施和环境较为优越。

（5）在健身过程中,客户通常都能够得到专业的、科学的指导,因此健身的效果较好。

（6）健身者在健身过程中必然要投入较大的资金,这是其为健康投入的成本。

（7）商业健身服务业中,企业是以赢利为根本目的的。

3.商业健身服务业的意义

（1）健身俱乐部拥有高质量的建设设施与良好的健身环境,所以客户个人特定的健身目标（减肥、健身、塑形、娱乐）基本上可以在此实现。

（2）特定社会阶层的健身与心理需要可以在商业健身中得到满足,这也是"市场细分"的必然结果。

（3）商业健身对于体育产业的整体发展具有积极的推动作用。

（4）公益性大众健身存在一定的不足,这在商业健身中能够得到弥补,一定程度上可以使公益性大众健身资源有限的问题得以解决。

（5）商业健身有利于增加就业机会,促进社会就业率的提高。

4.参与商业健身的活动内容

调查显示,客户参与的商业健身活动内容中,排在第一的是操类课程。具体包括搏击操、健美操、肚皮舞、瑜伽、游泳、剑道等。普拉提、动感单车、跆拳道、有氧功率跑台等也是主要的健身活动内容。在一些高档的商业健身企业中,网球、高尔夫球等也是常见的项目。

以上这些健身项目对于人的健康体能的发展十分有益,不同项目侧重发展的体能是不同的,有些侧重发展人的力量,有些侧重发展人的柔韧,有些更侧重促进人的有氧耐力的发展。

以上这些健身项目大都来自国外,如韩国的跆拳道、印度的瑜伽、日本的剑道等。从文化角度来看,韩国跆拳道充满各种教育因素,如仁、礼、勇、信等;印度的瑜伽有古老的印度文明的支撑;日本的剑道体现了日本的勇士精神;等等。从这些项目的需求人群而言,白领阶层是喜爱这些产品的主要人群,他们喜欢这些产品不仅是因为通过这些项目可以健身,而且还有一定的精神追求,信其"道",亲其"师"。不同项目对应了有不同目的与追求的人群,比如力量训练与形体健美是喜欢健美的人士追求的产品,有氧跑台上运动是需要减肥的朋友热衷的一个主要项目。

很明显,在商业健身服务业中,客户在参与健身活动时对场地、器材等设施以及环境和服务都有较高的要求。

(三)全民健身中的竞赛活动

体育活动的基本特点中,竞赛是其中一个特征表现,竞赛也是参与体育活动的一个基本手段。在全民健身活动的发展中,离不开竞赛发挥杠杆作用。

目前,"全国体育大会""民族传统体育运动会"等是我国具有全民健身性质的主要大型综合赛事。全国门球比赛、全民健身路径的比赛、全国舞龙及舞狮比赛等具有全民健身性质的大型单项竞赛活动也有很多。从年龄来划分,全民健身中的竞赛活动有老年人的竞赛活动、青少年的竞赛活动等。

需要注意的是,全面健身活动竞赛的举办目的与手段与竞技体育竞赛是不同的。对大众体育竞赛活动进行组织与举办时,不可以简单用竞技体育竞赛的方法来全面处理。全民健身竞赛比的是更健康、体育素养更高,而不是"更快、更高、更强"。在现阶段,我国大部分大众体育竞赛活动都是通过对竞技体育竞赛办法的盲目套用而举办的,这需要引起有关部门的关注与重视,及时纠正这一错误的做法,采取合理的对策来正确地举办大众体育赛事,明确赛事的目的、任务、内容及价值所在。

二、全民健身的特征

(一)全民性和公益性

全民健身具有全民性的特征,这主要体现在其坚持以人为本的理念,服务对象是全国国民,实行的是大众服务,对公民平等参加体育的权利依法加以保障,让全体国民通过全民健身活动享有体育,享受乐趣,可见全民健身不是惠及一部分人,而是全体大众。人人都有权利参与全民健身活动,但每个人同时也受到一定公共规则和社会道德的约束。

群众性体育事业具有公益性的特征,顾名思义,公益指的是就是公共的利益,而社会公众就是公共的具体表现。作为一项公益性社会事业,全民健身活动的发展离不开社会主义市场经济体制的影响,因此国家不对这项事业大包大揽,其是一项具有福利性特征的事业,政府、社会、公民都有相应的责任,并各自依法承担与履行责任。

(二)健身性和娱乐性

群众体育的众多追求中,一个明显的本质追求就是健身性和娱乐性。群众体育具有鲜明的健身性特征,这主要是指经常参加体育活动能够促进人的体质健康,促进体能素质的提高,使人保持长期的活力。群众体育同时具有娱乐性,这具体是指人们在体育活动中心灵可以得到放松,精神会振奋。健身性和娱乐性是相辅相成的关系,健全的身体实际上包括了精神的健全,精神健全是以身体为载体的。作为群众体育活动的参与主体,亿万群众在自愿、自主的基础上,以直接的身体活动参与体育运动,从而达到身心健全和精神饱满的目的。

(三)多元性和灵活性

1.服务对象的多元性与灵活性

全民健身的多元性与灵活性特征主要体现在服务对象上。全体国民是全体健身服务体系面向的对象,青少年、中年、老年,不同阶层、不同文化程度、不同职业等所有人群都包含在内。所以,全民健身活动面对的服务对象各不相同,因此需要提供不同的服务。

2.投资主体的多元性与灵活性

多元性与灵活性也体现在全民健身的投资主体上。全民健身计划的实施必然需要投入一定数额的资金,这是基础保障。《全民健身计划纲要》提出:"体育部门要改善资金支出结构,逐步增加群众体育事业费用在预算中的支出比重,鼓励企事业单位、社会团体、个人资助体育健身活动。"实施全民健身计划的资金来源是多元的,主要由政府拨款、社会筹集和个人投入三部分组成。随着我国经济体制的日趋完善,我国全民健身计划的实施也会有更加灵活的投资方式。

3.工作方式的多元性和灵活性

随着全民健身的深入发展与活动的广泛开展,一个多元的工作体系和工作方式逐渐形成,这个体系中主要由政府组织、社团组织、单位组织、社区组织以及民间健身俱乐部组织组成。在整个体育组织系统中,各个机构都发挥着自身的作用与价值,如政府体育机构、社会体育指导中心、体育社会团体、群众健身辅导站等。

第三节　《全民健身计划纲要》解读

一、《全民健身计划纲要》产生的背景

《全民健身计划纲要》(以下简称《纲要》)是在一定的社会背景与环境下产生,其所处时代的经济、政治、科学技术、教育等基本社会状况都对其的产生施加了一定的影响。可以说,社会发展和改革开放造就了《纲要》的诞生。《纲要》的诞生具有一定的时代性特征,是我国体育事业自身发展的客观要求。具体来说,《纲要》的产生背景主要表现如下。

(一)体育改革及发展的客观要求

毛泽东同志提出了"发展体育运动,增强人民体质"的方针,党和政府以这一方针为依据,通过对多种措施的采用来促进体育和医药卫生工作的不断完善。体育事业有了很大的进步与发展之后,全国人民的身体健康水平也有了相应的提高。特别是 20 世纪 80 年代以来,在世界和亚洲的大型体育赛事中,我国运动员不断取得优异成绩,受到了很多人的瞩目。但是虽然我国运动员在体坛上的表现较为可喜,但是与发达国家相比,我国运动员及其他人的体质健康状况较差,因此在着手体育工作时,相关部门与人员也开始关注怎样发展群众体育活动的问题了。在这种情况下,国家体委提出了一个很重要的战略思想,即"以青少年为重点、以全民健身为基本内容的群众体育与以奥运会为最高层次、以训练竞赛为主要手段的竞技体育协调发展",并提出在开展群众体育工作中,要抓的一个重点是全民健身活动的开展,这是促进我国国民体质增强的一项关键性的工作。1993 年 4 月,在全国体委主任会议的《国家体委关于深化体育改革的意见》和《群众体育改革方案》中,全民健身计划的制定与推行被正式提出,并且指出,在促进体育改革深化的过程中,要将全民健身作为一个重点。随着体育事业的不断深入发展,为了使其自身发展的需要得到满足,我们要将全民健身活动大力开展起来,为促进竞技体育整体水平的提高奠定良好的基础。我国社会主义现代化建设实行"三步走"的战略,在实现"小康"社会后,为了加快对中等发达国家的建设,我们需要为其提供一定的物质与精神保障,而人民体质健康水平的提高正是这些保障的具体体现。

(二)经济、社会、政治等条件促进了《纲要》的产生

1.《纲要》产生的经济条件

人类社会的存在与发展需要经济发挥基础作用,而物质资料的生产与消费是人类存在的根本,所以说,一个国家体育事业发展与进步的程度受到其经济发展与进步程度的制约与决定性影响。我国从改革开放以来,对"发展是硬道理"的科学论断始终坚持,社会生产力因此而有了全面的发展,国民生产总值、人民收入水平都有了较大幅度的提高,我国的经济发展水平与综合国力也在不断提高与增强,这些都为我国出台《纲要》奠定了良好的经济基础。

2.《纲要》产生的社会条件

在经济快速发展的条件下,科学技术也在不断创新,人们生活与工作的节奏也相应在逐渐加快。一方面,人们因为经济的发展而拥有了更多的福利,人们的生活条件和方式有了很大的改善,生活质量也有了显著提高;另一方面,人们在这样的环境下面临着很大的生活与工作压力,环境污染、生态失衡、营养过剩等情况不断发生,人们的健康因此而受到多方面的危害。与此同时,我国实行五天工作制后,人们的休闲时间有所增加,休闲结构和生活方式有所改善,人们面对社会活动也有了较强的参与意识。在各方面客观因素的影响下,人们将体育活动作为增强自身健康体质、改善生活方式和提高生活质量的重要方法与手段,这些都为《纲要》的出台提供了坚实的社会基础。

3.《纲要》产生的政治条件

党和政府自新中国建立以来在发展体育事业的过程中,始终将增强人民体质作为根本宗旨。在 21 世纪,我国的主要奋斗目标是促进中华民族整体素质的全面提高,对具有中国特色的社会主义小康社会进行建设,全面促进社会进步和发展,国民素质受到党和政府的重视为出台《纲要》奠定了良好的政治条件。

二、《全民健身计划纲要》的意义

(一)体现公民享受体育基本权利

国务院在 1995 年 6 月颁布的《纲要》是民族体质建设的庞大系统工程,

这一工程开展的目标与任务明确,有合理的措施与有序的步骤,其由国家领导,社会提供支持,全民参与其中。这一工程是一项社会体育发展战略规划,与实现社会主义现代化目标相配套。我国政府在发展体育方面制定的长期规划主要集中体现在《纲要》中,《纲要》是一个法律文件,具有法规性质,所有的单位和个人的行为都不能违背这一文件的相关条文。例如,在《纲要》第二十四条中:"任何单位和个人不得侵占体育场地设施或挪作他用。各种国有体育场地设施都要向社会开放,加强管理,提高使用效率,并且为老年人、儿童和残疾人参加体育健身活动提供便利条件。"这些规定为我国公民享有体育健身与锻炼的权利提供了法律保证。这一文件的颁发说明我国社会在不断发展与进步,并且开始涉及各个方面与领域。

(二)为和谐、健康社会的建立奠定基础

中国可以称得上是一个竞技体育强国,但这只是从某些方面而言的,广泛意义上我国还不算是体育强国。体育运动不是运动员的专利,而是属于全体大众的。2004年,原国家体委主任伍绍祖在谈1992年巴塞罗那奥运会时提到,金牌再多,如果没有群众体育,也没有什么意义。2004年雅典奥运会的新闻发布会上,袁伟民也指出,要想成为真正的体育强国,就要大力发展大众体育。党的"十六大"报告中明确提出,在我国建设小康社会的奋斗目标中将"提高全民族的健康素质"和"建设全民健身体系"列入其中。我国在重点发展经济的同时,也重视对和谐社会的构建,重视对健康文明生活方式的构建,这对推动我国大众体育的发展具有积极的影响。同时,人们将全民健身活动融入自己的生活中,追求文明、健康、科学的生活方式,这些又能够促进我国对和谐社会的构建,能够促进我国早日实现和谐社会的目标。

(三)明确了社会体育改革与发展的指导思想

在新的历史条件下,我国对大众体育发展的成功经验进行了深入总结,在此基础上,我国对体育事业的改革不断深化,为了使人民群众日益增长的体育健身需求得到满足,我国出台《纲要》,这是国家为促进社会体育事业发展而制定的一项重要举措。《纲要》中明确指出了发展目标和任务,如"努力实现与国民经济和社会事业的协调发展,全面提高中华民族的体质与健康水平,基本建成具有中国特色的全民健身体系"。这一奋斗目标为我国发展社会体育指明了方向,也对我国发展与改革社会体育的指导思想进行了确立。

(四)对社会体育与全民健身活动的发展具有推动作用

《纲要》中提出的促进体育社会化、科学化、产业化和法制化的逐步实现,就是一个与社会主义市场经济体制要求相适应的全民健身事业的新的管理体制与运行机制。我国推行全民健身计划的一个关键目的就是要以我国经济发展和社会进步的需要为依据,在对新中国成立以来群众体育发展经验不断总结的基础上,对我国群众体育整体改革的方案进行确立,对与社会主义市场经济体制要求相适应的并充满生机活力的新机制进行建立,让群众体育在持续、健康、良性的道路上发展。

(五)我国体育事业发展的里程碑

我国的体育事业在改革开放以来取得了辉煌的成就,运动健儿在重大体育比赛(奥运会、亚运会等)中不断取得优异的成绩,将世界和亚洲纪录多次打破。同时,伴随着时代变革与社会的进步,我国的群众体育也蓬勃开展起来。

从 20 世纪 80 年代后期,国家体委在对新中国成立以来我国开展群众性体育运动的成功经验进行总结的基础上,大力发展全国体育事业,将体育工作的战略思想——"以青少年为重点,以全民健身为基本内容的群众体育与以奥运会为最高层次,以训练竞赛为主要手段的竞技体育协调发展"科学准确地提了出来。20 世纪 90 年代初,体育改革进一步深化的问题也开始得到重视。1993 年,我国召开全国体委主任会议上,国家体委将我国体育工作改革与发展的六大类重大举措推出。其中,有关群众体育改革与发展的措施有七项,这些措施的提出主要是为了使群众体育与整个体育事业的发展相适应,落实"以青少年为重点,以全民健身为基本内容的群众体育"的发展战略就是其中一项。因此说,《纲要》在我国体育事业发展史中具有里程碑意义。

三、《全民健身计划纲要》的内容

(一)《全民健身计划纲要》的精神

1. 以"为人民服务"为根本出发点

中国共产党的基本性质和社会主义的国家性质决定了为人民服务,为社会主义现代化建设服务这一开展全民健身工作的出发点,落实到体育工作上,就是体育服务于人民。党的领导人十分重视体育工作,毛泽东同志提出"发展体育运动,增强人民体质";邓小平同志指出"要把体育运动普及到广大群众中去";江泽民同志强调:"为人民服务,为增强人民体质服务,是党和国家对体育工作的基本要求"。这些都说明在体育为人民服务、为社会主义现代化建设服务上,党和国家具有一致的工作方针。这一点在《纲要》中有突出的体现,它具体表现在《纲要》的目的、实施对象和重点、对策和措施等方面,既对在经济建设和社会发展总体规划中纳入全民健身事业进行了强调,又对中华民族的体质与健康水平的全面提高作了强调。从《纲要》的颁布与实施可以看出,我国重视群众体育活动环境和条件的改善,全心全意从人民群众的切身利益出发开展全民健身工作。因此说全民健身工作开展的根本出发点在于"为人民服务"。

2.已基本形成具有中国特色的全民健身体系

我国面临着人口多,底子差,人均资源少,经济和社会发展水平不高且不平衡的现状。因此在我国经济建设和社会发展要求人们拥有良好的整体素质时,全民健身工作的开展现状已不能与社会主义现代化建设的更高需要相适应了。在这样的情况下,我国在推动全民健身事业的发展,促进国民体质普遍增强和健康水平不断提高的过程中,不能对其他国家发展样板照搬,我们要以我国国情为依据来对适合我国全民健身事业发展的道路进行探索。

《纲要》中提出,要对具有中国特色的全民健身体系的奋斗目标进行确立,这就是我国立足国情发展体育事业的体现。我们只有对国情进行认真分析,以建设中国特色社会主义理论为指导,对我国体育事业发展与改革经验进行全面总结,才能提出正确的奋斗目标。《纲要》中提出的对策和措施集中体现了对具有中国特色的全民健身体系进行建设的基本要求。对全民健身计划进行推行,建设是重点。只有对各地实际进行深入了解与掌握,踏踏实实地开展工作,建设好具有中国特色的全民健身体系,才能使我国的全民健身事业达到更高的层次,才能为促进全民族身体素质的提高提供保障。

3.以建立管理体制和运行机制为主线

作为一项与实现社会主义现代化目标相配套的社会系统和新世纪的发展战略规划,全民健身计划既是改革的产物,又是继续深化改革的"蓝图"。《纲要》将改革体制和机制的方案和要求明确提出,只有通过改革,才能真正落实全民健身计划。倘若没有改革,就会出现下列一系列的问题。

首先,没有改革,就很难解决全民健身事业中带有根本性、深层次的矛盾和问题。

其次,没有改革,就很难实现全民健身计划的目标。

再次,没有改革,就很难建立与社会主义市场经济体制要求相适应的全民健身事业管理体制,很难形成充满生机活力的运行机制。

最后,没有改革,就很难落实全民健身计划的实施对策。

某种意义上而言,全民健身计划的推行就是促进改革不断深化的过程。通过改革,建立一个新的全民健身事业的格局,这个格局的主要特点就是国家领导、社会支持、全民参与,政府、社会、个人三者结合,单位、社区、家庭共同发展,政府宏观调控职能充分发挥,方方面面的积极性被充分调动,通过计划、财政和市场等手段来对群众体育资源进行分配,通过法制建设来使群众体育事业的发展得到保障。[①] 通过改革,对与社会主义市场经济体制条件相适应的全民健身事业发展新路子进行探索。这不仅是《纲要》的奋斗目标,也是对《纲要》进行贯彻的主要路径。

4. 以普遍增强人民体质为核心和主题

群众体育的一个基本功能表现在强健身心上,这个功能是群众体育与其他活动相区别的一个最本质与显著的表现。《纲要》内容的展开围绕的核心是对广大群众的体育锻炼活动进行动员和组织,促进群众体质不断增强这一主题。《纲要》的目标和任务、对象和重点以及对策和措施都是以此为核心与主题展开的。"怎样为群众体育活动的开展提供更好的服务"是《纲要》在各个方面(规划、宣传、法制、组织、场地设施、体质监测、消费、健身方法等)提出要求与采取措施的根本目的所在。千千万万的具体人共同组成广大群众,只有从具体的人及人的一般特征出发,才能将各个方面的群众体育工作搞好,才能促进全民族整体体质的增强。

(二)《全民健身计划纲要》的特点

1. 以系统工程的方式促进全民健身事业的发展

《纲要》与其他国家健身计划相区别的一个重要表现在于将全民健身事业作为一项系统工程,对其进行全面规划,并将建设作为重点。从《纲要》的内容中可以发现,全民健身计划是一项系统且庞大的社会工程,其不仅是组成我国经济建设和社会发展的有机部分,而且自身也由目标系统、对象系统、实施系统、对策系统等多个子系统组成。立足群众体育发展现状,以搞

---

① 李相如,苏明理.全民健身导论[M].北京:高等教育出版社,2008.

工程的办法、搞建设的思路来开展全民健身事业,这样才有利于全面落实全民健身计划。

2.通过政府行为促进全民健身事业的发展

《纲要》的颁布与实施是一种政府行为,是由政府组织实施的。在国家的经济建设和社会发展总体规划中纳入开展群众体育活动、增强全民族身体素质和提高人民生活质量是由政府实施的,并且是政府的重要职责表现。通过政府行为促进全民健身事业的建设是《纲要》独有的特征,不同于其他国家的健身计划。这也是我国社会主义制度优越性的一个重要表现。

3.以社会化途径促进全民健身事业的发展

在对全民健身工作进行开展的过程中,要将有关部门、各群众组织和社会团体的积极性和创造性充分发挥出来,将社会力量动员起来去共同建设这项事业,这在《纲要》中是重点强调的内容。只有真正实现了社会化,才可以真正发挥政府的宏观调控职能。政府行为主要体现在政府通过规划、组织的形式充分调动各方面的积极性,使社会各界形成合力来一起为实现《纲要》的奋斗目标而努力。我们不能仅仅依靠政府的力量来对全民健身事业这项系统工程进行建设,社会化途径是我们高效发展全民健身事业的必然选择,政府和社会对全民健身事业共同建设有利于快速落实全民健身计划。

4.对全民健身事业的建设要整体规划、逐步推进

《纲要》对我国全民健身事业的整体发展方向和发展水平作了规划,将宏伟的奋斗目标确立下来。但在实施全民健身计划时采取的主要方式是立足现在,着眼未来,逐渐实施,将这一系统工程分为两期具体的工程来进行,又将每一期工程划分为几个更加具体的阶段。这样,先实现一个阶段,接着再实现一个阶段,逐渐以全民健身计划的实施情况为依据,提出并完成任务。对经验不断加以总结,逐渐调整完善规划,促进《纲要》的奋斗目标的全面实现。

5.对全民健身事业进行整体性建设

我国全民健身事业整体发展的计划在《纲要》中被合理地制定出来,与全民健身事业有关的各种主要因素在《纲要》中也有整体的规划。仅仅简单地搞几项活动或法规是无法全面彻底地推行全民健身计划的,我们要从全民健身事业的各方面要素(硬件、软件等)着手,促进全民健身资金、物质、科研等方面的全面发展与整体改善。

（三）《全民健身计划纲要》的目标与任务及实施对象

1.《纲要》的目标与任务

（1）《纲要》的目标

全民健身计划的奋斗目标是"努力实现与国民经济和社会事业的协调发展，全面提高中华民族的体质与健康水平，基本建成具有中国特色的全民健身体系"①。具体来说，就要依据我国国民经济发展现状和社会发展远景，在对国家总体发展目标加以服从的基础上，对一个能够保障中华民族的体质健康水平普遍提高的社会服务系统进行建立，从而为人民群众提供良好的体育健身环境，促进全民健身事业与国民经济的和谐发展。

（2）《纲要》的任务

《纲要》的总任务是：以实现社会主义现代化建设第二步战略目标的相关要求为依据，对全民健身事业积极开展；以建立社会主义市场经济体制的要求为依据去促进体育改革的不断深化。②

2.《纲要》的实施对象

（1）实施重点

《纲要》指出："全民健身计划以全国人民为实施对象，以青少年和儿童为重点。青少年和儿童的健康成长关系到国家的富强和民族的昌盛，要发动全社会关心他们的体质和健康。各级各类学校要全面贯彻党的教育方针，努力做好学校体育工作。"对国家和民族来说，青少年儿童的重要性是值得关注的，这在《纲要》中是重点强调的内容之一，因此要求社会各方面（家庭、学校、单位）都要将对青少年儿童的健康成长进行保护与扶持的工作做好，学校尤其要好这一职责，对青少年儿童进行良好的教育。

（2）对不同实施对象的要求

对于不同的实施对象，《纲要》有着不同的要求，具体如下。

①对社区体育的要求。《纲要》提出"积极发展社区体育"。要求"街道办事处要加强对体育工作的组织，发挥居民委员会和基层体育组织的作用，作好社区体育工作"。在我国政治与经济体制改革不断深入的影响下，社区体育作为社会体育的重要组成部分开始出现。社区体育的主要作用是促进居民生活的改善，使居民的体育需求基本得以满足，促进社区感情的建立与

---

① 李相如，苏明理. 全民健身导论[M]. 北京：高等教育出版社，2008.

② 李相如，苏明理. 全民健身导论[M]. 北京：高等教育出版社，2008.

巩固。

②对单位体育的要求。《纲要》指出,"机关和企事业单位要加强职工体育工作,因人、因时、因地制宜,开展形式多样、健康文明的体育活动"。在社会体育中,单位体育是一个重要组成部分,而且是企业文化的一个重要表现形式,因此要立足实际,不断加强单位体育的发展,将单位体育在我国社会主义建设中的功能与价值充分发挥出来。

③对于少数民族体育的要求。针对我国各民族的特征和实际情况,《纲要》指出,"积极发展少数民族体育,在民族地区广泛开展以少数民族传统体育项目为主的体育健身活动。建立健全各级少数民族体育协会,培养少数民族体育人才"。作为中华民族大家庭的重要成员,少数民族遍布全国各地。我们要将少数民族体育事业搞好,促进少数民族人民身体素质水平的提高和生活质量的改善,并注意对民族体育的特色加以保护与维持,对民族文化大力进行弘扬,通过开展民族体育活动巩固民族团结,促进民族经济的发展。

④对于农村体育的要求。《纲要》指出,"提高农民的体质与健康水平是农村发展的一项重要内容,充分发挥村民委员会和各级农民体育协会的作用,并与文化站协同配合,做好农村体育工作"。在社会主义现代化建设过程中,农村体育是不可忽视的重点。我国的全民健身计划要在真正意义上落实,就必须对开展农村体育的工作加以支持。在开展农村体育工作的过程中,要以农村的具体情况为依据,将农村的各级组织和活动阵地充分利用起来,对农民加以积极的动员,使其自觉参与到体育健身活动中来,切实做好亿万农民健身活动的开展工作。

⑤不同人群体育的要求。对各种人群体育,《纲要》也提出了不同的具体要求,如军人体育、妇女体育、残疾人体育、老年人体育等,对不同要求的提出是以这些人群的不同特点为依据进行的,不同要求与相应人群的特点是相符的。

(四)《全民健身计划纲要》的贯彻措施

1. 做好全民健身的宣传工作

加强全民健身宣传工作,建设实力雄厚的宣传媒体和宣传队伍,形成强大的全民健身舆论导向,使全民健身计划家喻户晓是贯彻《纲要》的重要一步。要使全社会认识到,思想道德素质和科学文化素质的物质基础是身体素质,社会主义精神文明和物质文明建设的重要内容之一便是全民健身工作,社会进步和人类文明程度的一个重要标志之一便是体育发展水平。要使广大群众认识到,生命在于运动,运动要注意科学性,体质投资和健身消费将成为富裕起来的家庭生活支出的一部分。从而,使全社会对全民健身计划加以理解与支持,对体育健身活动踊跃参加,促进全民健身工作新局面的形成。

2.完善群众体育竞赛制度

总体来讲,我国的体育法制建设滞后于体育事业的发展,难以满足体育发展的需要,特别是全民健身事业立法更是如此。《体育法》的颁布是我国体育工作进入了依法行政,以法治体新阶段的重要标志,其为全民健身事业配套立法奠定了法律基础。《纲要》对加快"社会体育督导、群众体育工作、体育社团、场地设施管理等方面"的立法工作做出突出的强调,因此我们在保障《纲要》的顺利推行中,要坚持采用法律的手段。

传统的工人、农民、少数民族、残疾人和大中学生等大型运动会在我国已经初步形成。这些运动会作为群众体育竞赛活动,对于激发广大人民群众参与体育活动的积极性,促进群众体育运动的发展发挥了重要作用。但近些年,这些大型竞赛活动中也出现了一些突出的问题,因此需要迫切加强对这些问题的管理与规范,逐步完善群众体育运动竞赛制度。群众体育运动会和竞赛活动要反映群众体育的本质特点,符合群众的规律,有利于完成群众体育工作和任务。群众体育的运动会和竞赛活动的本质特点集中体现在群众性、健身性、趣味性、科学性及民族性上。

3.健全与完善社会化全民健身组织网络

对全民健身计划的推行和促进人民体质的增强,必须要将各群众组织和社会团体在开展群众性体育活动中的重要作用充分发挥出来,对行业、系统体育协会和其他群众体育组织进行建立并加以健全,促进社会化的全民健身组织网络的逐步形成。

在对全民健身管理体制进行建立的过程中,还要对高素质的社会体育指导员队伍进行建设。作为推动体育事业发展,促进公民身心健康,提高人民生活质量的一支重要力量,社会体育指导员在广大人民群众体育活动中发挥着组织与指导作用,这有利于促进体育社会化、科学化、产业化的实现。因此要将《社会体育指导员技术等级制度》进行贯彻落实,促进这支队伍数量的不断增加和质量的有效提高,加强对这支队伍的建设与管理。

4.建设群众体育场地设施

人们进行体育锻炼的基本物质条件是体育场地设施。它与资金、指导员队伍和体育法规等构成社会体育的基本支撑条件。体育场地设施开放是搞好全民健身工作的第一步。现阶段,我国很多地区已经开始将体育场馆对外开放,并取得了很好的效果,我们要总结好经验,并努力加以推广,促进场地利用率的提高,提高对群众体育的服务质量。

四、《全民健身计划纲要》的实施

(一)《全民健身计划纲要》实施的组织领导

《纲要》规定,"本纲要在国务院领导下,由国家体委会同有关部门、各群众组织和社会团体共同推进。国家体委负责组织实施。"作为国务院主管全国体育工作的职能部门,国家体委负责具体组织实施工作。这样利于将国家体委统一领导、监督全国体育工作的职能充分发挥出来。仅靠体育部门推行《纲要》是不够的,这就需要"会同有关部门、各群众组织和社会团体共同推进",这里的有关部门主要指的是科、教、文、卫部门;财政、民政、工商等部门;农民体协、科协、少数民族体协、体育总会、行业体协、单项运动协会等各群众组织;共青团、工会、青联、妇联等各社会团体。要想真正实现《纲要》的目的与任务,就需要全社会共同投入到全民健身事业中,并支持全民健身事业的发展。

《纲要》还提出,各级地方人民政府、各部门、各系统都要对相应的实施方案与规划进行制定,并加以落实。

(二)《全民健身计划纲要》的具体实施

整体规划、逐步实施是《纲要》实施的基本思路。《纲要》的实施主要分两期来进行,具体如下。

1.一期工程

1995—2000 年是第一期工程,历时六年,虽然时间不长,但也有艰巨的任务。一期工程又具体细分为以下三个阶段。

(1)第一阶段(1995—1996 年)

"进行宣传发动和改革试点,初步掀起一个全民健身活动热潮"是第一阶段的基本目标。1995 年 6 月 23 日,关于贯彻《全民健身计划纲要》实施"全民健身一二一工程"的意见由国家体委发布,意见的发布主要是为了实现第一阶段的目标。第一阶段的任务如下。

①一个重点。在《纲要》一期工程的第一阶段,重点是宣传发动工作,就

是采取各种方式将宣传和发动工作广泛而深入地开展起来,从而扩大体育活动的影响范围,对良好的环境氛围进行营造,对广大人民群众进行动员,使其积极参与到体育健身活动中去,吸引单位、部门和团体对全民健身工作积极开展。

②两项制度。两项制度即《中国成年人体质测定标准施行办法》《社会体育指导员技术等级制度》。《纲要》的实施能否开个好头,主要由两项制度的推行情况来决定,要将两项制度推行的试点工作做好,然后总结经验,逐步扩大推行范围。

③一个热潮。一个热潮指的是全民健身热潮。要促进人民体质普遍增强的目标的实现,开展全民健身活动是基本手段。为了做好《纲要》实施的开头工作,在第一阶段,要对一些参与人数多、宣传效果好的活动进行重点组织,从而将全民健身的热潮成功掀起。

(2)第二阶段(1997—1998年)

①基本目标。"通过重点实施,逐步推进,形成崇尚健身、参与健身的社会环境和社会风气"是第二阶段的基本目标。

②主要任务。为促进目标的实现,需完成以下几项任务。

第一,加快建设国民体质检测员队伍与社会体育指导员队伍。

第二,对全民健身领导体系进行建立,并进行健全,促进不同人群体育协会和群众体育单项协会的建立与完善。

第三,积极指导与管理不同人群体育健身活动,对科学、可行的群众体育健身方法进行推行。

第四,对激励与竞争机制进行合理的引入。

第五,促进群众体育法规制度建设的加强与法规体系的不断完善。

③工作实施的措施是以下几点。

第一,加强领导,促进政府作为的不断强化。

第二,大力建设行业体育组织和各类体育协会,促进群众体育队伍建设的不断加强。

第三,促进宣传力度的提高,对全民健身宣传活动进行积极开展。

第四,研究并指导全民健身活动,对科学的体育健身方法进行大范围的推广。

第五,加大资金投入,加强对体育健身场地设施的建设。

(3)第三阶段(1999—2000年)

①基本目标。"全面展开全民健身计划的各项工作并普遍取得成效,建立具有中国特色的全民健身体系的基本框架"是第三阶段的主要目标。

②主要任务有以下几点。

第一,促进体育锻炼参与者数量的增加。

第二,促进青少年和儿童身体素质的不断加强。

第三,促进国民体质水平的提高。

第四,促进社会体育指导员队伍的不断扩大。

第五,通过建设体育锻炼场地设施向群众提供良好的服务。

第六,加快群众体育立法。

第七,促进社会化群众体育组织网络的健全等。

③工作实施的措施。第三阶段的措施基本上与第二阶段相同,但要注意在具体措施上的进一步深化。

第一期工程的三个阶段是一个密切联系、相辅相成的整体,通过实现各个阶段的目标,完成各个阶段的任务,《纲要》所确定的到 20 世纪末实现的发展与改革目标也逐步实现。

2.二期工程

21 世纪,《纲要》的实施工作进入第二期工程。这一时期总体的目标和任务是"实现全民健身事业与国民经济和社会事业的协调发展,全面提高国民身体素质,基本建成具有中国特色的全民健身体系和面向大众的体育服务体系"。第二期工程又具体细分为两个阶段。

(1)第一阶段

①指导思想。第一阶段的指导思想是活动与建设工作并重,重在建设,对全民健身事业的各项工作积极推进,促进基础建设和制度建设的加强,为迎接 2008 年奥运会对良好全民健身氛围进行创造,促进国民素质的进一步提高。

②主要任务有以下几点。

第一,对体育服务体系进行构建,经过 5 年努力,将面向群众的多元化的体育服务体系初步建成。

第二,促进体育锻炼参与者人数的增加。

第三,促进公益性体育设施的增加。

第四,壮大体育骨干队伍。

第五,将国民体质监测工作开展好。

③工作实施的措施。促进国民体质监测体系建设、公益性体育场地建设、青少年体育俱乐部建设、全民健身组织网络建设、社会体育骨干队伍的建设、社会体育法规制度建设、群众体育健身活动建设、群众体育健身站建设等的不断加强。

（2）第二阶段

①指导思想。第二阶段的指导思想是，以邓小平理论和"三个代表"重要思想为指导，以科学发展观为统领，以 2008 年北京奥运会为契机，对第二期工程第一阶段成果加以巩固，对"活动与建设并举，重在建设"的工作原则继续坚持，以使广大人民群众日益增长的体育需求得到满足为出发点，将促进全民族健康素质的提高作为根本目标，为全面建设小康社会和构建社会主义和谐社会做出新的贡献。①

②总体目标。第二期工程第二阶段的总体目标是坚持"群众体育与奥运同行"，将筹备和举办北京奥运会的历史机遇紧紧抓住，对群众体育活动广泛开展，促进群众体育意识的提高，对群众健身习惯进行培养，在全社会对浓郁的体育健身氛围加以营造；遵循亲民、便民、利民的原则，使更多的人能够对体育发展的成果加以享受。增加公共体育设施，提高群众体育组织化程度，增强人民群众健康素质。促进政府领导，体育部门组织协调，有关部门各负其责、共同推进，社会力量积极兴办，人民群众广泛参与的格局，基本建成具有中国特色的全民健身体系的形成，使群众性体育健身活动做到社会化、生活化、科学化。

③主要任务有以下几点。

第一，达到《国民体质测定标准》合格级以上标准的人数不断增多。

第二，达到《学生体质健康标准》及格标准的学生数占学生总数的 90%以上。

第三，促进群众性体育健身活动的广泛开展和人民群众的体育意识和健康水平的进一步提高。

第四，人均体育场地设施面积到 2010 年达到 1.40 平方米。

第五，加强公共体育健身场地和设施建设，促进社会体育场地设施开放程度的提高。教育部门和有关部门做好协调工作，将学校及单位所属体育场地设施向社会开放。

第六，促进各类群众体育组织的不断健全。

第七，促进社会化群众体育组织网络的健全和群众体育骨干队伍的发展壮大。

第八，促进社会体育指导员队伍建设的不断加强，增加全国社会体育指导员人数。

第九，将群众体育管理体制和运行机制进一步理顺，促进群众体育法制建设步伐的加快。

① 李相如，苏明理.全民健身导论[M].北京：高等教育出版社，2008.

第十,对体育健身市场进行培育,对大众体育消费进行引导。

④主要措施有以下几点。

第一,促进群众体育设施规模的扩大,加强建设群众体育健身场地和设施。

第二,促进体育经费支出结构的改革,对群众体育的投入要不断增加。

第三,加强领导协调机构的建立健全工作,强化对全民健身计划的推行。

第四,促进对基层体育社会团体和群众体育骨干队伍的建设等。

第五,重视建设基层体育活动中心,促进基层体育服务能力的提高。

《全民健身计划纲要》是对 1995—2010 年我国体育事业发展的整体规划,到 2010 年,我国已经完成了《全民健身计划纲要》规定的目标任务。为进一步发展全民健身事业,促进全民健身运动广泛开展,我国于 2011 年又制定了《全民健身计划(2011—2015 年)》,重新制定了新的目标、任务与政策等内容,到 2015 年底,这一文件中规定的目的与任务也已全部实现。2016 年 6 月,国务院又印发了《全民健身计划(2016—2020 年)》,为继续深化体育改革,发展群众体育,倡导全民健身新时尚,推进健康中国建设做出新的部署。

第二章　我国全民健身的现状及发展解析

全民健身是我国当下为了提高国民身体素质,提高我国体育运动水平而提出的一项重要工程。随着全民健身理念的提出和《全民健身计划》的贯彻实施,我国全民健身运动已初见成效,并形成了广泛的群众基础。本章对我国全民健身的现状及发展进行分析,以了解全民健身产生的背景、发展现状及未来的发展趋势和对策,从而促进我国全民健身得到更好的普及与开展。

第一节　全民健身产生的背景

一、全民健身产生的国际大众体育背景

随着现代体育和社会的发展,大众体育逐渐发展成为国际体育发展的潮流。

现代奥林匹克运动之父——顾拜旦于 1919 年 1 月首先提出"一切体育为大众"(All sports for all)的理念。顾拜旦在致力于推动国际奥林匹克运动发展的过程中,一直强调大众体育活动是奥林匹克运动的基础。顾拜旦提出的口号奠定了国际大众体育的理论基础。从最初理念的形成,到逐步成熟,再到当今的快速发展,大众体育已经成为国际体育的发展潮流。

20 世纪 70 年代初期以来,国外发达国家已相继进入经济稳定增长期,其生活水平有了显著性提高。同时,由于劳动强度和劳动时间大大下降,再加上大多数发达国家居民营养过剩和运动不足等原因而直接导致了发达国家文明病的发病率不断上升,心血管疾病已成为危害人类健康的第一杀手。如何全面提高生活质量和身心健康水平已经越来越成为世人所关注的焦点。1985 年,国际奥委会设立了"大众体育委员会",1986 年在德国的法兰克福组织召开了自此开始每两年举办 1 次的第 1 届"世界大众体育大会"。1989 年在加拿大多伦多举行的第 11 届世界健康大会调查表明,世界上有89 个国家提出了大众体育的目标。1990 年 5 月在芝加哥举行的世界大众体育健康与营养大会进一步显示发展大众体育的国家数已接近 100 个。

1993 年 6 月,国际奥委会和世界卫生组织在洛桑签订了双方合作备忘录,指出"双方合作的核心,是全民体育和全民健身"。1994 年,世界卫生组织开始与国际奥委会一起资助和组织"国际大众体育联合会"。1994 年在乌拉圭举行的第 5 届世界大众体育大会的主题是"大众体育与健康",大会宣言指出:"通过体育活动促进和平、健康,提高生活质量的目的",还提出"2000 年体育为人人,健康为人人"的口号。1996 年起,联合国教科文组织、国际体育联合会总会也加入这一行列。"世界大众体育大会"向各国提供了一个理想的进行大众体育知识传播和经验交流的场所。2002 年世界卫生日的主题是体育锻炼,提出的口号是"运动有益健康",由此看出,大众体育在世界范围内发展愈来愈普及。

总的来说,战后世界大众体育的发展表明,国外大众体育的发展绝不仅仅是体育发展过程的一种量的变化,它意味着世界体育发展过程中一种质的变化,它意味着整个社会已对体育的功能、价值等方面形成了全新的认识,并极大地影响了世界大众体育的发展。不仅如此,世界上许多国家都为了在 21 世纪成为健康国家而有组织、有计划地制定大众体育发展规划,提出长期奋斗目标,相继推出了符合本国实际的健身计划。

二、我国全民健身产生的内在背景与条件

(一)群众体育发展相对滞后

新中国成立 50 年以来,我国群众体育事业取得了长足进步,创造了辉煌业绩,所谓相对滞后,是相对于我国竞技体育发展而言。我们承认,这种相对滞后有其合理的成分,即为了国家利益和地方利益,在力量有限的条件下,采取保全竞技体育政策的结果。但我们同时也要承认,这种牺牲群众体育,保全竞技体育的结果,实际是牺牲群众利益,维护国家利益。因此,这种政策不是长久之计。在新的历史条件下,将群众利益与国家利益统一起来,维护广大人民群众的体育利益,逐步缩小我国群众体育与竞技体育的发展差距,是我国体育事业发展的必然趋势。

长期以来,我们的人力、物力、财力中的大部分投向了竞技体育。政府"财政拨款"的 50％以上用于包括优秀运动队、体育运动学校、竞技体育学校、重点业余体校、体育中学、普通业余体校在内的训练机构。尤其是优秀运动队和体育学校的一级和二级竞技体育队伍,占去了"财政拨款"的大部分。而群众体育获得的"财政拨款",只占相当少的一部分。公共体育设施的本来含义是政府为公众建设的,满足大众体育活动公共需求的体育设施,

但是这些公共体育设施主要集中在各级竞技体育训练基地,成为为优秀运动选手服务的设施。正是这种投入结构的结果,使我国竞技体育建设起了一个基础雄厚、结构合理、功能完善的体系,从而保证了我国在奥运会上取得了令人瞩目的成绩。竞技体育无论是在人力、物力、财力投入上,还是在一线、二线、三线队伍建设上,无论是业余体校、体育运动学校、体育工作大队的基地建设上,还是在教练员队伍、裁判员队伍、中等和高等专业教育、竞技体育科研机构建设上,都具有相当长的历史,形成了可以与发达国家抗衡的竞技体育发展规模和水平。

而我国的群众体育与竞技体育相比较,其建设的系统性和基础性,其建设的规模和水平,还有相当的差距。除去人力、物力和财力的投入存在很大反差之外,社会体育指导员队伍、高等和中等社会体育专业教育都只是近些年才开始,专门的群众体育科研机构几乎没有。最为突出的是公共体育设施的差距。按照 1986 年城乡建设部和国家体委共同颁布的《城市公共体育设施用地定额指标暂行规定》规定的范围、指标和标准,按照 1995 年全国体育场地普查结果,我们将全国体委系统所有场地都认定为公共体育设施,而我国城镇公共体育设施用地面积,只相当于国家规定高限的 10％左右,相当于国家规定的低限 25％左右,存在着巨大的欠缺。

(二)党和国家对体育工作"重点转移"的要求

1979 年,为了迎接国际奥林匹克竞赛的挑战,集中力量将竞技体育搞上去,国家体委确定了"省一级以上体委继续在普及与提高相结合的前提下,侧重抓提高"的方针,从而保证了我国竞技体育的蓬勃发展,成绩卓著。但是随着改革开放不断深入,人民生活水平的不断提高,人民群众的体育健身需求日益强烈。1993 年北京、广州等大城市的群众舆论调查结果表明,关心身体健康的人比关心其他问题的人都多,占第一位。1995 年 3 月,我国实行了新工时制,工作时间由 48 小时减少至 40 小时,每周休息 2 天,这样也为群众参加体育活动,提供了更多的闲暇时间。人民生活富裕了,闲暇时间增多了,人民群众的体育健身需求强烈了,这就为群众体育发展提供了客观条件和主观条件,加快发展群众体育,势在必行。

1995 年 3 月,全国人大八届三次会议批准的《政府工作报告》中明确提出:"体育工作要坚持群众体育和竞技体育协调发展的方针,把发展群众体育推行全民健身计划,普遍增强国民体质作为重点。"这表明,作为我国最高国家权力机关的全国人民代表大会,明确要求体育工作以发展群众体育、推行全民健身计划、普遍增强国民体质为重点。

中共中央国务院关于进一步加强和改进新时期体育工作的意见中指

出："我国社会主义现代化建设的根本目的是满足广大人民群众日益增长的物质文化需要。经济越发展,社会越进步,人们强身健体的意识就越强烈,体育的地位就越重要,作用就越显著"。"以举办 2008 年奥运会为契机,以满足广大人民群众日益增长的体育文化需求为出发点,把增强人民体质、提高全民族整体素质作为根本目标"。"体育工作一定要把提高全民族的身体素质摆在突出位置"。胡锦涛指出："广泛开展全民健身活动,提高全民族的健康素质,是全面建设小康社会的重要内容,是构建社会主义和谐社会的必然要求"。在中国共产党第十七次全国代表大会上的报告中提出要"广泛开展全民健身运动"。这些都表明,"全民健身"是党和政府对全国体育工作的要求,是我国体育事业发展的一个重要指导思想。

第二节　我国全民健身的发展现状分析

一、我国全民健身的现状

(一)全民健身得到政府重视

党和国家领导人的高度重视《全民健身计划纲要》,这是与实现社会主义现代化目标相配套的一项增强国民体质的系统工程和跨世纪的发展战略规划。中央领导同志多次听取有关《全民健身计划纲要》实施工作的汇报,并做了许多重要指示。全国各省(区、市)都成立了由政府领导同志挂帅,各有关部门负责人参加的全民健身工作领导机构,大部分行业体协也成立了组织机构。据统计,地市级的领导机构占地市总数的一半以上,县级的领导机构占县总数的大部分,许多街道、乡镇也成立了领导或协调机构。各级地方党委和政府把全民健身工作作为当地社会主义精神文明建设的一项重要内容,列入了为群众办的好事、实事之一,强化了政府对全民健身工作的领导职能。

(二)人们的健身意识不断增强

为了有效地促进全面健身活动的实施,从 1995 年至今,通过每年举行一次"全民健身宣传周"活动产生的广泛社会影响,有效地增强了群众的体育健身意识。据统计,每年全国有近 3 亿人次参加全民健身宣传周活动。北京、天津、上海、河北、山西、湖南、甘肃等省(市),为加大宣传效果,把"宣传周"的形式、内容扩展为全省(市)规模的体育节、体育艺术节、全民健身体育节等,使之影响更大,参与的人数更多。农业部、中国农民体协会同国家体育总局已连续开展了"亿万农民健身活动"。国家体育总局成功地举办了五届非奥运项目的全国体育大会,有力地推动了全民健身活动的广泛开展。

全民健身活动,既有形成制度的大型群体竞赛,也有社区、居(家)委会、家庭等的小型、经常性群体活动,形式多种多样、内容丰富多彩、群众参与广泛。据了解,不少地区还将体育健身与生产、生活结合起来,既有效地激发了广大群众参与体育活动的兴趣和积极性,又有利于占领文化体育阵地,促进了精神文明、物质文明建设,深受群众欢迎。

(三)群众体育工作队伍不断壮大

全民健身活动的发展,尤其是《全民健身计划纲要》的实施,促进了群众体育工作队伍的建设,省级体育行政部门中群众体育干部的数量占干部总人数的比例逐渐增加,在省、地、县体育事业单位中,从事群众体育的人员也在增加,省级体育总会中的专职人员与兼职人员有更多的增加,此外,乡镇、街道专职体育工作人员都有较大幅度增加。

社会体育指导员队伍已是开展社会体育活动的一支重要力量。我国初步形成了以体育行政管理人员为主导,以体育社会团体人员和乡镇、街道体育干部为主线,以社会体育指导员为主体的群众体育工作队伍。

(四)全民健身的组织网络逐步完善

随着体育体制改革的不断深化,体育社会化程度的不断提高,逐步形成了中央、省级、市(地)、区(县)、街道(乡镇)的体育社团的层次结构,基本覆盖了全国城乡的广大地区。据调查统计,全国省以下各级体育社会团体、团体会员、个人会员在数量上都有所增加。

体育社团类型结构包括了体总、群众体协、项目体协、行业体协等。全国体育社会团体的种类逐年增加。城乡社区体育指导站和活动点是群众体育健身活动的基本阵地。据调查统计,全国城市和乡镇的体育指导站都在不断增加,在指导站参加活动的人数也不断增多,我国社会体育已初步形成了一个以体育社会团体为线,以基层体育指导站、活动站为点的点线结合、覆盖面广的社会化的群众体育组织网络。

(五)全民健身的场地和经费不断增多

为了解决群众健身场地不足并充分利用现有体育设施为全民健身服务,全国不断增加各类体育场馆,而且绝大多数公共体育场馆已向社会开放。

国家鼓励从中央提存的体育彩票公益金中提取一部分用于发展群体事业,其中相当大一部分用于购置器材与设施建设的"全民健身工程"。还通过创建体育先进县活动,调动各级政府和社会投入建立"两场一房一池"的资金,以及社会、集体和个人兴建体育场馆、设施的投资,其数额就更加可观。这些建在群众身边的体育设施,既大大方便了群众参加体育健身活动,又有效地缓解了体育健身场地、设施的不足。群众说这是"政府为老百姓办的好事、实事",称之为"民心工程"。

这几年,国家给开展全民健身活动一个好政策,发行体育彩票并把彩票公益金中收入部分的一半以上用于实施全民健身计划上,使得各级群体经费逐年都有增加,国家和地方共投入体育彩票公益金达几亿元。许多退休领导干部表示一定要把彩票公益金用好,特别是要把这些取之于民的体育彩票公益金真正用在为人民办实事上,推动全民健身的开展。

(六)全民健身的激励机制更趋完善

为表彰和鼓励基层开展群众体育工作的积极性,推动全民健身工作的开展,从中央到基层运用激励机制并逐步成为制度,形成一套表彰体系。命名了全国体育先进县,命名了全国城市体育先进社区;表彰了获全民健身宣传周优秀省、优秀单位;与教育部(原国家教委)联合表彰了推行《全面健身纲要》的先进单位、先进工作者表彰全国群众体育先进省、市,全国群众体育进步省、区,全国群众体育先进单位、先进个人;与农业部、中国农民体育协会联合表彰"亿万农民健身活动"先进乡镇;与国家民委联合表彰民族体育模范集体、模范个人等。

(七)以青少年为重点的学校体育得到加强

国家体育总局积极配合教育部改革学校体育,修订《国家体育锻炼标准》,将实施《国家体育锻炼标准》工作作为学校体育考试的一项内容。会同教育部共同制定了《少年儿童体育学校管理办法》《体育传统项目学校管理办法》等法规文件,进一步加强对青少年的素质教育,培养学生德智体全面发展。全国施行《国家体育锻炼标准》的学校数不断增加,达到及格标准的学生比例也有提高。体育传统项目学校在努力办好贯彻《学校体育工作条例》的示范校的同时,数量也有所增长,参加课余训练活动的学生不断增加。根据党中央和国务院领导同志的指示精神,加强了青少年学生校外体育活动场所的建设。各级体育行政部门用体育彩票公益金共资助现有体育场馆创建,增建青少年体育俱乐部。此项工作计划逐年投入,滚动发展,以此构建我国青少年学生校外体育活动阵地并形成网络。

（八）全民健身活动带动了体育产业的发展

开展全民健身活动,扩大了人们的消费范围,促进了体育消费。近几年,体育健身活动也带动了一批产业发展。从一定意义上讲,新开发一个体育项目就带动了一些相关产业的发展,如轮滑活动的开展就带动了轮滑鞋、滑板车、滑板的生产,信鸽活动就带动了鸽环、鸽饲料的生产。群体健身又带动了健身业的发展,如北京市体育经营场所年营业额达几十亿。甚至房地产业的开发和销售,也受体育健身环境的影响,凡有便民体育锻炼场地和设施的,房价都会大幅增加。

二、全民健身中存在的不平衡问题

在肯定成绩的同时,还必须看到全民健身还存在着许多不足,主要表现在以下几个方面。

一是现有的体育场馆开放仍然不够,不能满足广大人民群众日益增长的健身活动需求。特别是群众身边的场地、公益性的健身场所仍然十分缺乏。

二是经常参加体育锻炼活动的人群年龄成两头大、中间小的现象。参加锻炼并经常坚持的,主要是老年人和学校学生。中青年人特别是在职职工,参加体育锻炼的人数不多,不能经常坚持,是实施全民健身计划的薄弱环节。

三是对全民健身活动的宣传不够。还没有营造一个良好的全民健身活动的舆论氛围,与实施《全民健身计划纲要》的目标、任务,还有很大的差距,需要加大宣传力度。

四是机构改革和人员调整后,工作的方式和方法与全民健身活动发展的形势不适应。工作中忙于事务,疏于管理;法规建设、调查研究等方面还有欠缺。

五是我国城市与农村,东部地区与西部地区,发达地区与欠发达地区全民健身活动发展不够平衡,表现在体育意识、场地设施、经费投入、科学指导等方面有较大的差距。

六是全民健身多元化服务体系的良性运行机制尚未建立。

全民健身活动发展不平衡是突出问题之一。总体而言,东部发达地区和中心城市的健身活动开展较好,而西部地区,特别是农村,边远地区较为落后。东西部地区、城市与农村在开展全民健身活动上出现的差异有社会发展的必然性。但是这种差距如果不逐步缩小,而是渐进加大,就不利于最大限度地动员和引导广大人民群众积极参与体育锻炼,普遍增强国民体质;不利于全民生活质量、国民素质的整体提高;不利于最大限度地满足国民对体育的需要;不利于维护和保障人人享有参与体育的权利,不利于全民健身活动的整体推进。只有协调发展的全民健身活动才能真正实现体育与国民经济和社会事业的协调发展,全面提高中华民族的整体体质与健康水平。全民健身活动的协调发展,一是指其推进程度在区域上要总体相当;二是指其发展水平要与当地的经济和社会事业发展同步。

(一)全民健身发展的区域差异

我国幅员辽阔,已有的区域划分种类较多。这里我们按照中国经济地理和国家统计局目前通行的区域划分办法,把我国分为东、中、西部三个大部分。下面对这三个区域的全民健身活动的开展的差距进行简单阐述。

1.参与程度的差异

调查表明,不同区域间,人们参与全民健身活动的程度存在差别。体育活动占闲暇时间的比例,东部地区最高,中部次之,西部最低,在余暇时生活中选择的主要活动为体育活动的人数比例,东部地区要高于中西部地区。

2.价值观念差异

对体育锻炼与健康的认识和日常生活中的体育消费情况能体现人们的体育价值观念。全民健身活动的现状表明,在东西部地区人们的体育价值观念有差距。各区域间体育消费水平存在显著性差异。

东部地区在健身消费、健身意识、参与程度等方面明显好于西部地区。东部地区的人们基本上将锻炼身体作为生活中不可缺少的一部分。相比之下,西部地区人们的健身意识不强烈,没有充分意识到全民健身的重要性。从家庭年体育消费支出比例的差距还可看出东部、西部在体育价值观念和态度上,也存在明显差异。

(二)全民健身发展的城乡差异

1.参与程度差异

农村体育人口比例低是导致全国体育人口数量偏少的原因。我国城镇中参加过体育活动的人口比农村人口参加过体育的活动者多。且随年龄增长,参加体育活动者比例表现出明显下降趋势。我国城镇人口中参加体育活动者在不同年龄段的比例随年龄增长呈起伏发展趋势,且老年参与比例较高。而乡村人口中体育参与者在不同年龄段的比例均明显低于城镇人口,且随年龄增长,差距不断加大,呈起伏下降趋势。由此可以看出,在体育人口的数量、比例,人们参与健身活动的范围、活动频率等方面,城镇的情况都明显好于农村。

2.观念态度差异

体育活动价值观念与健身态度对人们健身行为具有极重要的决定作用。增进健康的方式,余暇生活中健身活动的地位,健身消费支出等是人们体育价值观与健身态度的具体体现。

一项调查表明,城市居民与乡村农民在体育活动与健康的关系的认识有明显差异,城市居民认为增进健康应注意体育活动,而持相同观点的农民仅为很少数,城市居民将体育活动作为最喜爱的业余活动,而持相同观点的农村农民也很少,体育消费支出城镇居民同样高于农民。

3.健身活动差异

总体上讲,在健身项目选择上,城乡居民在健身活动中所选择的运动项目种类较多,方法也大体相同。散步、跑步、球类运动等同为城乡居民选择最多健身项目。城乡最突出的差异有两方面:一是,在农村消费较高的运动项目(如网球、保龄球和器材健身运动等)被选择的程度就远远低于城镇的情况;二是,城市居民对趣味、消遣和健美型的运动项目参加人数多,而农民选择具有乡土特色的娱乐型和民族传统健身项目参加人数多。

(三)全民健身发展的职业群体差异

我国职业群体受性别、年龄、文化程度的影响,受地域环境、风俗习惯和经济条件的制约,他们参加体育活动的情况有着明显的职业倾向性和差异性。

1.参与程度差异

全国群众体育调查表明,城市职业群体参加体育锻炼的人数中,工人参加体育锻炼的人数比率优于其他群体。管理人员参加体育锻炼的人数较多,服务人员参加体育锻炼的人数比率次之,教科文人员参加体育锻炼的人数比率再次之。农民参加体育锻炼的人数比率最低。按照各职业群体体育活动参与率从大到小排序为:工人、管理人员、服务人员、教科文人员、农民。体育人口中有职业的占一半以上。在各种职业中,工人在本职业人口中体育人口比例最高,其次是服务人员和管理人员,再次是科教人员,最少的是农民。

统计检验结果显示,工人和管理人员群体在参加体育活动次数、时间及强度上明显高于服务人员、教科文人员和农民。文化层次较高的教科文人员参加体育活动的人数比率处于较低位置,反映出他们除工作负担较重外,健身条件较差、健身意识不足,需要在这些方面加以改进。

2. 参与动机差异

各职业群体参加体育活动的动机,共性是增强体质,增进健康,消遣娱乐,精神和情绪的调养,与朋友、同事之间的交流,满足已养成的健身习惯,提高自己的运动能力等。存在的群体差异主要表现在,工人觉得与家人接触和陪子女参加体育活动,也是使自己具有健康身体的一个重要原因;管理人员和服务人员认为,利用体育康复保健则与美容、减肥、健体密不可分。

3. 健身活动差异

除农民锻炼身体的时间不定外,其他几种职业群体大多采用每周固定几天或利用周末与节假日时间进行体育锻炼。这种情况与我国的劳动工时制度有关。农民的劳动受季节性影响较大。管理人员、教科文人员和服务人员多在室内环境工作,生活规律性较强,因而季节因素对他们参加体育锻炼影响不大。

工人、管理人员、教科文人员、服务人员多集中选择在单位的体育设施、公共的活动场所、自家庭院、住宅区空地、公园、广场、公路、街道边进行锻炼。除此之外,管理人员还选择了在收费的体育场馆进行锻炼。而农民一般都在自家庭院、住宅区空地、公路、街道边、场院、树林、湖泊、河边进行锻炼。农民与其他四种职业群体在选择体育活动场所上存在着非常显著的差异。这也能从一个侧面反映出农村的健身条件不如城市。

我国职业群众所采用的体育锻炼项目有着很鲜明的民族文化特色和时代特征。既有世界流行的体育活动内容,又有我国传统的健身养生方法。在健身项目选择方面,工人、管理人员所选运动项目比率高于其他职业群体。这说明工人和管理人员在选择体育活动项目上优于其他几类群体,他们参加健身活动内容相对广泛,项目也较多,方法更全面灵活。在健身活动内容上除共同喜欢参加跑步等运动项目外,工人还喜欢打台球、练武术、气功和太极拳活动,管理人员还喜欢参加旅游、保龄球、网球和民间舞蹈活动,而教科文人员则喜欢参加体育舞蹈和跳绳活动。城市职业群众对趣味、消遣和健美型的运动项目参加人数多,农民对乡土特色的娱乐型和民族传统健身项目参加人数多。老年人多喜欢参加轻微活动性质的项目,中年人多喜欢参加轻松、愉快、舒缓的运动项目,青年人喜欢参加比较激烈的竞赛性质的项目。脑力劳动者多喜欢智力型、娱乐型和健美型的运动项目,体力劳动者多喜欢动作柔慢而持久的耐力项目。

(四)全面健身发展的健身场所差异

在健身场所选择上,与城镇居民相比,农村人口更多地选择在自家庭院、住宅区空地、公路、街道边、场院、树林、湖泊、河边进行锻炼。在时间安排上,城市居民比农村居民的健身活动时间相对固定一些。农村人口参与健身活动更易受气候和季节变化的影响。

1.参与程度差异

从总体上看,经常参加体育活动的人数在逐年增加,但是,各年龄群体间的发展并不平衡。中年人中参加体育锻炼的比例低,而且中年人参加体育锻炼的频率也低于其他年龄组的群体。青年人和老年人不参加体育活动的首要原因是没有兴趣,中年人无时间。

2.参与动机差异

健身和娱乐是各年龄段群体都乐于参加体育活动的共同原因,但也因各年龄段群体的具体情况不同而各有侧重。例如,青年人对提高自己的运动能力非常重视;中年人对以体育为手段进行人际交流、交往极为重视,同时也重视体育对调整情绪的作用;老年人则非常重视运用体育活动来抵抗疾病。另外,26—40岁各组群体鉴于培养子女的原因,非常重视陪子女一起进行体育活动。

对儿童少年而言,身体活动是他们本能的和基本的需要,也是孩子们产生体育行为的基本原因。但随着年龄的增长,他们在参加体育活动的主要动机逐步上移为和他人交往,并希望被他人所接受;对成年人和老年人而言,主要想通过体育活动进行交往、陪伴子女、与家人接触,以期达到亲和人际关系、增进了解、加强友谊的目的。实际上这种交往的需要已成为社会性需要。由此可见,人们通过体育活动来满足的需求层次,随年龄增长在不断提高。参与生气勃勃的体育活动,可使人心情愉快,减少精神紧张、焦虑与疲劳,达到愉悦身心、陶冶情操、调节情感的作用。随着年龄的增长,需要也由生理性的逐步向心理性的需要发展。

3.健身活动差异

常用健身项目选择因年龄不同也存有差异。比如,青年人选择范围较明显高于老年人,并且活动项目多为运动负荷较大,有一定对抗性和娱乐性的现代运动项目。老年人在项目选择上有相对集中的特征,活动项目多为拳、功、操、舞等运动负荷不大,动作延绵,节奏柔缓,养生养心兼备,花钱少的活动项目。在健身活动场所方面,不同年龄群体的差异主要体现在收费体育场馆锻炼的群体多为青年人,而中、老年群体的主要活动场所为住宅小区空地、公园广场和公路街道边等。

与其他年龄组比较,离退休年龄以上老年人参加体育活动的时间最为固定,这可能与其生活规律性较强,没有工作时间的约束等有关。而25岁以下的青年人虽然参加体育活动者的比例最大,但更多表现出该年龄段群体参加体育活动的随意性较强,锻炼无规律者也多。"心情好时练、心情不好时不练"的比例极高。中年人可能由于工作和生活负担较重等原因,表现为锻炼时间对周末、节假日的依赖性较强。

通过比较,我们发现全民健身活动发展情况在东部与西部、不同职业、不同年龄以及城市与农村间既有各自的特点,更存在明显的差距。这些差距凸现出全民健身活动发展的不平衡。了解这些特点,有利于在开展全民健身活动时做到因地制宜,有的放矢,提高工作的针对性与实效性找出存在的差距,有利于在今后的工作中找准目标,努力进取,促进全民健身活动的协调发展。东、西部区域和城市与农村发展的不平衡是全民健身活动总体发展中的主要问题。

第三节 我国全民健身发展的趋势与对策

一、我国全民健身发展的趋势

(一)全民健身将成为一种普遍流行的社会现象

进入21世纪以来,我国改革开放的基本国策稳步推进,社会、经济的快速发展,使我国体育事业的发展面临着良好的经济、社会发展环境和难得的历史机遇。国民经济持续稳步发展,产业结构和居民消费结构不断升级,城镇化水平不断提高,城乡居民人均可支配收入持续增长,群众生活水平显著提高。这些发展和变化使群众对生活质量有了新的、更高的追求,参与体育、享受体育成为他们的内在需求,体育将在群众生活中扮演越来越重要的角色。经济社会的发展为体育事业的进一步发展奠定了更加坚实的基础,创造了更加有利的环境和条件,群众日益增长的体育需求成为全民健身活动发展的强劲动力。

伴随着全体国民的生存状态日益改善和生活水平不断提高,必将使得国民的工作状态和休闲状态逐步分离。五天工作制、日益增多的节假日、带薪休假制等法律法规的出台和日益规范,不断改变着国民的工作观和休闲观。缩短的工作时间要求有高效的工作业绩和工作质量,国民的体质状况、健康状态和身体素质成为适应大强度的工作压力的基本要求和重要保障。"健身就是工作、健身就是健康、健身就是高的生活质量"的理念将越来越深入人心。在这种理念指导下,21世纪的全民健身将比20世纪更大范围地走进我国国民的生活视野,走进更多的家庭、走进更多人群、走进更多人的主流生活。全民健身、休闲体育将会成为我国阻挡"现代文明病""办公室疾病""肌肉饥饿与运动不足病"的重要良方和强大武器。全民健身将成为一种追求时尚的标志,成为一种体育文化的重要内容,成为一种普遍的、惠及全民的社会现象。

(二)科学性、时效性和普及性是全民健身工作的目标和重点

全民健身在全面建设小康社会、构建社会主义和谐社会中起到十分积极的作用。国家体育总局和各级体育部门关于群众体育事业的未来发展都一致强调,全民健身工作一定要紧紧围绕党和政府的中心任务,服从和服务于国家社会经济发展的大局,坚持从实际出发、从基本国情出发,不断解放思想,与时俱进,在改革中发展,在创新中完善。充分发挥各级人民政府在推进群众体育发展中的主导作用,制定政策措施,积极宣传和强化各级政府在为人民群众提供良好体育公共服务的基本职能,广泛动员和引导社会各界支持群众体育事业,参与群众体育工作,努力探索群众体育社会化发展道路;坚持将满足人民群众不断增长的体育健身需求,提高人民群众体育健身意识,增强人民群众体质健康水平作为工作的根本出发点和归宿,在思考问题、出台政策、完善措施等方面,坚持以人为本,切实关注民生,把"人民群众高兴不高兴、满意不满意、赞成不赞成"作为衡量我们工作的基本标准。

根据社会主义民主政治建设和建立服务型政府的要求,进行深入研究,认真思考,对政府转变工作作风和履行提供公共体育服务的智能进行探索也将是一个重要的趋势。

为了实现上述目标国家体育总局提出未来的全民健身工作要深入研究

和认真思考我国全民健身发展的现实基础,摸清发展现状,总结成功经验,把握工作规律,破解发展难题,为长远发展提供依据。因此,开展全国、各地的全民健身现状调查,获得科学真实有效的基础数据,为未来全民健身的进一步发展提供科学的基础性数据;开展全民健身状况、活动方式、喜爱项目、场地实施的研究,为他们提供科学的指导,解决突出问题;开展全民健身效果的研究、全民健身组织的研究等都将是未来全民健身发展的重要走向。全民健身事业的科技水平不断提高,将使人民群众体育锻炼日益科学化。

（三）全面实现小康社会将是全民健身事业的重难点

青少年是全民健身事业发展的重心,而农村是其发展的难点。对中共中央、国务院《关于加强青少年体育增强青少年体质的意见》进行认真贯彻落实,做好青少年体育工作。由于我国青少年的体质和身体玩的"天性"正在退化,失去了在玩中自发学习和自我教育的机会,这对于成长中的孩子来说是莫大的损失,也在一定程度上有损孩子的身心健康。为此,加强青少年体育组织建设,创建青少年体育俱乐部和青少年户外体育活动营地,继续加强国家级和省、地市体育传统项目学校是全民健身事业重点。通过多种渠道为青少年提供更多更方便的体育活动场地,提倡在社区试点建设满足青少年参加体育活动的公共体育设施,组织丰富多彩的青少年体育竞赛活动,组织专家编写有知识、有吸引力、有趣味的健身知识读物,举办"全民健身大讲堂——校园行"活动,与教育部、团中央共同组织举办"全国亿万青少年阳光体育运动会"等全国性青少年体育活动,都将是未来全民健身工作的当前和长期措施。

2005年10月,党的十六届五中全会通过的《中共中央关于制定国民经济和社会发展第十一个五年规划的建议》中指出,"建设社会主义新农村是我国现代化进程中的重大历史任务"。新中国建立以来,在各级政府的关心和重视下,农村体育事业有了较大发展。但由于受条件制约,农村体育仍然是我国体育事业的薄弱环节,体育场地设施匮乏、体育组织建设滞后,使农村体育活动开展时冷时热、时断时续,城乡差距越来越大。因此,相对而言,我国农村人口多、底子薄、难度大,采用特殊的方式,按照国家统筹城乡发展,实行"工业反哺农业、城市支持农村"的方针,国家体育总局从2006年开始实施农民体育健身工程建设。这一建设工程也将是一项长期而艰巨的任务。

（四）公共体育设施将以建设与开放并举为发展方向

建设和开放是未来我国公共体育设施建设水平全面提升的发展重点。

我国公共体育设施建设在相当长的一个时段是以全民健身工程为龙头,求实创新推进全民健身工程建设。更好更快地推进农民体育健身工程建设、丰富路径工程器材种类,探索路径工程创新发展之策,继续推进"雪炭工程""全民健身活动中心""全民健身户外活动基地"建设,加强对体彩公益金使用和全民健身工程器材质量的监督管理,使我国公共体育设施建设水平再上台阶。

另外,学校体育场馆逐步面向公众开放,推进社会体育场馆向青少年学生开放,将是全面提升我国公共体育设施使用效率的重要措施。据第 6 次全国体育场地普查数据公报:在全国体育场地中,体育系统管理的体育场地2.43 万个,占 1.43%;场地面积 0.95 亿平方米,占 4.79%。教育系统管理的体育场地 66.05 万个,占 38.98%;场地面积 10.56 亿平方米,占53.01%。军队系统管理的体育场地 5.22 万个,占 3.08%;场地面积 0.43亿平方米,占 2.17%。其他系统管理的体育场地(除体育系统、教育系统和军队系统外,社会其他各行业/系统所管理的体育场地,以及难以划分管理单位所属系统的体育场地)95.76 万个,占 56.51%;场地面积 7.98 亿平方米,占 40.03%。因此,实现上述两个开放,将极大提高我国有限的体育场馆的使用率,对于缓解和改善我国人均体育场地的尴尬局面起到重要的作用。

(五)全民健身将要走一条社会化之路

伴随着我国政治体制的变革、经济体制的转轨,体育作为一种文化现象,社会化程度日益加大。政府包办一切的时代将日益弱化。目前我国全民健身管理体制也正在向政府与社会结合型体制过渡。尽管政府行政部门在全民健身管理中仍发挥着重要的作用,但政府转变职能,走政府宏观调控,依靠事业单位、群众体育组织、中介机构等社会力量发展全民健身事业的道路变得越来越清晰。从国外发达国家的经验看,硬件建设靠政府,投入多元化、组织管理靠社团和健身活动依托各类俱乐部等,在我国也将是大势所趋。

从长远来看,我国全民健身新型运行机制必将快速建立,全民健身的快速发展和积极推动,必然促使政府机构的改革和职能转化,政府将越来越多地担负起宏观调控、协调、监督、引导的责任,而将全民健身的实际操作交给社会各方,特别是各级各类体育协会去承担。随着体育改革的深化,我国全民健身将出现政府宏观协调,各级体育总会管理,各体育协会和群众社团具体操作的网络型组织结构。目前活跃的晨晚练点、辅导站,将同各种体育俱乐部一起纳入体协的组织系统,成为体协的基层组织单元。群众体育社团将不再徒有虚名,将真正成为我国群众体育组织体系的主体。

(六)全民健身工作将步入法制化轨道

目前全国已经有 20 多个省市区的人大常委会通过了省、直辖市、自治区等地方性《全民健身条例》。国家《全民健身条例》也已经进入实质性的论证和立法阶段。与此同时,我国的《体育法》也开始进入调研、讨论和论证阶段。这些法律法规的出台,必将使我国的全民健身事业进入一个新的更高层次的发展阶段。

(七)体育健身产业将促进经济的不断发展

随着社会的进步与发展,未来学家预测到,发达国家将进入休闲时代,专门提供休闲的产业在美国将占有国民经济的 50% 的份额。休闲时代也正大步向我们走来。我国体育健身和体育休闲产业将以前所未有的跃进姿态成为我国经济增长的新的生长点。体育健身、休闲娱乐、运动康复、体育旅游、新型户外运动、体育竞赛和体育表演以及相关的体育健身产业和附属健身服务业等都将极大激活体育消费市场。全民健身在带给人们健康、快乐的同时,必将对我国社会主义精神文明和物质文明的建设推波助澜,发挥重要作用。

(八)全民体育健身向艺术化方向发展

1. 全民健身艺术化发展的必然性

(1)全民健身进一步发展的需求

目前,我们正处于全民健身计划的第三期工程,这一时期《全民健身计划纲要》确定的发展目标是:经常参加体育锻炼人数进一步增加;城乡居民身体素质进一步提高;体育健身设施有较大发展;全民健身活动内容更加丰富;全民健身组织网络更加健全;全民健身指导和志愿服务队伍进一步发展;科学健身指导服务不断完善;全民健身服务业发展壮大。进一步推进全民健身的一个比较实际的问题就是增加体育人口,要动员全体国民参加健身活动,除了加强宣传,增强健身意识外,选择一些群众喜爱的、老少咸宜的、富有乐趣的大众化健身项目来吸引大家参加是至关重要的。

据统计,我国体育人口参与体育活动的项目的前 10 位是:长走与跑步;羽毛球;游泳;足篮排球;乒乓球;体操;登山;舞蹈;台球、保龄球;跳绳。与往年相比,体育人口在活动内容上保持了相对的稳定性。只是气功、太极拳、武术、地掷球等项目参加人数有所减少,而参与球类、舞蹈等娱乐、审美性强的项目,以及登山活动人数有所增加。特别是我国城乡全民群众体育活动点所从事的体育锻炼项目,前5位为:健身健美操、武术、秧歌、交谊舞、广播操,这表明人们参与全民健身运动以及对全民健身项目的选择都不再只是纯粹意义上的强健体魄,而更多地融合了娱乐和审美的情趣,艺术性体育项目将会吸引更多的人参与到全民健身运动中来。

(2)社会文化发展的必然性

文化是人的生命活动发展的特殊方式,它体现了人掌握了自己同自己、自己同社会和自然界关系的程度,因而人类的衣食住行、社会生活、科学技术、思想观念、体育运动方式等都属于文化概念之列。世界文化发展遵循着一个宗教文化—科学文化—艺术文化的发展规律,体育运动的发展也应该符合这个必然性,也要经历一个宗教体育—科学体育—艺术体育的过程。在当今科学技术高度发展的社会,典型的科学体育把人的主观能动性提高到可以征服自然并支配自然的高度。在更高、更快、更强精神鼓舞下,现代体育表现为一个不断向人的生理极限冲击的过程,科学化训练的水平不断提高,运动员对运动负荷的承担能力也不断突破,体育竞赛成为表现一个人、一个团体,乃至一个国家繁荣昌盛的舞台。但是,凡是现实的都是合理的,凡是合理的都是现实的。恩格斯对黑格尔这句充满辩证思维的名言以准确的理解,现实并不等于现存,现实的属性仅仅属于那些同时是必然的东西。体育运动的发展也必将冲破科学体育的樊篱,由必然王国走向自由王国,走向艺术体育。

(3)人的全面发展的需求

人类社会的进步和人类文明的发展,就最根本的意义上讲,是为了人。人的全面发展是人类全部活动的最高目标,也是培育"四有"公民的终极目的。人的全面而自由的发展是一种历史的发展,是人类自身发展的一种最高追求。体育的发展归根到底是为了培养全面发展的人。人们在空闲的时候,要求进行一些轻松愉快的活动,也是一种积极的休息方式。比起以往枯燥乏味的身体锻炼方式来说,选择具有艺术性的健身方式,的确是其乐无穷的,既锻炼了身体,又获得了精神享受。

在群众体育活动中寓健身于娱乐中,利用艺术因素提高审美趣味,也是发挥体育在精神文明建设中的作用的一个重要方面,也有利于培养人的全面发展。艺术性的健身项目和艺术化的健身方式,不仅能增强体质,还可以从感情上丰富人的精神。通过艺术化的体育运动,人的认识能力、创造能力、审美能力都能得到提高。人的全面发展离不开体育,体育运动的艺术化既给人以美的感受,同时也给参加锻炼者以极大的吸引力,为全民参与健身产生积极影响。全民健身运动要把人的全面发展摆在核心位置,始终围绕这一核心开展工作,就必然会向着艺术化的方向发展。

2.全民健身艺术发展的趋向

(1)体育项目的艺术化

①艺术性体育项目的蓬勃发展。现代体育运动越来越多地融合艺术,具有极强的艺术性。特别是现代舞蹈和现代音乐更是大量渗透到艺术体操、健美操等竞技运动项目中。它们在融合艺术方面尤为突出,吸取了舞蹈语汇中的精粹部分,并加以制作和再创造,充分运用人体各部位特定的基本姿势,按照一定的规范要求和节律进行的一种艺术活动。本文中艺术性体育项目是体育与多种艺术相结合的体育项目。它是体育运动项目的组成部分,是艺术、美学、娱乐在体育运动中发展的必然结果,是人们自愿参与、自主选择的以身体参与为主要手段,以娱乐身心、缓解压力、调节情绪为主要目的的一种即具有观赏价值又具有体验型愉悦的身体活动方式。从体育项目所含艺术元素比重来看,艺术性体育项目可分为引进艺术的体育项目、艺术体育项目、亚艺术体育项目和潜艺术体育项目。具体如下。

引进艺术的体育项目:秧歌舞、街舞、土风舞、体育舞蹈、形体姿态舞、迪斯科等。

艺术体育的项目:艺术体操、健美操、团体操、花样游泳、花样滑冰、花样轮滑、花样跳伞等。

亚艺术体育项目:武术、竞技体操、跳水、马术、单板滑雪等。

潜艺术体育项目:冲浪、舍宾、瑜伽。

②传统体育项目的艺术演化。传统体育项目近年来也有艺术化、审美化的发展倾向,一方面表现为体育项目成为文艺表演活动,供观众欣赏,满足其观赏的需要。如汗流侠背龙争虎斗的 NBA 篮球赛、如火如荼的世界杯足球赛等已经失去体育运动的纯粹性,如今人们趋之若鹜基本上是追求一种高超技艺术的享受。中华武术从战争中走来,又抛弃了军事实用性,以花拳绣腿的程式化的套路形式呈现,经久不衰被人们追捧同样也是人们对其神形兼备艺术的追求。风靡全球的 F1 方程式赛车完全是将人类发明创造的实用工具加以改造移植后的非实用性运动,人们对它的痴迷也完全是将其看成一种艺术,一种人类超越极限的艺术体验。日本的相扑现今也可以被认为没有了实用价值,但它具备着民族精神内涵,成为备受日本人推崇的象征性运动,此结果的产生是由于相扑扮演着精神艺术的角色。

另一方面是指体育项目的创新式发展。奥林匹克运动发展的历史表明,奥运会项目经常进行调整,增加更有影响力的项目,淘汰影响力下降的项目。因此,为了维持或扩展原有的社会生存空间和影响力,几乎所有的竞技球类项目都进行了以多样性与艺术形式为特征的创新,如三人制篮球赛、五人制足球赛、软式排球、软式网球、模拟高尔夫、慢式乒乓球等。这些传统体育项目的艺术演化,取得良好效果,有效地扩大了项目适应年龄的跨度范围,提升了项目的体育人口数量,为全民健身运动的开展做出了积极贡献。传统的田径、体操也在努力向着简单化、轻松化、娱乐化、时尚化的方向进行改造。作为民族传统体育的武术为了适应新时代全民对锻炼和健身的要求也发生了很多变化。根据调查,随着我国新课标在各级各类学校的实施和素质教育的全面发展,"健康第一"概念的贯彻落实,武术操就是在降低武术难度,同时适应学生健身需要的情况下,对武术内容进行改编创新而成。创编后的武术操既可以弘扬中华武术精神,又丰富了学生的课余文化生活,在推广后受到越来越多同学的喜爱;还有在青少年中备受喜爱的有氧搏击操,也是在搏击项目的基础上,将搏击内容简单化、艺术化创编而成;以及在太极的基础上改编而成的太极扇,受到广大中老年人的喜爱。

③纯艺术表演活动的参与。古希腊的奥林匹克赛会上,人们不仅可以看到运动员在音乐节奏下的角逐,还可以看到诗人、作家、艺术家的表演和竞赛。他们创作了无数讴歌优秀竞技者的艺术品,至今仍被世人视为瑰宝。例如,荷马的著名史诗《伊里亚特》和《奥德赛》中栩栩如生地描写了战车、角力、赛跑、掷铁饼、投标枪、射箭、拳击等激烈的比赛情景。至于掷铁饼者、持矛者、短跑者等古希腊雕塑,更是稀世珍宝。而现代奥运会已不仅是对世界各地运动员的个人体力、智慧、技巧和健美风貌的盛大检阅,同时,也具有越来越高的艺术性和审美价值。每次举办奥运会时,还要举办相应的大型艺术表演,努力促进艺术与体育的结合。很典型的要数1984年洛杉矶夏季奥运会了,有1 500多名艺术家为数百万观众在洛杉矶的50多处表演文艺节目300余场,售出门票就多达40余万张。参加演出的单位来自世界20多个国家的70多个世界著名的艺术表演团体,其中就包括中国表演艺术团。随着人们对体育与艺术关系的认识,现代各个体育项目活动的举办都与纯艺术的表演活动安排在一起。近年来,我国所举办的一些大型体育比赛也开始在比赛前安排一些艺术表演,如中国大学生篮球联赛(CUBA),在比赛间隙进行的各种文艺表演。2008年北京奥运会也为世界人民带来了一场视觉盛宴。

随着人们生活水平的提高和余暇时间的增多以及电视艺术的参与,形式多样的体育项目的比赛和表演越来越深入人心,表演者和观众双方的直接和主要的目的都已经不是单纯的健身了。各种体育赛事的直播和转播吸引了越来越多的人参与其中,观众们观赏体育节目和观赏其他艺术表演一样获得精神享受,从而提高了更多的人参与体育健身的热情。借助电视艺术的宣传和影响,相信我国参与全民健身的人口会越来越多。特别是 2000 年中国武术协会与湖南卫视联合举办的"中国武术散打王比赛"进行了这方面的有益探索,并取得了极大成功,既提高了收视率,也让更多的人了解中国武术文化,参与到武术健身中来,取得了较大的社会效益和经济效益。

④新型艺术性运动项目的出现。高节奏高强度的工作使追求健康、时尚、美丽为目的的现代人,越来越不满足于现有的健身方式,各种新型艺术性的运动项目应运而生,吸引了越来越多的人加入到健身的行列中来。

极具形象性的芭啦芭啦舞,由于其简洁随意性较大,对身体协调性要求不高,而不必具有专业的舞蹈基础,因此受到普通大众的喜爱;动感十足的尊巴舞,完美的塑身效果让爱美人士趋之若鹜;源于美国快餐圈舞,在肥胖症泛滥的当今社会无疑会吸引众多的眼球;还有极具养生意义的"太极柔力球"一经问世就在全国各地风行开来以及各种新兴的户外活动为健身的人们提供亲近大自然和享受阳光的机会,如攀岩、马术、蹦极、高尔夫球等运动,还有部分地区盛行的水上篮球、赛龙舟、骑独轮自行车等,尤其受到年轻人的青睐。各种花样的纱巾操、球操、扇子操等也在各大健身房悄悄盛行起来,受到不同年龄爱美女士的追捧。

(2)全民健身形式的艺术化

社会的进步,物质文明的高度发展,人们对精神享受的追求日益明朗。为健身而健身的锻炼方式,纯粹的强健体魄的健身形式已不再适应于当代社会。随着全民健身计划的深入贯彻实施,人们健身意识的逐步提高,加之经济收入的不断增加,追求身心健康将是人们参与全民健身运动的深层次的目的。艺术化的健身形式将日益成为人们参与健身的首选。

①音乐的使用与配合。音乐是一种特殊信息,悠扬和谐的音乐会促进神经兴奋,提高神经体液调节,改善血液循环,调节内分泌系统,加强新陈代谢。现代医学研究证明:在悠扬的乐曲中休息能迅速消除疲劳,使人身体轻松,心情愉快。将音乐的健心功能、娱乐功能与体育健身有机结合在一起,对人们身体的自我培养,实现健身价值行为产生良好的影响。音乐与体育结合的健身形式在人类的发展史上有着悠久的历史。我国作为世界文明古国之一,体育与音乐在人们的健身活动中发挥着良好的作用。无论是古人的伴有音乐的"舞象"和"蹴鞠舞",还是今天我们看到的遍布公园、空地上伴随轻柔缓和的音乐而练习的简化太极拳;无论是广泛流传在广大农村的秧歌和各种民族舞蹈,还是在城市中随处可见的伴有节奏明快音乐的深受喜爱的健身操和体育舞蹈,人们在音乐声中享受健身乐趣,既增强体质又活跃气氛,同时带动了更多的人参与,形成良好的健身氛围。就连简单的跑跑步也不再令人乏味,随处可见带耳塞或手持 CD 享受音乐熏陶的人们。

在体育健身中注入音乐元素,在音乐的使用与配合中进行锻炼的健身形式符合现代人健身需求,符合大众健身运动的发展方向,能够满足现代人对体育生活的渴望。因此,将具有良好的发展前景。随着全民健身计划的深入贯彻实施,推广这种健身形式有利于激发人们的锻炼兴趣,娱乐身心,陶冶情操,消除疲劳,防治疾病,增进健康。为全民健身的持续发展注入活力,对全民健身计划的深入开展具有现实意义。未来的几年,是我国全面建设小康社会的关键时期,我们应结合当前大众健身和休闲运动的发展特点,创造和推广各种被大众所认同和容易接受的健身形式,而音乐与体育的结合形式无疑给我们提供了一个很好的选择可以想象,随着社会的发展,生活节奏加快,这种简单易行、老百姓喜闻乐练的健身方式必将有着广阔的发展前景。

②活动场地的艺术特色。场地设施是群众开展体育健身活动的基本物质条件。在过去几年中,我国室外健身器材从无到有、从少到多,已经覆盖全国所有的县,遍及城乡社区、学校、部队、机关及企事业单位,惠及亿万群众。中国各级政府利用体育彩票公益金,在城市社区、农村乡镇的居民区、广场、公园、街心花园等地方广泛修建健身场地和设施(统称为"全民健身路径工程"),为全民健身运动开展提供了物质保证。在路径工程的带动、启发下,健身广场、健身长廊、专项路径、体育公园、"雪炭工程""全民健身活动中心""青少年体育俱乐部""全民健身活动基地""青少年户外活动营地"等面向大众的各种类型的健身休闲场地设施相继诞生,使我国健身场地设施建设进入了快车道,实现了跨越式发展。任何一个新生事物都有一个共同的发展规律,在经历一个快速发展时期后,都要面临一个十字路口,要么是经过适当调整后走上持续、稳定、健康发展的路子,要么因为缺乏后劲,逐步走向衰微。

为了满足人民群众日益增长的健身需求,满足人们对活动场地艺术特色的需求,政府部门在追求健身路径数量的同时,更应该对健身路径质量和艺术创新进行规划。活动场地的艺术特色也是为了满足人们日益增长的审美需求,达到愉悦身心的效果。未来体育健身场地设施的兴建将会更加遵循美学原理,注重突出艺术特色。

③表演与比赛。定期举办各种健身项目的表演与比赛,能够提高参与者的热情,引起旁观者参与健身的兴趣,无形中就能提高体育人口的数量。如各种形式的体育舞蹈和健美操大赛。在专业人士的指导下,健身者不仅能够提高健身的质量,还能在参与表演与比赛的过程中提升自己发现美、创造美、体验美、欣赏美的能力,提高项目的可观赏性。服装的选择、场地的布置、音乐与灯光的配合,使人们置于强烈的艺术氛围,满足了人们审美需求,

加强了人们参与健身的持续性,从而能使参与健身的队伍日益壮大。

(九)社区体育逐步将向多元化方向发展

1.社区体育组织网络化

随着人们体育利益取向的改变,社区体育必然要形成网络化的组织来满足居民的体育需求,街道办事处作为城市基层政府的派出机构,是城市基层社区的管理部门,有责任、有能力,也有可能成为社区体育组织网络的依托。

2.社区体育主体多元化

学生、在职人员、离退休及其他人员的体育利益取向的社区化趋势,必然导致社区体育参加者的多元化,由于受闲暇时间的限制,日常性社区体育活动的参加者可能仍会以离退休人员为主。周末、节假日的社区体育活动参加者将成多元化趋势。

3.社区体育活动业余化

目前社区体协和一些区域性体协开展的活动还没有做到完全业余化。今后随着企业经营机制的强化、事业单位缩编、工作节奏加快,非业余化的体育活动将受到越来越多的限制,清晨、傍晚、周末、节假日将被充分利用,社区体育活动时间的业余化程度将不断提高。

4.内容与形式多样化

人们对体育需求的不断增长,要求多样化的体育活动内容和活动形式。晨晚练活动中,现有的韵律性、表演性、传统性的活动内容将继续受到人们的青睐。随着社区体育场地设施的改善,其他竞技化、非竞技化的体育活动内容也将受到人们的欢迎。晨晚练活动和每年几次的比赛、表演将难以满足全体社区成员的体育需求,楼群、庭院、里弄、家庭等多种形式的体育活动和竞赛将得到发展。

5.设施有改善,利用率提高

社区发展滞后导致社区体育场地设施匮乏,条块分割导致社区内的体育场地设施利用率低下,随着人们体育需求的增长,体育价值取向的改变,全民健身计划的实施和社区的发展,将推动社区体育场地设施的建设和社区现有体育场地设施的充分利用。

（十）与全民健身有关的国民体质建设将进一步加强

个人的身体总是处于动态的变化之中，其体质的好坏，与遗传、环境、营养、体育锻炼等多种因素有密切关系。但是影响体质水平最为重要与最为现实的是三大要素，即遗传、营养、体力活动。体育锻炼是有目的有意识有计划的体力活动。营养和体育锻炼是两种自身可控制的因素，人们可以通过改善营养和参加体育锻炼增强体质。有计划、有目的，科学地进行体育锻炼，是增强体质积极有效的途径。科学研究证实，体育锻炼能改善神经系统的功能，提高循环系统、呼吸系统的功能，增强人体运动系统的功能，提高机体对外界环境的适应能力，进而提高人的体质水平。全民健身的不断发展将会逐步促进人们体质的提高，进而促进国民体质系统的建设。

1. 国民体质系统建设的必要性

中国国民体质监测系统包括监测指标子系统、监测网点子系统、计算机管理子系统。开展国民体质监测工作，建立我国国民体质监测系统和数据库，掌握我国国民体质状况和发展趋势，为长期跟踪观察我国国民体质状况奠定基础，为推动《全民健身计划纲要》的实施提供科学依据。它是政府运用科学的方法，将国民体质作为国家的资源加以管理的一种手段。这种管理实际上就是保护和发展生产力，为国家经济建设和社会发展服务。具体地讲，建立国民体质监测系统的必要性如下。

（1）落实《中华人民共和国体育法》和《全民健身计划纲要》的必要措施

《中华人民共和国体育法》第十一条中规定："国家推行全民健身计划，实施体育锻炼标准，进行体质监测。"《全民健身计划纲要》第二十一条规定："实施体质测定制度，制定体质测定标准，定期公布全民体质状况。"这些规定说明了国民体质监测具有十分重要的地位，而国民体质监测系统的建立及其实施，是这些规定的具体化，是落实《中华人民共和国体育法》和《全民健身计划纲要》的必要措施。

（2）全民健身活动科学化的必然要求

全民健身活动科学化是指全民健身活动方法科学化、决策科学化和管理科学化。决策科学化和管理科学化需要客观丰富的信息，信息是科学的决策和管理的基础。国民体质监测系统的建立和应用，可以了解国民体质的现状，发现全民健身活动中存在的问题及薄弱环节，为全民健身的科学决策和科学管理提供丰富而全面的信息，有助于推广全民健身活动中的成功经验，改进工作中的不足之处。国民体质监测系统可以为个人评价自己的体质状况提供依据，为改善体质和科学健身提供方向。作为一个评价手段，它可以反映《全民健身计划纲要》实施的成果,展示体育事业的成就,从而为有效地增强中华民族的体质提供了科学依据。国民体质监测系统既是全民健身科学研究的成果,也是全民健身科学化的一个重要手段,它使我国全民健身的科研水平上了一个新台阶。这是全民健身活动向着科学化迈进的重要标志和必然要求。

（3）全民健身活动深入发展的重要手段

全民健身活动有步骤、有计划地推行,前一阶段为后续发展奠定基础,后一阶段在前期基础上延续和扩展。国民体质监测系统搜集整理了一定时期国民体质的情况,提供了必要的客观数据信息,是全民健身活动科学决策和管理的基础,成为推动全民健身活动深入发展的必不可少的重要手段。

2. 国民体质系统建设的有效措施

（1）树立新的健康理念

①树立新的健康观念。随着社会的进步和科技的发展,人们对健康的理解也更加全面、深刻、丰富。过去认为"无病便是健康"观念已被"三维健康观"取代。"三维健康观"即"个体在身体上、精神上、社会上的完美状态"。然而,旧的健康观念不会自然消亡,新的健康观念深入人心也要一个过程。因此,对人们进行健康教育,大力地宣传、广泛地传播新的健康观念,有助于人们科学的健康观的形成。

②确立新的大卫生观。生物心理社会医学模式,作为新的医学观,对疾病与健康的理解已更加全面而深刻。它从分子、细胞、组织器官、系统、机体、人、家庭、社会和生物圈等各个层次来认识,把人看作包括自然环境在内的生态系统的一个组成部分;从生物学、心理学、社会学三个不同层次来综合考察人类的健康与疾病,采取综合措施防治疾病。因此,新的医学模式要求树立大卫生观。此外,现代社会是一个社会分工越来越细、组织化程度越来越高的社会,任何一项社会工程要想取得最佳效果,都需要社会其他部门的支持与配合、关注与帮助。保护健康不仅仅是医药卫生部门和医生的责任,而且是全社会的共同责任,个人也应该关注自己的健康,对自己的健康担负一定的责任;国民体质的建设也不仅仅是体育部门、体育工作者和体育教师的事,而是全社会的事,是社会每个成员的事,应该人人参与。因此,需要树立大卫生观,即动员社会所有力量,为健康事业出谋划策,添砖加瓦。卫生部已经在多个省市及县建立了居民死因登记系统,并建立了"国家食物与营养监测点"。国家体育总局在选择国民体质监测点时也尽量兼顾了卫生部的监测点,从而可以更大限度地实现资源共享,提高监测效益。这是不同部门合作的良好开端,从这个意义上说,国民体质监测不仅是体育一家的

工作和成果,它服务全社会,造福全社会,理应得到全社会的支持。

③崇尚新的生活方式。社会的长足进步,提高了人们的生活质量,改变了人类的生活方式和工作方式,大大地延长了人类的平均期望寿命;同时,也带来了与体力活动不足有关的一些疾病,如肥胖、高血压等,改变了人类的疾病谱和死亡谱。因此,树立新的生活方式观念,实践一种新的健康、科学、文明的生活方式是社会进步的表现,是时代的需要,也是高质量生活的要求。具体要求是:青少年学生从小树立健康的观念,掌握科学的运动技能,养成持之以恒的健康理念和终身体育习惯;成年人和老年人,应知晓慢性病的成因及危害,改变不良生活方式。

④注意疾病的新发展。

A. 死因谱的变化。新中国成立之前,由细菌、病毒等微生物引起的疾病,如鼠疫、霍乱、天花和肺结核等主要危害人类健康的急、慢性传染病,成为死因的第一位;目前,由于医学科技的进步,得到了控制,已下降到第10位。现占据死因前四位的是脑血管病、心脏病、恶性肿瘤和意外死亡。

B. 病因的变化。由于死因谱的变化,医学研究的重心必然地转向这些疾病。研究结果显示,这些疾病的发生,除了与理化和生物因素有关外,心理紧张、吸烟、环境污染、行为习惯等因素也起着相当重要的作用;公害、交通事故、自杀、吸毒、酗酒、饮食过度及各种心因性疾病的发生,更明显地与心理、社会因素有关。生活方式主要与脑血管、心脏病和恶性肿瘤有关;环境因素主要与意外死亡有关。心理因素对疾病既有治疗和预防作用,又有致病和导病的作用。新的慢性非传染性疾病的危害未能引起人们足够的重视,如肥胖、高血压、冠心病、糖尿病等,这些疾病在发达国家已经成为危害人们健康的主要疾病。随着我国经济的发展,生活水平的提高,社会心理压力的增大,如果人们不重视这些疾病的危害,不采取措施消除导致这些疾病的危险因素的话,这些疾病将成为未来危害我国人民健康的主要疾病。

(2)建立国民体质监测制度与网络

国民体质监测系统要充分发挥作用,必须要依靠一定的组织措施和制度保证。没有制度作保证,就不能充分发挥其作用;没有组织措施作手段,发挥其作用只能是一句空话。因此,要建立国民体质监测制度与网络。

①建立国民体质监测制度是根本保证。一项事业的开展离不开规章制度。建立国民体质监测制度,有利于从制度上保证其作用的发挥,有利于定期地进行国民体质的监测。建立国民体质监测制度,除了每四年国家统一进行国民体质监测外,各省、市、自治区也可根据经济和社会发展情况,定期、不定期就国民体质的全部或部分指标、其他需要的指标进行监测。例如,我国北方地区高血压患病率高于南方,这就需要与卫生部门相结合,有

针对性地进行体质调查,提供干预国民体质的体育手段,从而降低高血压的患病率。建立国民体质监测系统的根本目的是通过监测改善国民体质;建立国民体质监测制度,可以从制度上保证国民体质监测系统的社会效益和经济效益的发挥。

②建立国民体质监测网络是重要手段。国民体质监测系统要发挥作用,必然依靠一定的组织网络手段才能完成其任务。加强体质监测中心的建设,多建分支机构,给国民测试以方便。国民体质监测网络除了国家级的监测网络外,各省、直辖市、自治区也可根据经济和社会发展情况,建立当地的、更加完备的国民体质监测网络。这些网络包括:省、市、自治区级的网络;地、市、州级的网络;县(市)级的网络;区(镇)的网络。运用这些网络对国民体质的全部或部分指标、其他需要的指标进行定期或不定期的国民体质监测。

(3)创建科学的健身指导系统

①加强社会体育指导员队伍的建设。"生命在于运动,运动讲究科学"。这句名言既强调了运动对于生命的重要性,更说明了科学对于健身的重要性。健身要用科学的理论为指导,用科学的手段作支撑。对于我国这样一个健身知识普及率相对较低的国家来说,科学健身显得尤其重要。因为,不科学的健身方法和手段,不但不能增强人民体质,反而会有损人民的健康。因此,造就和培养一批高素质的、高水平的社会体育指导员,将是我国一项急迫而艰巨的工作。

社会体育指导员是开展全民健身活动的重要保证。以数量论,我国的社会体育指导员远不能满足全民健身活动的需要;以质量论,社会体育指导员的素质更需要进一步提高。《社会体育指导员国家职业标准》中规定的基本文化程度的要求,可能会随着我国全民健身活动的发展逐步提升。另外,需要建立社会体育指导员的再培训制度,为已取得社会体育指导员资格的人,提供培训和再提高的机会。

②建立科学的健身系统。我国地广人多的基本国情,要求建立国家、地方、社区等不同层次的科学健身系统,既满足不同层次的需要,又便于管理。科学的健身系统包括科学健身专家委员会、科学健身计算机系统、科学健身热线、科学健身网站等。

国家级的科学健身专家委员会是全国科学健身的最高学术权威,是科学健身系统的核心,其成员是全国著名的专家、教授和学者。国家级的科学健身专家委员会,主要负责全国的科学健身规划及指导工作,并指导地方及社区的科学健身专家委员会。

省级的科学健身专家委员会,主要针对本省的具体实际,开展科学健身的规划及指导工作。

社区级的科学健身专家组织主要负责社区的科学健身规划及指导工作，并接受上级科学健身专家委员会的指导。

科学健身计算机系统是综合运用科学健身的知识开发出的应用系统，满足不同个体及群众的科学健身需要。它主要放在公共场所供人查询使用。科学健身热线由科学健身专家担任主持，解答听众或观众的问题。科学健身网站是充分利用互联网的优势建立的系统。

（4）加强体质学的研究

①充分重视体质的作用。人类社会的不同历史阶段有不同的生产特点，由此对人的体质提出了不同的要求。在原始社会，生产力水平极低，人类唯一的财富是自身的健康机体。在封建社会，生产力水平低，以手工作坊和小农个体生产作为生产方式，劳动力仍是社会的重要财富。在机器工业时代，体力、技术和精神相结合的劳动强度，使人的体质承受着繁重的负担，对人的体质提出了新要求。随着现代科学技术的不断发展，及其生产方式和生活方式节奏的不断加快，高度紧张的脑力劳动成分在增加和沉重的、以肌肉紧张为主的体力劳动成分在减少，这一生产方式的特点对人的体质提出了新的要求。

在经济生活中，人力资本对经济增长起着重要作用。所谓人力资本是对人进行投资而形成的资本存量，它体现了知识和技能，而正是这种知识和技能的进步推动了经济增长。"广义地看，人力资本包括多种形式的投资结果，如对卫生和营养的投资可以改善人的健康状况；对个人进行培训可以提高一个人的技能；接受正规教育可以提高人的认知能力并有助于学习能力的增强；而对研究和开发的投资则可以通过外部的效果来提高个人的技术水平"。由此可见，国民体质是人力资本的重要组成部分，也是国家经济和社会发展的物质基础。

无论什么社会，也无论哪一种生产力和生产关系，人的体质都是社会最为基础的物质因素。一个民族体质的强弱与国家经济、科学技术、文化、教育、体育的兴衰有着密切的关系。

体育的发展史也是一部人类体质的发展史。体质水平的高低与运动水平之间存在着密切的关系。在一定程度上可以说，当代的奥林匹克体育竞赛，实质上就是提高青少年体质水平的科学技术的竞赛。人群（尤其是青少年人群）的体质和他们的科学技术认知量，是提高运动技术水平的重要基础。

一个国家、一个民族的体质水平，与其所处的社会的政治、经济、文化、教育发展水平有密切的关系；反过来，国民体质水平的发展又会推动经济和社会的进步。当社会的政治、经济、自然条件等因素发生变化时,它对人的体质起着十分敏感的影响。生产和科技的发展,取决于人对社会做出贡献的大小,人的素质不单纯以知识结构为标志,也是知识、道德、体质的结合体,从某种意义上讲,人的第一存在价值还是健全的、能适应社会生产劳动的体质。

②加强体质学的学科建设。科学研究是一项事业进一步发展的动力。科学研究可分为定性研究和定量研究。体质研究不仅需要提供方向性的定性研究,更需要提供因果关系的定量研究。这是全民健身活动进一步发展的需要,也是科学健身发展的高级阶段。为此,需要加强实验性的研究,用数据说话,深化科学健身的依据,推动全民健身活动的发展。体质研究的最终目的是为了有效增强人民体质,使之达到能适应生产劳动、工作、学习与生活需要的良好状态。在一定时期内对全民体质发展提出一些经过切实努力可以达到的目标十分必要。为此,加强体质学的学科建设尤为重要。

体质学的研究对象和服务对象是人,它的内容是研究和改善人体生命的物质基础。人生历程大体经历婴幼儿期(出生到 2 岁)、童年期(3—8 岁、9 岁)、青春期(9 岁、10 岁、18 岁、19 岁)、成年期(19 岁、20—64 岁)、老年期(65 岁以上)五个阶段。在这一段相当漫长的人生旅途中,人们都会经历这几个阶段。每一个阶段中,都有特定的体质特点及发展规律。体质工作者的任务,就是认识这些特点和规律,发现和掌握各种影响体质发展的因素,据此制定和采取有针对性的干预措施,以达到增强体质、促进健康的目的。从这一角度出发可以认为,用发展的眼光看问题,善于利用比较分析的手段发现存在的问题,是体质学的最基本研究方式。

体质学是一门综合性很强的边缘学科。体质学需要从遗传学、优生学获得大量养料,与体质人类学、文化人类学、人口学也密切相关,同生物学、生理学、医学、卫生学等也有千丝万缕的联系,与体育学的联系更加密切。

时代要求加强体质学的研究。我国正处在全面建设小康社会的关键时期,培养和造就各类人才是关键,而良好的体质是基础。现代社会对人的体质提出了新的要求,因此,加强体质学的研究,既是学科发展的需要,更是时代的要求。为此,要做好以下几方面的工作。

A. 加强体质学研究人才的培养。一门学科的发展离不开研究人才。吸引其他学科的人才加入体质学研究队伍,有助于稳定并进一步扩大体质学研究人才的数量和质量,这是学科进一步发展的关键。可通过吸纳多学科人员进入体质学研究生的行列,才能培养高层次的人才,提高研究人员的素质。

B. 加强学术交流。学术交流是培养人才的必要手段,也是强化学科建设的重要手段。加强国内外体质学的学术交流,通过国际学术会议可以捕捉新的学术信息,提高我国的体质学研究才平,也可以扩大我国体质学术研究的影响。

二、我国全民健身发展的对策

(一)强化各有关部门的职责

首先要强化体育行政部门的组织工作,并充分发挥各级工会、共青团、妇联、各行业和社会各界办体育的积极性,在各级人民政府的领导下,大力发展各具优势和特色的地方全民健身事业。各级体育行政部门要切实把推行全民健身计划作为工作重点,主要领导要亲自抓,统筹规划,研究解决实施中的问题。

(二)各级政府增加对全民健身的投入

各级政府要增加对全民健身的投入,并鼓励厂矿、企业、个人等社会力量资助支持全民健身事业。国家体育总局在继续利用体育彩票公益金抓好全民健身工程建设的同时,实施"雪炭计划",扶贫帮困。从 2001 年开始,集中一定数量的体育彩票公益金,对三峡库区、革命老区、老少边穷地区和遭受自然灾害严重的地区,援建公用体育健身设施,建设一批具有一定规模和影响的形象工程。

(三)加强以学校为重点的青少年体育工作

各类学校要坚持德智体全面发展的方针,十分重视学生的身体健康,保证学生每天有不少于一小时的体育锻炼时间,按照教育性、科学性、趣味性、全面性的原则,坚持寓学、寓练于乐,使学生掌握基本的运动技能,养成锻炼身体的良好习惯。加强以乡镇为重点的农村体育工作:要建立以乡镇为龙头,村民委员会为基础,农民体协为纽带的组织网络,大力开展"因地制宜、科学文明",贴近广大农民的体育活动。加强以社区为重点的城市体育工作:要充分利用社区内各单位人才、资源和场地等条件,建立各类体育协会、健身俱乐部等便于居民就近就便参加体育活动的组织;社区体育要坚持业余、自愿、小型、多样的原则。加强城市街道和农村乡镇体育指导站(中心)建设,做到"有人员、有阵地、有经费、有活动";并建立健全群众体育社会团体和组织,形成社会化的全民健身组织网络。重视军队体育,增强官兵体能,活跃部队文化生活,提高部队战斗力。

(四)对老年人、残疾人体育保持关注

要依托社区开展老年人、残疾人体育,发挥社区体育组织在老年人、残疾人体育活动中的积极作用,为老年人、残疾人提供优先优惠服务。倡导民族传统体育,进一步发挥少数民族地区的优势,开发民族体育资源,做好民族传统体育项目的挖掘、整理和推广工作。

(五)加强相关法律法规的建设

积极制定社会体育工作、体育社会团体、体育场地设施建设与管理及保障不同人群参与体育活动等方面的法规制度。加强体育法制宣传和执法力度,保障人民群众合法的体育权利。继续加大全民健身宣传工作的力度,各级体育宣传主管部门要推动和协助新闻媒体报道全民健身工作开展情况、典型经验和典型事例,重大活动要集中报道,扩大影响。

施行国民体质监测制度,开展国民体质测定和监测工作,力争将国民体质监测指标纳入国家社会发展综合评价指标,并定期公布国民体质状况,发挥国民体质测定与监测工作的社会效益,争取逐步使国民体质测定标准成为学校和行业招生、招工的基础指标。

(六)积极推进群众体育科技进步

在继续开展国民体质检测系统研究基础上,有针对性地进行科学健身方法和手段的研究。重视群众体育研究成果的推广、应用与普及工作,反对伪科学。加快培养社会体育指导员的步伐,不断扩大队伍,对在营利性体育健身场所从事体育组织和指导工作的人员,逐步实行职业资格证书制度。

(七)加快体育健身场地设施建设和开放

地方各级人民政府要集中一定财力与物力,有计划地建设社区、乡镇和居民区公共体育设施。全国公共体育场馆设施要做到全部用于开展全民健身活动,有条件的学校做到体育场馆在课余时间向社会开放。

第三章　全民健身运动的科学理论基础

人们参与健身活动时，不仅需要积极参与其中，还要掌握科学的健身锻炼的理论，这样才能更好地进行锻炼。如果不能掌握相应的科学理论，在运动锻炼时就会带有一定的盲目性，甚至会由于不科学运动锻炼而损害身心的健康。因此，本章对全民健身运动的科学理论基础进行了分析，具体包括全民健身的生理学基础、心理学基础和运动学基础。

第一节　全民健身运动的生理学基础

一、人体基础生理学

(一)神经系统对人体的控制

作为人体的主要调节机构，神经系统由脑、脊髓以及由它们发出的很多神经组成。神经系统一般分为两类：中枢神经系统和周围神经系统。中枢神经系统包括脑和脊髓，周围神经系统则包括由两者所发出的神经。神经系统通过感受器接受人体内外的各种信息，经由大脑和脊髓进行整合，再通过周围神经到达各器官系统的效应器，从而实现对机体互动的控制和调节。人类大脑高度发达，大脑皮质中不仅存在感觉中枢、运动中枢，还具有分析语言的高级中枢，所以人类不仅能适应环境和认识世界，还能主动地改造世界。

神经组织由神经细胞和神经胶质细胞组成。神经细胞又称为神经元，其是神经系统的基本结构和功能单位。神经胶质细胞分布在中枢和周围神经系统，其没有传导神经冲动的功能，主要作用为支持神经元、修复和再生、免疫应答等。

高等动物随意运动的发动是由大脑皮质调控的。大脑皮质中参与发动随意运动的区域称为皮质运动区，包括主要运动皮质、辅助运动区和后顶叶皮质等部位。大脑皮质运动区结构的基本功能单位是"运动柱"，细胞呈纵向柱状排列。一个"运动柱"可以控制同一个关节的几块肌肉的活动，一块肌肉可接受几个"运动柱"的控制。

大脑皮质主要运动区包括中央前回和运动前区,通过接受来自关节、肌腱及骨骼肌深部的感觉冲动,感受身体在空间的姿势、位置以及身体各部分在运动中的状态,并根据这些器官的状态发出运动指令来控制和调整全身的运动,所以是控制人体运动最重要的区域。

(二)人体的呼吸作用

组成呼吸系统的主要是呼吸道和肺。喉、咽、鼻、气管和各级支气管呼吸道都属于呼吸道,上呼吸道(喉、咽、鼻)和下呼吸道(气管和各级支气管)是呼吸道的两个类别。气体交换的器官是肺,肺实质和肺间质是组成肺的两个部分。呼吸系统有如下几个主要功能。

1.肺通气

肺和外界空气的气体相互交换就是所谓的肺通气。胸廓与肺在呼吸系统的活动的影响下会发生扩张和缩小的现象,从而引起肺通气。肺通气量要根据人体的代谢水平而定,二者要相互适应。单位时间内肺吸入或呼出的气量就是所谓的肺通气量。通常肺通气量的计算单位是分钟,所以每分钟肺通气量一般也被称为"每分通气量"。

2.肺换气与组织换气

呼吸气体交换的两种主要方式是肺换气和组织换气。肺泡与肺泡毛细血管血液之间的气体交换即为肺换气。组织毛细血管血液与组织细胞之间的气体交换即为组织换气。二者的换气原理是相同的。

不同的气体分子连续从分压高处扩散到分压低处,使不同地方的气体分压都大致相等。不同地方的气体分压差是促使气体分子扩散的主要动力。气体交换的动力主要是人体不同部位的二氧化碳分压与氧分压之间的分压差。

(三)人体的血液循环

1.血液的成分及功能

心血管系统是血液存在的主要系统,血液是一种流动液体的结缔组织,它由血浆和血细胞组成。各部分组织液相互沟通、组织液与外环境进行物质交换都是在血液贮存地进行的。血液最大的作用就是维持生命。

血量是人体内血液的总量,血量等于血浆量加血细胞量。通常情况下,成年人的血量大约为体重的7‰～8‰左右。蛋白质、水和低分子物质都会存在于血浆中。其中,存在于血浆中的低分子物质中含有不同种类的电解质和小分子有机化合物。组织液中电解质的浓度基本上可以用血液中电解质的浓度代表。

血浆蛋白有三大类,即球蛋白、白蛋白与纤维蛋白。血浆蛋白的分子很大,不能从毛细血管管壁透过。不同的血浆蛋白,其生理功能也各有差异。

2.心血管系统的组成

血液在有机体循环系统(由心脏和血管组成)中,以一定的方向周而复始地流动的过程就是所谓的心血管系统,也被称作"血液循环系统"。心血管系统的主要功能是使体内的物质运输得以顺利完成,对人体代谢所需的氧气与能量物质进行运输,同时也对代谢产物进行运输,使机体新陈代谢的正常进行有所保障。血液的所有功能能否实现,取决于血液循环能否正常进行。心脏和血管是组成心血管系统的两个部分。

(四)人体的感觉器官机能

人体的感觉器官是指感受器与附属装置共同构成的器官,包括眼睛、耳朵、鼻子等。感受器则是分布在人体体表或组织内部的一些专门感受刺激的结构或装置。感受器能够将人体内外环境变化的信息转换为相应的传入神经冲动。

1.视觉

眼睛是视觉的外感受器官,其由眼球与眼睑、结膜、泪器、眼肌等附属装置构成,其通过感受光的刺激产生相应的神经冲动,通过视神经传入大脑皮层的视觉中枢之后,后产生视觉。眼睛具有折光机能,通过该机能能够使得光在视网膜上形成物像,视网膜进一步将这些物像的光能转化为神经冲动,再传入中枢神经系统和大脑皮质,从而产生视觉。视网膜的感光层还有视锥细胞和视杆细胞两种感光细胞,在光的作用下,这些细胞含有特殊的感光色素,在光的作用下,其内部会发生一系列化学反应,即为光化学反应。

2.听觉

耳是听觉感受器官,同时它还是位觉和平衡感受器官。耳分为外耳、中耳和内耳三部分。内耳是听觉器官和位觉器官的主要部分。内耳中有耳蜗,其具有接受声波的听觉感受器;内耳中的前庭器官中有接受头部位置改变和加减速运动刺激的感受器。在耳中含有对机械刺激很敏感的毛细胞,其顶部有上百条排列整齐的听纤毛,听毛纤维弯曲时,毛细胞产生神经冲动。

3.本体感觉

在人体的肌肉、击剑和关节囊中分布有各种各样的感受器,称为本体感受器,其主要功能是感受肌肉的牵拉程度、关节的伸展程度等,其受到刺激产生躯体运动觉,称为本体感觉。本体感受器包括肌梭和腱梭。

(五)人体内分泌系统

由在机体其他部位分散存在的内分泌腺与内分泌组织组成的体内信息传递系统就是所谓的内分泌系统。甲状腺、性腺、肾上腺、垂体、松果体、甲状旁腺等都是内分泌腺,这些腺体在人体的一定部位分散开来,相互之间有着独立的结构,而且是可以被肉眼看见的。这些腺体是没有导管的。在一些器官中依附存在的内分泌细胞团与分散存在的分泌细胞都属于内分泌组织。例如,胰腺内的胰岛、胸腺内的网状上皮细胞、睾丸内的间质细胞和卵巢内的卵泡及黄体等。

从内分泌系统分泌出来的物质中,一部分是激素。激素最大的特征就是特异性,也就是说,一种激素只可以在一定的器官、细胞与组织中产生作用。血液循环促进激素在全身的散播。器官、组织与细胞受到激素的作用后,就可以被称为"靶器官""靶细胞""靶组织"。具有特异性特征的受体存在于靶细胞内,因此靶细胞要想产生效应,只可以通过结合某一激素而实现。

内分泌系统与神经系统有着共同的功能,即对人体的发育、成长、生理功能及新陈代谢进行合理的调节,以使人体内环境的平衡与稳定得到保障。激素通过内分泌而产生出来,其从很大程度上可以控制机体代谢的过程。激素这一化合物具有很高的生物学活性,即使浓度很小,也会对机体代谢产生一定的影响。激素能够对代谢过程起到控制的作用,所以人体在运动中就可以通过激素的控制作用而将自身的体能全部动员起来。激素的控制作用也有利于人体在运动后身体的恢复,并且有利于人体能量的发挥与机能的发展。

在人体中,不同激素在血液中的含量和浓度都是适量的,如果激素在人体中的含量太多或者太少,就会破坏机体的功能,甚至会危害身体的健康。

二、人体能量代谢及供能系统

(一)人体的能量代谢

人体所有的生命活动都需要吸收能量和释放能量。人体的能量来自食物,食物经过人体的消化和吸收之后,其所含的能量以化学能的形式贮存在体内的糖、脂肪以及蛋白质中,这些物质就叫能源物质。

能源物质所分解释放的能量不可以直接被细胞所利用,其中的一部分以热能的形式散发出来,以维持体温;而另一部分则转移到细胞中三磷酸腺苷(ATP)的分子结构中。ATP是储存于人体所有细胞当中的一种高能磷酸化合物,是机体各器官、组织和细胞能利用的直接能源。人体细胞中ATP的含量十分有限,它必须边分解边合成才能够保证生命活动所需能量供应的连续性。

ATP是人所有生理活动的直接能源,但是体内的ATP的贮量非常有限,在其消耗的同时必须重新进行合成,人体内重新合成ATP所需要的能量来自磷酸肌酸的分解、糖无氧酵解和三大能源物质的有氧氧化。与这三种途径相对应,人体中有磷酸原系统、糖酵解系统和有氧化系统三个基本的能量系统。

根据各种不同的需要,人体可以按照不同的比例分解能源物质,同时以不同的速度释放出能量。人体所消耗的总能量主要由三部分组成,即维持基本生理功能的能量消耗、食物的生热效应、运动的生热效应。

ATP的合成与分解是人体内能量转化和利用的重要环节。ATP分子中的高能磷酸键断裂时所释放出的能量能够转化为各种不同形式的能量,用于合成机体所需的物质、以电能的形式传递兴奋、转化成肌肉收缩的机械能、以渗透能的形式在物质的吸收或分泌中发挥作用等。

(二)人体的三大供能系统

1. 磷酸原系统供能

人体中,通常把ATP、CP这种含有高能磷酸基团的物质称为磷酸原。ATP(三磷酸腺苷)、CP(磷酸肌酸)都通过高能磷酸基团的转移或水解释放能量,将ATP、CP分解释放能量和再合成的过程,称为磷酸原或ATP-CP供能系统。

ATP是人体内瞬时能量的供体,而不是能量的贮存形式。运动时,肌肉内 ATP 分解直接供能,这是人体内能量代谢的中心环节。ATP 水解的放能反应可以为各种需要能量的生命过程供能,完成各种生理功能,如肌肉收缩、生物电活动、物质合成及体温维持等。具体来说,磷酸原系统供能特点大致为:供能总量不大,持续时间很短。但是它供能快速,是细胞唯一直接利用的能量来源,其能量输出的功率最高。

2.糖酵解系统供能

糖酵解系统可以为机体运动持续的时间在 10 秒以上且强度很大时供给能量。这时,以支持运动所需的 ATP 再合成的能量就主要靠糖原酵解来提供,而不能靠磷酸原系统供给。

肌糖原是糖酵解供能系统中的主要原料,强烈的运动训练中可分解供能并产生乳酸。作为一种强酸,乳酸在体内积聚过多会对内环境的酸碱平衡产生一定的破坏作用,使肌肉工作能力下降,造成肌肉暂时性疲劳。这样一来依靠糖原无氧酵解供能也只能使肌肉工作持续几十秒钟。无氧酵解供能时,不需要氧,但产生乳酸,因此,被称为乳酸能系统。在缺氧情况下仍能产生能量,以供体内急需,是其重要的生理意义。

运动中,当氧供应不足时,人体骨骼肌糖原或葡萄糖酵解,生成乳酸并释放出能量合成 ATP,从而使运动中消耗的 ATP 得到有效的补充,维持运动的继续进行。在无氧情况下,1 摩尔或 180 克糖原理论上可产生 2 摩尔或 180 克乳酸及 3 摩尔 ATP。这种糖经过一系列代谢反应生成乳酸,并释放能量的过程,就是所谓的糖酵解途径或糖酵解供能系统,此过程是在细胞质中进行的一连串复杂的酶促反应。

在极量强度运动中,随着 ATP、CP 迅速消耗,糖酵解供能过程在数秒内即可被激活,当运动持续 30 秒钟左右时其供能达最大速率,可维持 1~2 分钟,随后供能速率下降,其主要表现为运动强度下降。

3.有氧氧化系统供能

当机体氧的供应充足时,运动所需的 ATP 便主要由糖、脂肪的有氧氧化来供能。有氧氧化能提供大量的能量,从而使肌肉较长的工作时间得到有效的维持,这种有氧氧化供能系统就是有氧氧化系统。有氧氧化系统主要是由糖、脂肪和蛋白质三种能源物质的有氧氧化组成。

(1)糖的有氧代谢:运动期间,当氧供应充足时,肌糖原或葡萄糖可被彻底氧化分解成 H_2O 和 CO_2,并释放大量能量的过程,这称为糖有氧代谢。

(2)蛋白质的有氧代谢:在长时间大强度运动中,人体存在蛋白质降解和氨基酸参与供能的情况。但即使当食物中供糖不足或糖被大量消耗后,蛋白质供能也很少。蛋白质供能代谢不是人体运动所需能量的主要来源。

(3)脂肪的有氧代谢:作为细胞燃料,人体内贮存的脂肪参与供能只能通过有氧代谢这一途径,有氧运动可有效达到燃烧脂肪的目的。

就能量供应与人体运动之间的关系来说,有氧氧化系统是人进行长时间耐力活动的主要耐力系统。有氧代谢能力和人体心肺功能有着密切的关系,是个体耐力素质的重要基础之一。

(三)运动中三大供能系统活动的关系

在运动过程中,不同供能代谢途径提供能量的能力和速率各不相同,一般来讲,运动中各供能代谢系统的活动及其相互关系与运动负荷的强度和持续时间密切相关。

相应的研究表明,在0～180秒最大运动时,各供能代谢系统的基本活动表现如下:在1～3秒的全力运动中,由ATP提供能量;在完成10秒以内的全力运动时,磷酸原系统起主要供能作用;30～90秒最大运动时,以糖酵解供能为主;2～3分钟运动中,糖有氧氧化提供能量的比例增大;而超过3分钟以上的运动,基本上是有氧氧化供能。

总之,每个供能系统都有其独特的特点和供能能力,供能系统不同,所需要的能源物质也不同,运动中的输出功率和供能时间也会有明显的差异。

三、运动负荷的生理学本质

(一)运动负荷的本质

体育运动中的运动负荷是指运动者参与体育运动时所承受的生理负荷,也就是其生理方对于体育运动的刺激承受。由于受运动负荷刺激的影响,在运动中涉及的各个器官系统的机能状态都会受到不同程度的影响。人的身体机能在体育运动过程中的变化主要经历以下五个阶段。

1.耐受阶段

在体育运动过程中,运动者的身体机能对运动负荷刺激具有一定的耐受能力,这种耐受能力的强弱及保持时间的长短会受到多种因素的影响。在这些影响当中,具有决定性作用的是运动负荷强度与运动个体的运动水平两方面的因素。人体在运动的耐受阶段能够表现出比较稳定的工作能力,可以很好地完成相应的体育运动。由于该阶段的主要特点与表现,因此在耐受阶段应当安排体育运动计划中的主要任务,从而使运动任务实现顺利完成。不同的个体对运动负荷的耐受程度存在很大的差别,很多因素都会对其产生影响,其中较为主要的因素包括运动负荷的量和强度、运动后机体机能的恢复程度等。

2.疲劳阶段

当运动者的机体在承受了一定程度的运动负荷刺激之后,其机能以及工作效率都会出现降低的状况,这就是疲劳现象。在参与体育运动过程中,运动者的机体对于疲劳程度以及耐受负荷的时间完全取决于运动过程中目的与任务的确立与安排。在参与体育运动过程中,运动者的运动能力只有达到一定程度的疲劳之后才能实现提高,才能够在恢复期获得预期的超量恢复效果。

3.恢复阶段

每次运动结束之后,运动者机体开始补充与恢复运动过程中所消耗的各类能源物质,同时对运动过程中受到的损伤进行修复,对紊乱的内环境进行恢复,使机体各器官系统的机能能够恢复至运动前的相应水平,从而完成机体结构与机能的重建。恢复的过程当中,影响恢复所需要的时间的最重要的因素就是机体的疲劳程度。因此,机体的疲劳程度越深,运动疲劳的恢复时间就越长;反之,消除疲劳的恢复时间就越短。

4.超量恢复阶段

超量恢复指的是机体在体育运动过程中所消耗的能源物质以及下降的身体机能,在运动结束后的恢复过程中,运动者不仅可以恢复到运动之前的水平,同时会在这一水平的基础上有所增加。在机体可承受的范围内,运动负荷量与负荷强度越大,那么在体育运动过程中造成疲劳的程度也就越深,超量恢复在运动后的恢复过程中就会更加明显。

5.消退阶段

运动者参与体育运动之后所造成的机体机能的提高与效果并非是长时间固定不变的,更不会一直保持下去。如果不及时在已获得的超量恢复的基础上延续新的刺激,那么已经产生的运动效果在经过一定时间的保持之后又会逐渐消退,机体的机能也将会又下降至原有的机体水平,甚至更加衰退,这就是人体对运动负荷刺激适应的消退。在体育运动中,这是所有运动者都会面临的问题,也是影响每个个体运动水平高低的重要原因之一。因此要长久使运用效果持续下去,运动者就必须在上一次的运动中的超量恢复的基础上寻找合适的时间内安排下一次体育运动,只有这样才能较好地保持住原有的运动水平,并在此基础上逐渐通过超量恢复原理来提升自身的运动水平与身体健康水平。

(二)运动负荷适应及运动负荷阈

1.运动负荷适应

机体的主要特征表现为应激性与适应性。人体在对刺激发生反应能力的基础上具备了更重要的适应能力,因此人体在对运动负荷刺激的适应上同样具备这种特征。长期系统地参与体育运动能够对人体各器官系统在形态、结构、生理机能等方面产生积极的适应性变化,这同时也表明了负荷适应性在体育运动中的重要性。

2.运动负荷阈

机体的运动负荷阈指的是运动者在体育运动过程中适宜生理负荷的低限至高限的范围。例如,运动者在参与体育运动的过程中,运动的强度、持续的时间以及练习的密度和数量是构成运动负荷阈的四个基本因素。这些因素之间既相互联系又相互影响,在其他因素基本不变的情况下,某一因素的变动将会影响这一次体育运动对机体的生理负荷量。

在参与体育运动过程中,运动者的机体承受的生理负荷是运动对机体的有效刺激,是引起各器官系统功能产生适应性变化的重要因素,但是刺激引起机体出现反应与适应的程度是由刺激强度的大小决定的。当运动负荷不足时,其对机体的刺激强度就会很小,因此将很难引起机体的适应性的变化,那么此次运动对促进身体健康发展的意义会很小,甚至没有起到任何作用;而当机体的运动负荷大到超过了人体所能承受的范围,或者机体疲劳没有得到充分的恢复时,也将会影响身体适应能力的提高,从而导致对运动者的身心健康、身体素质以及运动能力都产生消极的影响,如果严重还有可能出现过度训练或过度疲劳等病理性改变的情况,这种情况就是出现了不良适应。出现这种情况的原因是机体对不适宜的刺激也能够发生适应性改变,但其适应的结果往往与所预期的不同。因此,只有在机体允许的范围内的适当刺激才能够加快机体适应过程,同时让机体的形态、结构与生理机能产生对于体育运动所预期的良性适应。

四、人体的内环境与自我调节

(一)人体的内环境

1. 内环境

人体在皮肤的阻隔作用下,不直接与体外环境接触,一旦人体受伤,如因外力(如刀割等情况)导致皮肤开裂,使身体组织暴露于外界环境中,严重的会使身体脏器暴露于外部环境中。这种情况下,极易发生感染等多种症状。

人体细胞含有大量体液,主要成分为水,约占成人体重的60%。在60%的比例中,40%存在于细胞内,称"细胞内液";约20%分布于细胞外,包括血浆、组织液等,称"细胞外液"。细胞膜将细胞内液和细胞外液隔开。

细胞外液的存在为细胞的生存提供良好的环境,因此可以称其为细胞生活的液体环境,即机体内环境。而整个人体的生存环境则是外环境。

人体中的细胞主要是依托内环境的媒介与外环境进行物质交换的。

2. 稳态

细胞外液的化学成分和理化特性保持相对稳定的状态,即为稳态。细胞外液的化学成分和理化特性会随着细胞代谢水平的高低和外环境的影响而处于不断的变化之中。

通常情况下,为了保证机体内各器官、各系统的正常工作,机体就会在神经、体液调节下,以及在各器官、系统协同作用下使其变动幅度很小。

稳态是细胞进行正常的生命活动不可或缺的条件。一旦稳态遭到破坏,机体的某些功能就会出现紊乱,甚至引起疾病。

(二)人体的自我调节

人体之所以能产生与环境变化相应的反应,是由于人体存在一系列调节机制。主要的调节机制有以下三种。

1. 神经调节

神经调节,是指通过神经系统实现的调节机制。其特点为反应较为迅速、准确、短暂,并具有高度协调和整合功能,是人体功能调节中最主要的调节方式。神经调节主要依赖于机体对各种刺激的反射。

反射,具体是指人体通过神经系统对外界和内部的各种刺激做出应答性反应。例如,巨大的声响会使人瞬间做出躲避的动作;手被利器刺到会下意识的立刻缩回等。产生反射的神经结构称反射弧,反射弧包括五个组成部分:感受器、传入神经纤维、神经中枢、传出神经纤维、效应器。

2.体液调节

体液调节具有速度慢、调节范围广、调节效果持久的特点,体液调节主要有以下两种。

(1)局部体液调节:机体某些组织细胞产生的化学物质或代谢产物(激素除外)在局部组织液内扩散,可以改变附近的组织细胞的功能。

(2)神经—体液调节:在中枢神经系统的控制下,直接或间接调节体内的多数内分泌腺。这时的体液调节是神经调节传出途径中的一个环节。

3.自身调节

自身调节作用范围局限、幅度小、灵敏性较差,一般情况下,当机体内外环境发生变化时,组织细胞产生的适应性反应。这种反应不依赖于神经或体液调节。例如,心肌收缩力量在一定范围内与收缩前心肌纤维的长度成正比,即心肌纤维越长,收缩时产生的力量越大。

五、不同年龄人群的生理特征

(一)少年儿童的生理特点

少年儿童各器官系统与成年人相比有很大的差别。其骨骼的有机物质含量较多,软骨成分较多,具有较好的弹性,坚固性较差。其肌肉中水分多,脂肪、蛋白质、无机盐少,肌肉细嫩,收缩功能较弱,耐力差,容易产生疲劳。

少年儿童的胸廓较为狭小,弹性阻力过大,呼吸肌力量差,呼吸循环系统的机能不够完善,呼吸频率快,呼吸表浅,肺活量小。

青少年的心脏体积较小,心脏收缩力量较差,心率较快。少年儿童的血管壁有很好的弹性,血管口径比成人大,外周阻力小,所以少年儿童血压值偏低。

(二)中青年人的生理特点

青年人是身体发育的成熟稳定期,人各器官组织的生长发育都已基本完成,各方面的身体素质也处于较高的水平。中年人的有些生理功能处于高峰期,但有些生理功能已经开始下降,老化征象开始显露。35岁时,最大吸氧量、肺活量、基础代谢率等八大生理功能及肌力等指标开始下降。表明人体趋于衰老过程。

（三）老年人的生理特征

老年人的感受器退化、中枢信息处理改变、平衡能力下降，运动中枢性工作能力减退，视力、听力记忆力，对刺激的反应能力等都会下降，容易出现疲劳。肌纤维的体积和数量减少，关节灵活性降低，很多人出现骨质疏松，运动灵活性、协调性和动作速度降低。心血管和机能和呼吸系统机能也会逐渐下降。老人的适应能力低，免疫功能减退。老年人对感染的防御能力减退，随着免疫功能的减退，老年人的抵抗力明显低下，疾病增多。

（四）女性的生理特点

女性全身肌肉的重量不超过全身重量的 35％，而男性能达到 40％～45％。女性肌肉力量同男性相比，上肢力量大约只有同龄男性上肢力量的 2/3，相反，腿部的力量却较大。女性的脂肪组织占全身重量的 28％，男性只占 19％。

在安静状态时，女性的呼吸次数比男性多，但呼吸的深度却较浅。女性的心脏容量和肺呼吸量都比男性小，肺活量平均为 2 000～2 500 毫升，而男性的肺活量要在 3 000～3 500 毫升。

在心血管系统和呼吸系统的活动方面，女性也有其独特的生理特点。一般来说，女性心脏的体积重量比男性小 10％～15％。因此，每次收缩时输出的血量比男性少，但是心脏收缩的频率较快。

女性突出的生理特点之一就是月经的变化。在月经期间血液的成分往往有所改变，肺活量减低，肌肉力量下降。有些人由于月经期子宫及盆腔充血以性腺分泌，出现腰酸、腹胀及腹部下坠等轻度不适，或出现全身无力、精神不好、心情烦躁等，这些都属于正常的生理反应，并不是病。

第二节　全民健身运动的心理学基础

一、运动的动机

（一）动机概述

动机是人从事某项活动的内部动力因素或是心理动因，它是人们从事某项互动的内部原因。动机可以引起个体的活动,并指引其向相应的目标行进。同时,动机还起着强化或抑制人们相应活动的作用。心理学认为,可用"方向"和"强度"来观察和研究人的动机。"方向"即为人的目标选择,即要做的某事;"强度"即为做某件事的意愿和实际付出多大的努力,它是动机对人的激活程度的认知。

动机的产生一般包括两个必要条件,其一为内部因素,即为需要;其二为外部因素,即为诱因。当人们的某种需要得不到满足时,自身的平衡状态就会被打破,从而在心理和生理方面引起一定的不适应,为了缓解这种状态,人们会去寻找满足需要的对象,从而产生动机。诱因则是激发动机的各种外部因素,是外界对人们的各种刺激因素,如良好的环境、人们的称赞等。运动动机通常是两者相互作用的结果,内因是主要因素,外因则是通过内因起作用。

运动动机与运动者的活力、坚持等品质都具有密切的关系,其被赋予较高的价值。具有较高运动动机,则运动者能够严格要求自己,积极参加运动训练,约束自身的生活和饮食,不断提升自己。具体而言,运动动机的作用主要表现在以下几方面。

1. 始发功能

具有了相应的动机,人们才会付诸行动。例如,运动者想要获得教师、父母、同伴的称赞,就会刻苦进行训练;运动者想要使得自己获得更好地发展,会努力在各方面不断提升自己。

2. 指向或选择功能

运动动机能够激发人们的行为,使得其活动向着某一目标前进,并选择出相应的方向。

3. 维持和调整功能

动机不但能激发人开始某项活动,在活动开始后,还能维持活动的进行。在进行运动时,如果运动动机较强,则运动者能够坚持很长时间,并且当遇到困难时,运动者也会想方设法来克服困难。如果缺乏运动动机,当遇到困难时,运动者很容易退缩。

(二)动机的分类

按不同的分类标准可分为不同的种类,一般可将动机分为生物性与社会性动机、直接与间接动机、外部与内部动机等类别。

1.生物性动机和社会性动机

生物性动机:为了满足人的生理需要,如运动的愉悦感、宣泄的需要等,进行相应的活动的动机。这一动机对个人的心理和行为产生较大的影响,当动机得到实现,则能够获得较大的满足和愉悦;反之,则会产生情绪的不良反应。

社会性动机:社会性动机是指那些活动尊重、认同、友谊等社会化需要的动机,该种动机为后天习得,并且影响持久。

2.直接动机和间接动机

直接动机:直接性动机内容相对具体,行为的直接动力较大,如有的人从事相应的运动是为了本身的兴趣,是对自我的挑战。这种动机与当前所从事的活动关系密切。

间接动机:间接动机与当前的活动联系相对较少,但是与运动产生的结果和社会意义相联系,因此,其影响持久。例如,有的人对从事的运动本身不感兴趣,而更在意战胜对手和克服困难。

3.缺乏性动机和丰富性动机

缺乏性动机:是以排除缺乏和破坏、避免威胁、逃避危险等需要为特征的动机。它包括生存和安全的一般目的。

丰富性动机:为活动经验、满足,以及发现、成就和创造等为特征的动机。它包括满足和刺激的一般目的。与缺乏性动机相反,它往往趋向张力的增强而不是张力的缩减。

4.外部动机和内部动机

外部动机:是外部诱因转化而来的动机,如获得肯定、赞扬或是获得奖金等,它的动力来源是外部动员的力量。

内部动机:源于主观内部原因的动机称为内部动机,如好奇、好胜心、自尊心,以及荣誉感、归属感、满足感等。

二、运动者的自信心

(一)自信心概述

自信即为个人相信自己,对自己所知的事情、所做的事情或已做的事情确信不疑。运动自信本质上是特定领域的自信,是运动者能够完成某一任务的信念。

自信心是良好的心理素质的重要组成部分,它决定着一个人的整体个性的全面发展。在比赛过程中,保持良好的自信心态,能够使运动者保持清晰的头脑,勇敢面对对手及相应的困难,能够顽强拼搏、超越自我。与自信状态相对的则是自卑状态,这种状态下,运动者将会不相信自己的能力,表现出畏首畏尾,不利于运动锻炼。运动者应该不断提高自我认识,对自身形成积极的评级,发掘自身与众不同的价值。同伴之间应该相互鼓励,对他人的能力和品质予以积极的肯定,促进自信心的良好发展。

调查研究发现,几乎有超过一半的运动员将自信视为与运动成绩具有正向关系的最重要的心理技能。"飞人"乔丹、"小飞侠"科比等巨星无一不是具有超强自信心的,其自信来源于对自身的严苛要求,以及比他人更加努力的刻苦训练,在赛场上其有自信带领球队击败任何一支球队。在众多心理因素中,自信是区分人们成功和不成功的最有效的心理因素,成功的人往往具有较高的自信。具有较强的自信心,则其焦虑水平较低,在运动中会具有更多积极的想法。

运动自信与运动表现之间存在着稳定的正向关系,运动者具有超强的自信心,则其通常都会具有较好的运动表现。自信的运动者,其认知和情绪以及行为等方面表现得更积极,从而提升其运动表现。自信者还能调节焦虑对于运动表现的影响,自信能够增强运动者战胜困难的勇气。不同自信水平的运动者,对焦虑的解释也存在着差异。具有较高水平的运动者,其对于焦虑的解读更加积极,促使个体调整情绪,进而对运动成绩产生积极的影响。自信程度较低的运动者,当焦虑提高时,其将解读为不可控制,从而影响其运动表现。

(二)运动自信的来源

运动心理学家多将掌握及行为成就视为运动自信的最重要来源。研究发现,很多人会将良好的准备状态及先前的成就视为自信的最重要来源。

个体建立自信的过程是一个复杂的自我说服过程。如果由于外部因素而取胜,胜利的结果可能无法提高运动自信;如果比赛失败,运动者自认为在比赛中表现不错,则依然能够提升自信。这其中的关键在于运动者自我推理,运动者通过解释和评价自己行为的成功或失败,权衡与个人能力相关的因素及其他因素,如果能够从中获得了掌握或精通的感受,则会提升自信。

另外,他人的称赞、自我谈话等都是自信的重要来源。榜样可提供成功的替代经验,提升观察者的运动自信。

(三)运动自信的培养及提升

1.引发成功体验

如果运动者多次成功地完成某一技术动作,则就会对自己的能力充满自信。创设成功的情境是提升自信的重要策略。在运动训练时,可通过创设相应的情境,让运动者有机会获得成功的体验。另外,还应培养其在不利环境下积极自信的态度,可创设不利的情境,使其在不利情境下获得成功的体验。

2.心理技能训练

(1)自我暗示

如果在比赛中出现情绪起伏较大、情绪不稳定等情况,可采用自我暗示的方法,通过默念"我必须沉着、镇静""我感觉很好""这个动作我能完成好"等来稳定情绪。

(2)自我松弛法

在比赛前,运动者可通过放松躯体肌肉来放松紧张心理。其方法主要有:排除杂念,意念集中,做深呼吸,自信地微笑,以及从头部开始放松全身肌肉。

(3)建立乐观的思维定势

当运动者情绪紧张由消极的思维引起,并被自己察觉时,应采取积极的思维来阻断消极的思想意识。通过这种方式,能够使得自己快速从不良情绪中摆脱出来。

3.能力重评

正确认识和评估自己与运动有关的能力,是提升运动自信的有效策略之一。能力重评能够帮助运动者聚焦于自己的优点,同时将注意从自己的弱点上转移。具体来说,运动者可以将自己的优点列表,帮助自己重新认识和评估自己在身体、技术及心理方面的优势;也可以基于训练及比赛,列出自己先前的成就,同时列出自己对将来获得成功的信心来源。

4.自卑的调整

自卑也是经常会出现的心理问题之一。一般来说,在生活中受挫,他人对自己评价偏低是自卑心理产生的主要原因,其中前者是根本原因。自卑心理可以采用以下措施进行矫正。

（1）对自己进行客观评价。每个人都有自己的长处与短处，不能因自己某些竞技能力方面有缺陷而怀疑自己的全部能力。因此，运动者不仅应该如实看到自己的不足，而且还要善于发现自己的长处。

（2）与别人进行合理比较。运动者不应该总是用自己的不足与别人的长处相比，而应该与环境和心理条件相近的人进行比较，这样，他们才能清醒地认识自己的实际水平和自己在群体中的位置。

（3）正确地分析原因。运动者如果因为主观目标脱离实际而导致失败，那么调整目标即可；如果因自己努力不够或方法不对，改进即可；如果确因能力不足而致失败，则另辟蹊径即可。总之，运动者应该接受现实，容忍自己的不足，并通过其他方面的努力，扬长避短。

（4）进行适当合理的表现。运动者应该多做一些力所能及，把握较大的事情。哪怕这些事情很小，也不要放弃争取成功的机会，因为任何成功都能增强你自己的自信，从而走出自卑。

三、运动者的注意力

（一）注意方式

注意是心理活动或意识对相应对象的选择、指向和集中。注意能够使人选择与当前任务一致的各种刺激，避开各种干扰刺激，从而保证人们对事物有更加清晰、正确的认识，有更正确的反应和更有序的控制。在体育运动中，不同的运动项目需要运动者不同的注意方式。

1.注意方式的理论

一般将注意的结构分为两个维度，即为注意范围和注意方向。所谓注意范围，主要是指在瞬间能够清楚地把握的对象的数量，具有广阔的注意则能够同时获得各种信息。注意的方向则是指人关注的是外部环境还是自身的身心状况。注意的范围和注意的方向相结合，可将注意分为四种方式，具体见图3-1。

2.注意方式对运动的影响

注意方式分为四种，即为广阔—外部注意、狭窄—外部注意、广阔—内部注意、狭窄—内部注意，其具体分析如下。

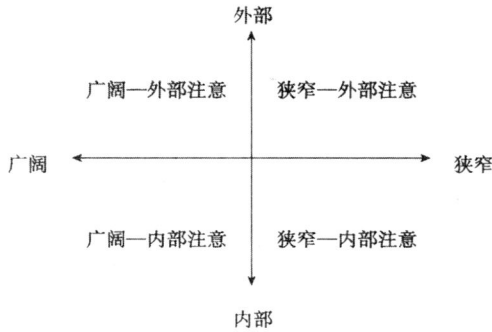

外部

广阔—外部注意　　狭窄—外部注意

广阔　←——————————→　狭窄

广阔—内部注意　　狭窄—内部注意

内部

图 3-1

（1）广阔—外部注意

广阔—外部注意是指注意范围广阔并指向外部环境的注意。在需要把握较为复杂的运动情境时，这一注意方式是最为合适的，运动者根据外界的情况做出相应的决定，如篮球、足球、排球等集体性运动项目。运动者具有良好的广阔—外部注意能力就能够较好地注意外部环境的变化，从而获得较多的外部信息，从而增强自身判断和预测能力。

（2）狭窄—外部注意

狭窄—外部注意即为注意范围狭窄并指向外部环境的注意。在运动比赛中，运动者做出反应的短暂时刻，需要这种注意。另外，在运动过程中，运动者需要对自己的力量和疲劳程度进行评估，并根据比赛的状况对自己动作做出相应的调整，都需要运用这一注意方式。例如，足球守门员防守对方点球的短暂时刻所需要的注意。一般，台球、高尔夫球等注意力必须高度集中的项目的参与者这类注意较好。

（3）广阔—内部注意

广阔—内部注意指注意范围广阔并指向内部信息的注意。具备这一能力人往往善于思考，并且能够迅速将各种信息纳入自己的知识储备之中，制定相应的比赛计划，并且能够在比赛中迅速进行调整，对对手的反应做出相应的预测。例如，棋类运动，在对弈时，搜索记忆中的已知棋局时的注意，即为此类注意。

（4）狭窄—内部注意

狭窄—内部注意指注意范围狭窄并指向内部信息的注意。具备这一注意的运动者能够敏感地把握身体感觉，对技战术进行准确的诊断。例如，体操、跳水、体育舞蹈等运动中的运动感觉体验。

在运动比赛中，需要不同形式的注意方式，并且要将各种注意方式进行组合，从而形成最佳的运动表现。国外学者认为，每个人、每个集体运动项目都需要将注意范围和注意方向加以特殊组合,以产生最佳运动表现(图3-2)。在运动比赛中,情景复杂、变化快,就需要运动者更多的利用外部注意方式。

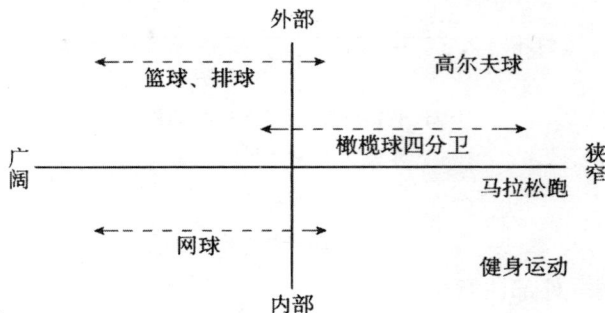

图 3-2

(二)注意对运动活动的影响

不同的人其注意能力具有一定的差异,这就造成了其注意的信息、注意的转移、注意的强度、注意的持续时间等方面的不同,从而产生不同的影响。

1.特质注意和状态注意

特质注意是人格特质中的一部分,其是相对较为稳定、不易变化的,在不同的情境中这一注意的表现具有一致性。状态注意则是依赖于具体情境而不断变化的,这一注意是可以进行调节的。特质和状态的划分有助于解释为什么在个人的操作活动中会出现很大不同。

2.注意能力的个体差异

在运动竞赛中,如果不能妥善解决注意方面的问题,就意味着运动者不能及时进行自我的调节以适应赛场的变化,则就会造成比赛的被动。

不同运动项目的运动者其注意特征不同,并且同一项目的运动者也具有不同的注意特征。通过长时间的系统训练,不同运动项目的运动者其注意方式会得到巩固和发展。

3.唤醒与注意过程的关系

焦虑和唤醒水平的提高会在两方面对注意过程进行影响:其一,是干扰注意方式转换的过程;其二,是造成注意范围的缩小。

通过进行相应的心理学实验,要求被试者同时完成两个任务,一个视作主任务,另一个视作次任务,要求被试者将注意集中于主任务的操作。最终结果显示,当提高被试者的唤醒水平后,被试者对于次任务的外部注意范围缩小了。

随着唤醒水平的升高,人们对外界环境的信息范围的关注缩小,注意能力也随之下降。人们在唤醒水平升高时,周围视觉的敏感性降低。对于很多运动项目而言,注意范围变得狭窄,将会遗漏很多重要的信息,如在篮球比赛中,如果注意范围狭窄,很容易出现传球的失误、被抢断,在进攻和防守时由于没有大局观而处于被动。需要注意的是,如果注意范围过于宽广,则会接收到较多的信息,很多无关信息也会被纳入,从而不利于进行判断。

四、团队凝聚力

(一)体育运动团队凝聚力的概念

团队是拥有共同的目标的人体组合,团队之间各人员具有一定的关系,相互产生一定的影响。团队具有共同的目标,这是所有的团队成员团结在一起的基础,也是使各成员产生一定的归属感和依赖感的重要原因。团队本身是一种实体,不因某个人的去留而存废。团队中有一定的规范和秩序来保证工作的正常运行,并以团队的利益为动作和行动的出发点。团队要想获得更好地发展,其团队必须具有强大的凝聚力,各成员必须密切配合,相互协作、各司其职,向着共同的目标而努力。

体育运动团体凝聚力又称为体育运动团队凝聚力,是指体育运动团体成员之间心理结合力的总体,它外在表现为共同追求同一目标或对象的动态过程。体育运动中,各队员和教练员构成了一个团队,他们在统一规范和目标的指引下,相互协同工作,进行一定的运动训练和比赛。

体育团队凝聚力的形成一方面受到团队成员吸引的作用,从而资源聚集在一起;另一方面,团体本身的凝聚力将队员聚集在一起。这两方面的影响因素可概括为团队的团结力量和个人的心理感受。

团队成员的心理感受首先表现为其对团队的认同感,成员对团队的行为方式和规范准则表示认同,才能与其他队员一起形成团队认识和评价,这是团队凝聚力形成的重要先决条件。团队成员的心理感受还表现在其对团队的一定归属感,只有队员具有一定的归属感,才能更好地融入团队之中,真正的关心团队的利益得失、成功失败。另外,团队成员的心理感还表现为团队的力量感,各团队成员团结协作,从而表现出一定的自信心,在良好的配合中创造卓越的成绩。

在团体性运动项目,如足球、篮球、排球等项目中,团队凝聚力能够有效发挥各成员的作用,使其能力发挥最大化,使团队在竞技中取得更好的运动成绩。当团队取得良好的运动成绩之后,各成员对团队形成更进一步的归属感,甚至产生一定的团队自豪感和荣誉感,使团队的凝聚力进一步提升和发展。团队作用的发挥是各个成员一起努力的共同成果,成员个体在团队中发挥着重要的作用。团队成员间如个性、认知、动机及生活态度等较相似,易彼此亲近、交心了解、关系融洽。

团队具有良好的氛围,能够形成良好的协调和交往,则能够提高成员的心理上的接受和适应度,能够更好地促进团队朝着目标前进。需要指出的是,在整个社会大环境下,尽管团队会表现出一定的稳定性,但是这种稳定性受到社会环境因素的刺激,从而导致各成员发生心理上和认知上的变化。因此,团队中难免会有一些不和谐的因素阻碍着团队凝聚力的发展。这就需要团队不断进行自我的调整,缓解团队中的矛盾,满足团队成员的各项需求,促进团队的发展。

(二)体育运动团体凝聚力的主要影响因素

体育运动团体成员凝聚力的影响因素有多种,如目标的一致性、团队水平、领导风格、成员心理、外界压力等各方面都会对团队的凝聚力产生一定的影响。

1. 目标的整合

团队各成员之间只有形成一致的团队目标,实现团队目标和个人目标的整合,才能共同促进团队的发展。团队目标和个体目标的整合要以自愿为基础,这样才能真正形成合力。如果强制性的进行整合,则会起到相反的作用。

2. 领导方式和领导风格

团队的领导对于团队的凝聚力具有重要的作用,具体而言领导的风格、领导方式等都会影响到团队的其他成员的积极性。

3. 成员的互补性

团队各成员之间各司其职,形成长短互补,使团队的效能发挥到最大,从而促进团队的发展。团队各成员之前形成优势互补,其表现为多方面的,如智力、性格、年龄等方面实现互补,能够实现团队实力的增强。

4.心理相容

心理相容是指团队的领导与领导之间、领导和成员之间、成员与成员之间能够相互信任，相互支持，促进团队的共同发展。

5.内部竞争

团队的发展需要内部的竞争，依此来激励各成员不断提高自身，促进团队的发展。事实证明，合理的内部竞争也会在很大程度上影响团体的凝聚力。但是，如果团队内部之间的竞争不当会造成团队成员之间产生分歧和压力。

6.团体稳定性

团体稳定性是指团体成员的变动程度。良好的团队具有一定的稳定性，既包括成员的稳定，也包括政策方针的稳定性。

五、运动者的其他心理因素

(一)运动与情绪

情感是心理过程的具体表现形式，是人对事物的态度和行为上的反应。与情感相比，情绪是相对较为短暂的，它是人对环境反应的一种特殊的态度，它有积极和消极之分。情绪是一种暂时性的较剧烈的态度和体验，与人们是否获得满足有关。当人们获得某种满足时，会产生积极的情绪；反之则会产生消极的情绪。积极的情绪之下，人们表现出兴奋、愉悦和自信等状态，从而在运动健身中能够有更好的发挥；而消极的情绪表现为沮丧、失落、消沉等，这会在一定程度上影响运动者技能的发挥，甚至在运动中会引发不必要的伤病状况，因此，当出现消极的情绪时应积极进行调整。

影响情绪变化的因素有很多，情绪三因素理论将其归纳为环境因素、生理因素和认知因素，其中认知因素对情绪的变化起着至关重要的作用。

影响情绪的生理因素主要指在运动期间受环境或自身因素影响而产生的生理变化，导致植物性神经系统即交感神经和副交感神经的功能相对统一状态的改变，从而影响情绪。

人通过对外界的各种信息进行认知评价，从而产生特定的情绪。研究表明，这种评价是在大脑皮层中产生的，个体在不同的情景下会产生不同的认知评价。例如，在森林里看到一只老虎则会使人害怕，而在动物园的笼子里看到一只老虎则没有这种感觉。在第一次遇到困难时通过自身的各种努力而取得最后的胜利,则当他再次遇到相似的问题或处境时,则不会产生慌乱的情绪,并能够很好地处理。

环境因素一般为运动比赛的内在和外在的环境,这些因素在一定的程度上通过一项或者多项因素共同发挥作用,从而对运动者的情绪产生影响,从而对运动比赛产生一定影响。

(二)运动与记忆

通过相关的记忆试验可知:回忆误差会随测验间隔时间的增加而增加。运动反应的记忆也有一个遗忘过程,大致在 1 分钟左右完成。因此,有学者认为,随着动作技术练习次数的增加,遗忘的程度会呈下降趋势。如果训练以后对该技术进行心理演练,则能够使短时记忆转为长时记忆。

运动技能的掌握是不断通过运动实践活动的相应能力的学习过程,这一过程是复杂的,如果经过一段时间的学习后,该运动者还具有这种技能,则该项技能形成了一定的记忆;反之,则为遗忘。

需要指出的是,在运动技能的学习和掌握过程中,遗忘并不一定是消极的,它在运动技能的学习过程中起着重要的作用。在技能学习中,难免会学习一些错误的动作技术,这就需要遗忘的作用,通过练习正确的动作,达到改善的目的。运动技能提高的过程,是记忆积极因素和遗忘消极因素相互作用的过程。

(三)运动与性格

人的性格是在一个人生理素质的基础上,通过社会实践和体育运动逐步形成的,由于每个人所处的具体环境和教育条件的不同,他们所形成的性格具有不同的特征。性格一经形成就比较稳定,也正因为性格的稳定,性格才能突出反映一个人的心理面貌和风格。由于环境的变化,性格也可能发生改变,特别是处于形成过程中的性格具有较大的可塑性,也就为教育提供了良好的条件。健身运动对性格的影响是巨大的,尤其是对于青少年而言,在运动环境条件和运动教育中,公平公开的竞争、相互间的协调和尊重、集体的委托和依赖、严格的规则等,对人的性格形成和发展起着特殊的作用。

(四)运动与智力

智力是心理学的重要概念,国外学者将智力定义为分析性能力、创造性能力和实践性能力之间所达成的一种平衡。我国学者则一般将智力定义完成智慧活动的能力,即为人们各种认识能力的综合,包括观察力、想象力、记忆力和注意力等,其中思维能力是智力的核心要素。一般智力水平的高低通过智商来评定,其有超高、正常和低常之分。国外有学者认为,智力由一般因素与特殊因素构成。一般因素指人在任何情境或从事任何活动都能表现出来的与思维和适应有关的能力;特殊因素则是在某种特殊情境或从事某类活动所表现出来的思维和适应有关的能力。①

(五)运动与个性

运动者的个性特点对其训练具有显著的影响。个性一般指个体在社会实践中形成的、带有一定倾向的、稳定的心理特征的总和,这些特征构成了个体间不同的精神面貌。运动锻炼中,运动参与者的神经类型和项目特点吻合,这样才能更好地参与体育运动。此外,不同项目对参与者的个性心理特征也有一定的影响。各种运动强度技巧不同,要求运动者具备的精神活动特点与个性特征也不尽相同。许多证据表明,不同运动水平的运动者其个性心理特征也是不同的。总体而言,经常参加运动锻炼的人,在个性特质方面有低焦虑、低神经质和偏外向的特点,在心境状态方面有低紧张、低气愤、低疲劳、低抑郁、低困惑和高活力的特点,这些特点是同积极的心理健康模式相一致的。

第三节 全民健身运动的运动学基础

一、运动技能及其形成

(一)运动技能的分类

在体育运动中,存在着多种运动技能,分类的依据不同,则其分类的方法也会不同。根据不同的分类方法,运动技能分为连续性技能、序列性技能和非连续性技能,封闭技能和开放技能等。其基本内容如下。

1.连续技能、非连续技能和序列性技能

根据运动开始和结束的特定位置,可以将运动技能分为连续性、非连续性运动技能和序列性运动技能。

---

① 胡桂英.运动心理学[M].杭州:浙江大学出版社,2008.

（1）连续性运动技能

连续性运动技能没有明显的开始和结束，并且一般由重复性技能构成，如跑步、游泳、骑自行车等。其主要的特征是运动持续时间较长，动作具有一定的周期，而且动作是一个重复的过程。

（2）非连续性运动技能

非连续性运动技能则有明确的开始和结束，一般由简单动作构成，如投掷标枪、跳远、投篮、拦截传球等。这类运动技能多由突然爆发的动作组成，持续时间相对较短，动作一般是非周期式的，各环节之间重复较少。

（3）序列性运动技能

序列性运动技能是由多个非连续性运动技能按照一定顺序组合而成的系列技能。大多数技能都属于这一类，如三级跳远、跨栏和跳高等。这里的"序列"意味着动作是由多个动作组成的，各环节之间的节奏是获得成功的关键。这类技能的学习需要经过分解练习，从单个动作到整体动作，最后形成一定的动作体系。

2. 封闭性与开放性运动技能

根据在运动过程中运动技能对环境的依赖程度来划分，可将运动技能分为封闭性运动技能和开放性运动技能。

（1）封闭性运动技能

封闭性运动技能主要依靠运动者的肌肉、肌腱、关节等感受器所介入的反馈来调节，它包括游泳、跑步、篮球的罚球、体操等。在进行该类技能的练习和获得时，环境特征和技能的程序基本是固定的，个体可以有充分的时间去完成技能，要求动作尽可能准确、稳定。学习这种动作技能的关键在于反复练习，直到达到标准的模式和自动化程度为止。

（2）开放性运动技能

当一种运动技能的完成主要依赖于周围环境提供的信息，而正确感知周围环境成为运动调节的重要因素时，这种技能就叫开放性运动技能，如乒乓球、网球、篮球中的传球、足球的抢截球、拳击等。该方面运动技能的获得需要运动者具有正确的处理和认识外界的变化，以及高度的随机应变能力和预见能力。在运动过程中，运动者需要及时根据对手变化确定和实施动作方式，在集体项目中，还要参照同伴的情况进行决策和行动。

（二）运动技能形成的过程

人随意运动的生理机理是以大脑皮质活动为基础的肌肉活动。大脑皮质动觉细胞可与皮质所有其他中枢建立暂时性神经联系，学习和掌握运动技能,其生理本质就是建立运动条件反射的过程。运动技能的形成是一个相互联系、相互交错、和谐统一的过程,这一过程主要分为泛化过程、分化过程、巩固过程以及自动化过程四个阶段。

1.泛化过程

在运动训练中,习练者进行训练所引起的刺激传入大脑皮层各有关中枢。因这时大脑的分析功能还不够精确,因而主要表现为动作僵硬、不协调,从而出现多余动作,能量消耗多而有效动作少,对于动作时机的掌握也不够准确。

2.分化过程

随着习练者学习的不断深入,在掌握了一定的运动技能后,其大脑皮层运动区的兴奋、抑制过程在时空上的分化也日趋完善。在这样的条件下,运动训练泛化过程中的表现开始逐渐消失,并进一步形成运动动力定型。但由于欠缺一定的稳定性,因而在外界因素的干扰下,这种动力定型容易遭到破坏,习练者在训练中仍然会出现一定的错误动作。

3.巩固过程

习练者通过反复的练习后,逐渐形成了一定的动力定型,这种动力定型也逐渐得到巩固,因而习练者的动作也更加精确、协调与省力,技术动作错误也很少出现,甚至某些环节也能够在脱离意识控制下完成,这就是所谓的初步形成自动化。一般来说,动作的初步自动化条件中,运动者运动技能的形成不会受到大的干扰,其技术技能开始走向成熟。即便是在不利条件下,运动的形成也不至于遭到破坏。

4.自动化过程

在经过以上几个过程之后,习练者掌握了相关的运动技能,运动的技巧运用水平上了一个新的台阶,这就是所谓的自动化过程。自动化是运动者技能形成的重要阶段,在这一阶段中,当运动者练习某一套动作时,可以在脱离基本意识的条件下自动完成整个动作。

二、人体运动的基本形式

在对人体的运动进行研究时,经常将其分为质点运动和刚体运动两方面。具体如图 3-3 所示。

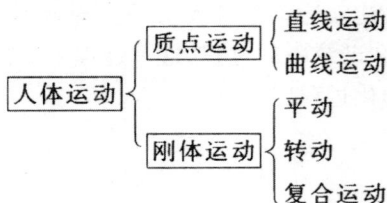

```
                           ┌─ 直线运动
              ┌─ 质点运动 ─┤
              │            └─ 曲线运动
   人体运动 ──┤            ┌─ 平动
              │            │
              └─ 刚体运动 ─┼─ 转动
                           │
                           └─ 复合运动
```

图 3-3

(一)直线运动和曲线运动

1. 直线运动

直线运动是人体或器械始终处在一条直线上的运动,即质点运动的轨迹是一条直线。在人体运动中,很少存在纯粹的直线运动,只有近似的直线运动。一般将直线运动分为变速直线运动和匀变速直线运动。前者是指,运动的质点始终处在一条直线上,并且在相等时间内通过的路程相等,如步行、慢跑等,人体的重心可视为匀速直线运动;后者主要是指,人体在进行运动时,相等时间内速度变化量相等,其有时间速度坐标图表示,则为一条斜线。

2. 曲线运动

将人或器械作为质点,则其运动的轨迹对选定的坐标系来说,其是一条曲线,这被称为曲线运动。曲线运动时,速度的大小、方向、加速度发生变化时,需要强调其各物理量的矢量性。曲线运动较多,如足球的飞行轨迹、人体起跳腾空后在空中的轨迹等。

(二)平动、转动和复合运动

1. 平动

如果在运动过程中,刚体上任意两点的连线保持平行,而且长度不变,那么这种运动就叫作平动。例如,轮滑运动中姿势维持阶段。刚体平动时,可视为质点运动,分为曲线平动和直线平动。

2. 转动

转动是物体绕着一个固定点或固定转轴做旋转运动,如髋关节和肩关节的旋内、旋外等。人体的各种简单的走、跑、跳等运动都是各环节绕关节轴转动而实现的,因此,人体各关节的转动是人体运动的基础。

3.复合运动

复合运动是相对较为复杂的运动,其不是单纯的平动或转动,其包括身体重心的平动以及肢体其他部位绕重心的转动。

三、人体运动的力

力是物体间的相互作用,当力作用于物体时,会产生一定的效应。力可以使得物体发生加速度、形变等方面的变化。作用于物体的力进行研究时,其三要素分别为力的大小、力的方向以及力的作用点。

作用于物体的力的大小不同,则会产生不同的效果。在很多运动项目中,人体力量的大小以及作用力器械上的力的大小对运动成绩具有决定性的影响,如跳高运动、跳远运动、举重等。

力是具有方向性的矢量,在对其进行研究时,可将力的方向用箭头表示,箭头所指的方向即为力的方向。大多数时候,物体运动是多力共同作用的结果,力的合成与分解应遵守平行四边形法则。

同样的力作用在不同作用点上,产生的效应也明显不同,如在踢足球时,力作用在球的不同位置,可能使球发生不同的旋转,甚至改变球的方向。

(一)人体运动的内力与外力

1.内力

人体在进行运动时,整个人体可以视为一个力学系统,人体各部分之间的相互作用力被称为内力。人体的内力包括肌力、韧带张力、骨应力等。这些内力中,肌力是人体的主动力,并且是可控制的。在内力的作用下,人体各个部位实现运动。

2.外力

人体是一个力学系统,则外界作用于人体的力即为外力。人体在运动时,所受到的外力是多种多样的,包括重力、摩擦力、空气阻力、地面支撑力等。

（二）人体在运动中所受到的外力

1. 重力

重力即为地球对物体的引力。在地球上的物体都会受到重力的影响，其与物体的质量具有重要的关系。一般，如果物体的质量为 m，则物体所受的重力大小为 G＝mg（g 为重力加速度），即物体受到的重力与物体的质量成正比。物体所受重力的方向与重力加速度的方向一致，垂直于水平面指向地心。物理学认为，重力是一个质量力，它均匀地分布作用在物体的质量上。

需要注意的是，重力与质量是两个不同的概念。所谓质量，是物体内所含物质的多少，是物体的本身属性，是惯性大小的量度，当物体移动时，其质量是不变的；重力则是地球对于物体的吸引力的大小，同一物体在不同的维度或高度上，其所受的重力会有略微差异。

2. 摩擦力

物体在进行运动时，其与接触的物体之间发生的阻碍相对运动和运动趋势的相互作用力即为摩擦力。物体所受到的摩擦力的方向与运动（趋势）的方向相反。一般可将摩擦力分为静摩擦力和滑动摩擦力。所谓静摩擦力，是指物体具有运动的趋势，而又保持相对静止时，在接触面上产生阻止其出现相对滑动的力。空气的摩擦力又被称为空气阻力，当物体高速运动时，空气阻力会对物体产生重要的影响。例如，足球在空中旋转飞行时，会受到空气阻力的影响而产生一定的弧线。

3. 弹性力

所谓弹性力，即为当物体发生形变时，要恢复原来的形状而作用于与他相接触的物体上的力。弹性力发生在相互接触的物体之间，并且物体发生了形变。在撑竿跳运动中，弹性力得到了充分的展现。

需要注意的是，在人体中，肌肉、肌腱、筋膜都具有弹性，在肌肉收缩前被拉长，收缩时弹性力释放出来参与收缩过程。当肢体做屈伸或伸展运动时，其相反方向的组织包括皮肤、皮下组织、肌肉、筋膜、关节囊等均受到牵拉。

（三）牛顿力学定理

1. 牛顿第一运动定律

牛顿第一定律，又称惯性定律，是指任何物体在不受力作用时，或所受合力为零时,其将保持静止状态或匀速直线运动状态,物体的这种保持其原来状态不变的性质即为惯性。惯性是物体保持其原有状态不变的属性,其大小与物体的指令及其运动状态有关。在进行体育运动时,应巧妙利用惯性。

在体育运动时,应特别注意动作的连贯性,尽可能避免频繁地改变运动速度,以减少不必要的负荷。物体从静止到运动时,需要施加一定的力,人体速度改变时,需要肌肉用力,频繁的改变速度,则会造成人体的疲劳。因此运动中保持用力的连贯性和动作的连续性是很重要的。在长距离运动时,应保持适宜的匀速运动,如竞走运动和马拉松运动等,在运动时保持适宜的匀速能够节省能量,具有良好的运动效果。

2.牛顿第二运动定律

牛顿第二定律即为加速定律:当一个物体受到的合外力不为零时,物体运动的加速度与作用力成正比,与其质量成反比,加速度的方向与作用力的方向一致。当质量为 m 的物体受到作用力 F 时,其运动状态发生变化,产生加速度 a,加速度的大小与力的大小成正比,与质量成反比。用公式表示为:

$$\sum F = ma$$

人体在进行运动时,如果力的作用方向与运动方向一致,则物体的加速度为正,作用力为物体的动力;如果运动的方向与力的方向相反,则该作用力阻碍物体运动,物体处于逐渐减速运动阶段。

在进行体育运动时,为了使得人体或器械运动时获得较大的加速度,必须施以其一定的力。由于作用于人体或器械的力有很多种,就会产生力的叠加状态,人体或器械所受的合力大小取决于各种力的大小、方向和作用点。

在将牛顿第二定律应用于人体运动中时,应强调运动中任意时刻。力与加速度必须是同一时刻的瞬时量,如果物体受恒力作用沿直线运动,第二定律的瞬时性的重要意义就不突出了;反之,如果受的是变力作用,那么瞬时性就很重要。

3.牛顿第三运动定律

牛顿第三定律即为作用力与反作用力定律,在物体运动时,两物体相互作用时,作用力与反作用力大小相等、方向相反,并且作用在同一条直线上。

牛顿第三定律具有以下几方面的内涵。

(1)作用力与反作用力分别作用于两个不同的物体上,并且这两个力的大小相同,但是产生的效果具有一定的差异性。例如,人在踢足球时,足球会向前飞起,而人保持不动。

(2)有作用力则必然会有反作用力,这两者是相互依存的,同时存在,同时消失,两者是瞬时关系。

(3)力包括弹性力、摩擦力、重力等,作用力与反作用力必是同种性质的力。

(4)作用力与反作用力大小相等,但是方向却相反,在同一条直线上,不受相互作用的两物体的运动状态的影响。

在人进行走跑等运动时,人体会前进,这取决于地面反作用力大小对人的作用,其最终又取决于人体下肢肌肉的收缩产生的作用力。因此,提高人体运动效果的前提是应提高肌肉收缩速度和力量。[①] 另外,为了提高运动的效率,通过缓冲技术能够在一定程度上减小支撑反作用力的阻力效应,提高动作的效率。

① 胡耿丹.运动生物力学[M].上海:同济大学出版社,2013.

第四章 全民健身运动的科学原理与策略

　　健身是一个科学、严谨的过程，全民健身关系到整个国民体质水平，是一项大的系统工程。因此，在开展全民健身运动过程中，一定要重视科学健身理论知识的普及和指导，同时，还要重视全民健身服务体系的构建，以便为人民群众参与健身活动提供科学的指导，全面提高中华民族的体质与健康水平，促进全民健身运动的科学化、规范化发展，建成具有中国特色的全民健身体系，以积极发展我国全民健身事业。

第一节　全民健身运动的科学原理与准备工作

一、全民健身运动的科学原理

(一)代谢原理

　　代谢是人体的基本生理活动，能为人体活动提供最基本的营养物质并带走机体运动代谢废物。完成人体生命运动的更新。新陈代谢是人体生命活动的基本特征之一，它具有非常重要的作用和意义。如果新陈代谢过程停止，那么人的生命活动也会随之结束，生命终结。代谢原理是个体从事运动必须遵循的重要理论依据之一。

　　物质和能量代谢是人体代谢的两大基础。在体育健身运动过程中，机体承受负荷需要消耗大量的能量，能量的消耗对应的是能量的补充。

　　参与健身运动过程中，人体内的物质和能量代谢过程会较平时得到加强，能量的消耗也会随之增大。从事有效的训练能够提高人体组织细胞内酶系统的适应性，使酶的活性得到提高，从而进行促进人体的物质代谢过程和能量代谢过程，能量物质的恢复更加充分，从而达到比运动前更高的水平，人体各器官系统的功能也得到进一步增强，这是现代健身运动增强人体体质的重要原因。另外，在进行健身运动时，能量的供应是运动者保持充沛的体力和获取良好运动成绩的重要条件。

　　在机体代谢过程中，同化作用和异化作用是同时进行且相互依存的，并在人体生长发育的不同阶段和健身运动中表现出不同的特点。在儿童青少年时期,同化作用占优势,人体内物质合成的速度远大于物质分解的速度,从而使得人体不断地生长发育;成年时期,人体内的同化作用与异化作用基本上维持在平衡的状态,新陈代谢旺盛,为人体提供充沛的精力;在老年时期,人体内的异化作用占优势,身体渐趋衰退,衰老加剧,使得老年人体质不断下降。因此,了解人体运动过程中物质和能量的代谢情况及规律,有助于不同的健身运动者科学地安排、控制自己的健身过程。

(二)动机原理

动机是指促使一个人参与活动的心理动因或内部动力,它能够引起人的活动,使活动导向一定的目标,以满足个体的需求。全民健身是一个非常大的健身工程,对于人民群众的健身意识和健身观念的树立要非常重视,只有人民产生充足的健身动机,才有可能促进健身行动的实施。

我国人口众多,不同的社会人群,他们的年龄、性别、教育程度、生活经历等各个方面有所区别,因此,不同的人的个性心理也存在着较大的差异,因此在进行体育健身运动时所带来的心理需要、动机层次、指向以及深广度等都会有所不同。

一般来说,人民参与体育健身的原始动机是多样化的,如健身、养生、美体、康复等,但并不是一成不变的、单一的,常常是多种动机相互综合一起发挥作用的。在全民健身运动中,要重视人们健身动机的科学引导,促使个体养成坚持参与体育健身运动的习惯。

(三)负荷原理

健身运动的目的是提高运动者的身体素质水平、改善体质,这一目的主要是通过运动者在健身运动过程中不断承受和适应训练负荷来实现的,通过机体的不断适应来提高机体的运动能力和对外界(运动负荷)的适应能力,进而达到运动者身体健美的目的。尽管体力劳动有一定的负荷,能对锻炼身体有一定的促进作用,但是体力劳动不能代替体育锻炼。很多体力劳动是在某种特定姿势下进行大量重复,可导致局部劳损或职业病,破坏身体健康。因此,科学从事体育健身活动是十分有必要的。同时,要重视科学安排负荷。[①]

在健身运动中,遵循负荷原理应注意以下两方面内容。

(1)健身运动的开始阶段,为了尽快进入运动状态,通常以增加负荷量

---

① 王祺.科学的体育锻炼[J].黑龙江科技信息,2010(16).

使机体的适应过程逐步实现。在专项训练阶段，以提高负荷强度刺激来加深运动者的机体适应过程。

（2）健身者应结合自己的个人特点和所参与的具体运动项目合理安排运动负荷，健身人群不同、健身项目不同，训练负荷应有所区别。

（四）运动适应原理

从生理学的角度来看，健身运动过程中机体对运动内容的适应需要经过以下几个阶段。

（1）刺激阶段。训练初期，运动者的机体需要接受来自各方面的各种刺激。

（2）应答反应阶段。运动者在运动负荷的刺激下，机体内部各器官和运动系统的功能产生兴奋，并将兴奋传输到机体各个器官中，最后使整个机体都进入运动状态，以实现机体对外界运动负荷的生物应答反应。

（3）暂时适应阶段。经过一段时间的运动，运动者的机能就会进入良好的工作状态，在运动过程中的各项生理指标表现出稳定的状态，随着健身运动的继续进行，当机体某应答指标虽不再上升也能承受外部刺激时，表明机体已经适应了当前的运动刺激。

（4）长久适应阶段。长久适应阶段是使各相应的机能系统和组织器官，在全面增加和系统重复各种外部运动刺激的基础上产生较为明显的身体结构和机能方面的改造。主要表现为机体运动器官和身体机能的完善与协调。

（5）适应衰竭阶段。当运动者对自己的运动安排不科学合理时，会在运动过程中产生身体某些机能会出现衰竭的情况。

因此，结合个体的运动适应的客观规律和原理，在健身过程中，切忌急于求成，要科学合理地加大运动量，以免运动过度而造成身体损伤。

（五）超量恢复原理

超量恢复，又称"超量代偿"，是关于运动时和运动后休息期间能量物质消耗和恢复过程的超量恢复学说，由前苏联学者雅姆波斯卡娅提出来的。该原理认为，人体锻炼时所消耗的能量在运动后可恢复甚至超量恢复，且机体水平超过锻炼前水平。这种在运动中消耗的能源物质，在运动后可恢复到，并可以超过运动前水平。

超量恢复原理科学指导下的健身运动过程可以分为三个阶段，即运动时各器官系统工作能力下降阶段、运动后工作能力复原阶段、工作能力超量恢复阶段。在健身运动过程中，健身者体内以能源物质的分解和能量的消耗为主,恢复过程处于次要地位。因此,机体在健身过程中的能源物质的消耗大于恢复,表现为体内能源物质数量随运动时间的延长而减少。而在健身运动结束后的恢复期中,能源物质则从以消耗为主转为以恢复为主。这时,配合合理膳食等补充手段,体内的能源物质的数量逐渐恢复到运动前水平,并可以达到超过运动前水平。

在超量恢复原理指导下,科学健身应注意以下几点。

(1)机体在健身活动中必须要承受一定的生理负担,使机体产生疲劳,并且在健身锻炼后有合理的恢复与休息,避免过度疲劳,否则对机体康复不利。

(2)为了使机体能够较好地保持超量恢复的水平,一定要反复进行超量恢复,做到较好的巩固效果,否则就会下降,这是保持良好健身效果状态的基础。

(3)在不同健身项目运动过程中,不同能源物质在运动时的消耗速率和恢复时间是不同的,而不同强度和持续时间对消耗能源物质的要求也不同。为了更好地实现超量恢复,健身者应合理制定健身计划。

(4)研究表明,健身运动中间歇的时间的长短在很大程度上影响着体能恢复的效果,从而对于运动者运动能力的提升也具有非常重要的影响作用。因此,在健身过程中,要合理安排运动间歇时间。要掌握好两次练习间隔的时间,一般通过测定心率的方法来进行控制,如运动后的心率达到 140~170 次/分钟,可以等到心率恢复到 100~120 次/分钟时,再进行下一次运动较为合适。

(5)健身锻炼期间,注意补充能源物质。如果健身时间长达数小时,则应考虑到肌糖原的恢复。研究表明,在大强度重复多次的间歇运动后,肌糖原在 5~24 小时内可恢复,并且不受食物中糖含量的影响;持续的大强度健身运动后,机体肌糖原的恢复时间则需要 48 小时以上,而且还需要配合膳食中的糖补充才能实现,因此,健身者应适当补充糖(一般以 600 克为宜),并补充一定量的蛋白质。合理补充营养是科学健身的一个重要基础。

(六)运动素质转移理论

研究表明,个体的不同运动素质之间具有非常密切的关系,它们相互影响、互相依赖。健身运动过程中机体运动素质的转移,主要是指某些素质的发展会引起其他素质的发展,为了能够取得理想的健身效果,健身运动者应熟练掌握运动素质转移的基本理论及内在规律。

任何运动项目都需要运动者多种身体素质的共同参与。例如,田径运动中的跳跃和投掷项目,既需要力量,同时又需要速度,二者结合形成了爆发力;游泳运动则需要力量素质和耐力素质,二者的结合则形成了力量耐力。根据博姆帕对各种生物运动能力之间的相互关系的情况进行的研究显示,灵敏与柔韧结合则称为灵活性。

各项运动素质的转移及其关系的生理生化基础是决定运动素质转移的内在机制。如果两种素质发展的生理、生化基础相同,则会产生良好转移;相反,如果其生理、生化基础不同,则不会出现转移或导致不良转移。运动者运动素质转移的决定性因素及转移机制主要包括以下三个。

(1)有机体系统构成的整体性。有机体的整体性是影响健身运动过程中运动素质转移的重要机制之一。在健身运动过程中,健身运动者所表现出的同一种运动素质或不同的运动素质,都是在中枢神经系统的支配下发挥各器官系统的综合作用的结果,而并非仅仅依靠某一器官和系统。

(2)机体能量供应来源的同一性。对于健身运动过程中的运动素质而言,能量供应来源的同一性也是影响其转移的机制之一。健身运动过程中,发生运动素质转移多是因为能量供应来源基本相同。例如,有氧耐力的转移,其主要原因是有氧耐力是各种其他耐力的基础,有氧耐力的训练水平对有机体的心血管系统与呼吸系统的机能状况起着决定作用,其主要依靠机体内糖原的氧化,这在运动中是十分需要的,故会出现转移现象。

(3)技术动作结构的相似性。动作结构的相似性对健身运动过程中运动素质转移也具有重要影响。健身运动是借助动作来实现的,各动作之间存在十分密切的关系。健身运动的各种运动动作的结构及肌肉各种特征越相似,则运动素质转移的可能性就越大。

科学健身要求运动者了解运动素质之间的转移规律,合理安排健身内容和方法,以实现事半功倍的健身效果。

(七)运动技能形成理论

对于健身者来讲,参与体育健身运动的过程,也是体育运动技能形成和发展的过程,对此,要熟悉和掌握运动技能的形成原理,以便于在体育运动过程中,更快地、更准确地掌握运动技能,提高健身效果。

研究表明,感觉是一切运动的开始,其次是心理活动的产生,最后表达到肌肉,并形成一种反射效应。研究证明,大脑皮层动觉细胞可以和皮质所有其他中枢建立暂时性神经联系,包括内、外刺激引起皮质细胞兴奋的代表区在内。运动的生理机理是以大脑皮质活动为基础的暂时性神经联系。因此,可以认为,人体掌握运动技能的生理本质,就是人体建立运动条件反射的过程。

必须充分认识到,人体的运动技能形成与一般运动条件反射不同,二者的区别在于运动技能的形成具有连锁性、复杂性以及本体感受性。具体表现如下。

（1）连锁性。一般情况下，运动者的运动技能的反射活动是连续的，前一个动作的结束同时又是后一动作的开始。

（2）复杂性。个体的运动技能包含多个中枢参与形成运动条件反射活动（如视觉中枢、运动中枢、听觉中枢、皮肤感觉中枢以及内脏活动中枢）。

（3）本体感受性。肌肉的本体感受性冲动（传入冲动）在条件反射的过程中发挥了重要的作用，如果没有这种本体感受性冲动，就不能强化条件刺激。同时，由运动中枢发放神经冲动传至肌肉效应器官引起活动的复杂过程条件反射就不可能形成，也就不能够掌握运动的技能。

在健身运动中，运动者的各项运动条件反射是由多种简单的非条件反射综合起来共同构成的。大脑的各器官发育成熟后，机体在这些非条件反射的基础上，经过听觉、触觉、视觉和本体感觉与条件刺激物多次结合，从而形成了简单的运动条件反射，即体育运动技能的掌握与表现。

二、全民健身运动的科学准备

（一）身体活动准备

热身的最大好处是让我们更好地完成健身动作，并且对自己身体摆放和动作要点有更强烈的意识。

健身运动前，做好热身准备，可以充分发挥运动者的机体适应能力，循序渐进，提高运动者身体各项运动能力对负荷的适应和机体活力，避免身体受到伤害，可有效延缓运动疲劳的产生。

（二）运动心理准备

1.了解健身过程

在健身运动开始之前，要了解自己的身体和健身过程，运动者在参加健身运动之前，首先应该对自己的身体状况、既往病史等情况有一个清晰的认识。明确本次健身课程所面临的具体健身内容、方法、任务等，调整自己的心态，以积极的态度投入到接下来的健身运动中去。

2.树立安全意识

在体育健身运动中，安全意识是非常重要的组成部分，只要运动中存在安全隐患的环节,不同程度的伤害事故都有可能发生。因此,运动者在参与体育健身的过程中应该注重自身安全意识的培养,从而使体育健身运动的附加价值作用于自身。

具体来讲,运动者在进行健身运动前应该注意以下几个方面的问题。

(1)运动者对自己是否有意外伤害与医疗保险进行确认。

(2)运动者对自己所带的物品与运动装备进行检查,确保其与健身运动的要求相符。

(3)运动者还应该做好常规药品的准备工作,以备运动过程中使用。

(4)注意体育健身的项目能够使参与者的心理容易接受。

(5)以器械安全保准与管理原则为参照,对器械与健身运动相关道具进行备份与复查,保证相关器械的安全。

(6)健身运动过程中,严格遵守法律与道德方面的相关规定与要求,认真履行自己的相关职责,规范自己的行为。

(7)在参与体育健身运动的过程中,不仅应该使自身的安全得到保障,同时还应该注意周围环境的安全,有意识地培养自己的环境保护意识与习惯。

(三)场地设施准备

1.场地环境

科学体育健身活动尽量离开房间而选择露天的自然地,但不要在太凉或太热的地方练习,也不要在阳光直射下练习。要确保周围环境的安静、清洁、空气新鲜。

在室内,注意养成经常开窗通风的习惯,保持空气的流通。可以在练习场地内摆放绿色植物,但不要占用太多场地。可以播放轻松、简单的音乐,要使身心专注、集中。

2.场地设施

体育健身活动对于运动场地和设施的选择非常重要,因为不同的场地设施,在运动过程中就会存在各种不同的安全隐患。一般情况下,在人工建造的场地中进行健身运动要比在野外环境中进行健身运动的危险小一些。运动过程中安全隐患的出现概率会受到不可控因素的直接影响,一般会由于不可控因素的增加而增大。在场地设施方面,具体应注意以下问题。

(1)在野外进行健身活动时,运动者一定要在有经验的体育指导员或者运动者的指导下进行,运动者在不熟悉的环境中进行健身运动时应该更加

提高安全防范意识

（2）在熟悉的健身运动环境中进行健身运动时，运动者应该提高自身的安全警惕，因为一些熟悉安全的外部环境常常也会造成意外事故的发生。

（3）为了有效降低健身运动中存在的安全风险，运动者应该特别注意健身场地的正确合理使用。例如，在雷雨天气就不要进行高空类的健身运动，运动者在这类运动进行过程中常常处于高空位置，一旦遇到雷雨就会非常危险，因此运动者应该注意避免遭到闪电力量的袭击而造成生命的危险。在雨后进行健身活动就需要特别注意防滑，因为雨水在地面淤积会使地面变得湿滑，稍不留神就有可能摔倒而造成运动损伤。

（4）不同运动场地的使用在不同季节与不同的气候条件下，应该注意的使用事项的不同。

（四）健身装备准备

1.运动服

参与体育健身运动应尽量选择宽松的天然面料的服装。舒适的衣服可以帮助身体安全舒适地伸展，而那些厚重硬挺布料的衣物会妨碍活动能力，比如牛仔裤等。

一般来说，纯棉的衣服排湿性差，一旦大量出汗，会容易感冒，因此一些有弹性的合身的专业衣物是首选。另外，衣物要尽可能的"少"，以减少衣服对身体的束缚。

2.运动鞋

运动鞋的选购应注意以下几点。

（1）最好在刚运动完或下午的时候去选购运动鞋，因为这时候脚比较大，同时，要穿着运动健身时常穿的袜子去选鞋。

（2）每只脚都要试一下鞋子的宽度和长度。

（3）检查鞋的稳定性。一手把住鞋跟，另一只手挤压鞋的前部。鞋子应该在脚能活动的那个关节的位置弯曲，因为这是个生理弯曲点。如果鞋子在鞋弓处弯曲，那这双鞋就不能提供很好的支撑性和稳定性。

3.运动袜

要保持运动的舒适感，除了有合适的鞋，还要有舒适的袜子。纯棉质地的网球袜能在脚与地面之间形成良好的缓冲层，减缓硬地产生的震荡。有些球袜连脚面部分也有加厚处理，这是考虑到缓冲作用。舒适的球袜还可以填满脚与鞋之间的空隙,使脚与鞋真正地合为一体。

一般来说,专业的运动袜质地厚实,有些人认为在夏季运时穿着会热。事实并非如此,其实除湿性能是球袜设计者早就考虑到的,棉质网球袜加入了许多透气、吸汗的特殊纤维,可充分吸收汗液,控制湿度,保持双脚干爽。人脚上的汗腺比身体任何部位都发达,而看上去凉爽的薄袜子并不会控制运动时汗液的分泌,所以吸收带走湿汗才是最关键的。

4.饰物

参与体育健身运动过程中,不戴首饰、手表等饰物,健身运动前应去除身体的一切束缚。如腰带、领带、手表、大的饰物等,这样可以避免身体偶尔失控的时候伤害到身体。

第二节　全民健身运动的原则与方法

一、健身运动的基本原则

(一)激发性原则

动机是影响运动者参与体育健身的重要因素,因此在健身过程中,健身指导员要不断提高健身者对体育健身重要性的科学认知,健身者自身也要积极认识到体育健身的益处,提高参与体育健身的积极性和主动性。

具体来说,激发性原则就是指通过各种形式与手段激发人们自觉积极地经常地参加体育活动。体育健身活动是广大群众自觉自愿参加的一种有目的有意识的社会行为。开展体育健身活动的关键是提高群众的积极性,但群众积极性的提高不能靠行政手段强迫命令逼出来,而应通过宣传、教育、启发、诱导等多种形式激发出来。具体应做到以下几点。

(1)激发体育健身动机,使"让我参与"变成"我要参与",大大激发运动健身者的主动性。使人们自觉锻炼身体,而不是靠强制性来从事体育健身活动。在激发参与体育健身活动的同时,要注意提高锻炼参与者的自信心,使他们意识到自己有能力参与并且会做得很好。

(2)激发榜样学习的热情,作为激发性原则的一种方式,即榜样激发。通过树立样板、典型示范等方式提供人们学习的榜样,运用榜样的力量激励人们积极地参与体育健身活动。

(二)系统性原则

在现代健身运动中,只有坚持不间断地系统训练,才能对所要掌握的运动技能进行不断重复和巩固,才能完成运动技能系统化积累。也才能使健身者在掌握体育技能的基础上持续进行健身,不断提高和加强健身效果。

在现代健身运动中,贯彻系统性原则要做到以下两点。

(1)要做好健身运动训练的周期性安排,要使身体训练与技能训练相互结合。

(2)对于体质较好的健身者来说,在提高阶段,要制定良好的运动量和强度安排计划,以提高健身者健身过程的科学化。

(三)周期性原则

周期性原则是指科学制定健身计划,根据健身阶段的不同将整个的运动健身过程划分为几个运动周期循环地进行。周期性原则的依据是机能状态的客观规律,即后一周期应在前一周期的基础上提高,以创造出最佳的健身效果。在每一个周期或不同的运动阶段中,都有着各自的健身任务、健身内容与负荷量、健身手段与方法,它们彼此之间既相互独立又相互衔接。

现代健身运动中,贯彻周期性原则要做到以下几点。

(1)根据健身者的特点和任务,来合理地安排训练周期。

(2)做好各个周期之间的衔接,使每个周期都能在前一周期的基础上有所提高,并起到“承上启下”的作用。

(3)把握好每个小周期的运动锻炼,并对不适之处做出及时地纠正。

(四)多样性原则

多样性原则涉及全民健身的方方面面,具体是指为了照顾各类人员的需要、地域的差异、季节的变化,采取各种各样的活动内容、组织形式和竞赛方式,使得体育健身活动得以持久开展。体育健身活动的多样性主要表现在以下三个方面。

(1)体育健身活动内容的多样性。

(2)体育健身组织形式的多样性。

(3)体育健身竞赛方式方法的多样性。

(五)长期性原则

长期性原则,即持之以恒。具体来说,在健身运动中,人体结构的改变,运动能力的提高,内脏循环功能的改善,都是由于机体的神经系统通过对运动系统及其他内脏循环系统反复多次调节而形成的适应性反应。这种适应性的形成是一个相当复杂的协调过程,仅仅靠几次训练和练习是无法实现的,因此,只有坚持训练,长期坚持,才能达到良好的健身效果。

(六)渐进性原则

循序渐进原则符合人体动作形成的客观规律。循序渐进的原则指的是体育健身活动要按照健身者认识发展的规律进行,从简单到复杂,从单一向综合发展,渐进地掌握运动的理论知识与相关技能。

在健身运动过程中贯彻循序渐进的原则,应注意以下几点。

(1)按照运动技能从易到难的规律来学习运动技能。例如,健身者在学习篮球的基本技术时,首先要学习篮球的进攻移动,然后进行防守移动技术的掌握,移动是篮球运动的技术基础。之后学习传球、投篮持球突破等篮球的基本技术,在这些基础上学习其他的一些防守技术。健身者只有掌握了篮球运动的基本技术才能够进行战术基础配合以及全队战术的学习。

(2)注意学习的系统性,要根据具体运动项目动作技能的规律来进行学习。例如,运动者在最初进行运动技术学习时,应该首先建立起动作的概念、视觉表达以及初步的运动感觉。在经过系统练习掌握了基本的技术动作之后,才可以不断加大练习的难度,同时在学习掌握不同的技术时采取对应的学习方法。

(3)注意对运动的负荷进行合理安排。健身运动不可避免会产生疲劳,而疲劳在运动中具有积极的意义,只有产生疲劳才能出现超量恢复,而只有超量恢复才能实现身体素质以及技战术水平的提高。当然,过度的疲劳也会对运动者的身体素质以及技战术的提高产生消极的影响。因此,健身运动参与者需要根据自身的身体状况、场地环境等因素来科学安排运动负荷,从而最终实现运动健身的目标。

(七)针对性原则

针对性原则,具体是针对健身者特点、健身实际条件进行身体运动锻炼,确定锻炼的目的,选择好适宜的运动项目,并对运动时间和运动负荷进行合理地安排。针对性原则是增强身体素质及提高运动水平应该遵循的原则。

针对性原则要求健身者注意以下两点内容。

(1)科学健身应从自己的实际情况出发,有目的地选择和确定运动项目、练习方法,合理地安排锻炼的时间与运动负荷。在每次进行健身运动前,运动者应该认真评估自己当时的健康状况,使运动的难度与强度不超过自己身体承受能力。违反人体发展这一基本规律必然会损害身体的健康。

（2）科学健身应充分考虑健身环境和条件。在进行健身运动锻炼时，首先应该从场地、器材及季节、气候等外界环境条件的实际情况出发，采用科学的锻炼方法，选择合理的运动项目，并安排好练习时间和运动负荷，才能获得良好的运动锻炼效果。如在冬季应着重发展耐力和力量素质，在春秋两季重点进行技术性项目，在炎热夏天，游泳是较为理想的运动项目。但是，运动时不要在阳光下运动时间过长；在力量训练前要认真对器械进行检查，切实保证体育健身运动的合理、安全开展。

（八）区别对待原则

区别对待原则主要是针对健身指导员科学安排学员健身活动提出的一种健身原则，也是健身者充分认识自身与他人健身活动差异性的一个重要指导性原则。

对于健身指导员来讲，组织和开展体育健身活动的过程中，应重视不同健身者体育健身中的各种区别性因素，有区别的对待不同的健身者，科学安排健身活动。

（1）根据健身者的性别差异区别进行对待。在运动中，女子与男子对相同的锻炼计划具有相似趋向的反应，一般锻炼方法同样适应于女子，但这并不说明应该与男子进行相同强度的锻炼。

（2）根据健身者的机体特点合理安排健身进程。不同健身者之间存在着许多差异，不同个体各个方面的条件有所不同，且在健身中各人的起点不同，如有的开始进展很快，但后来反而慢下来；有的某些运动素质好；有的能适应大负荷量的训练。随着健身进程的进行，其发展程度也不同。因此，在开展与组织全民体育健身活动的过程中，应针对健身者个人特点合理安排健身中的各个方面，应该充分认识到不同人群、不同个体的健康水平存在显著的个体差异，而且由于训练的起始水平各不相同，人体的身体素质与器官系统的功能水平也存在差异。在运动的强度、频率、时间、手段以及环境等的选择上，更应该根据不同的对象的情况具体问题科学合理地制定不同阶段、不同时期的运动处方与健身计划，使其更加符合不同健身者的体育健身需求，以帮助健身者实现健身效果。

总之，应根据不同健身者的年龄、性别、身体素质、训练水平、文化程度、个性心理特征等因素组织不同的健身项目，科学地确定健身任务、选择健身内容、健身方法和安排运动负荷。

(九)科学负荷原则

在超量恢复理论的基础上,根据健身任务、健身对象等的不同,有节奏地逐步加大运动负荷,促进运动者的健身效果的实现。

运动实践表明,通过合理地安排,严密的组织,并在良好的医务监督下,在儿童少年的健身运动中逐渐加大运动负荷是可行的。在多年健身计划中,进行大运动量要注意大、中、小运动量的相互结合,应该按照加大—适应—再加大—再适应的过程发展。

特别需要注意的是,在增加健身运动量的过程中,要对性别、年龄、体质、训练水平、健康状况、思想状态、意志品质等因素进行综合考虑。在以训练强度的提高来使运动量增加时,还要对运动者身体局部的情况进行考虑,关注健身运动负荷安排的可操作性。

(十)终身体育原则

科学体育健身能使人一生受益。在组织全民体育健身活动的参与者进行体育健身的过程中,要有意识地引导参与者深入理解体育锻炼的重要性,并使其身体力行地参与其中,这是实现全面健身计划的基本要求。

现阶段,培养全民体育健身活动参与者的终身体育意识,帮助其养成终身体育的良好习惯是全民体育健身活动组织与开展过程中应遵循的基本原则之一,具体应该做到以下两点。

(1)注意观察健身者的体育爱好与技术特长,并积极引导帮助,而且要注重对参与者体育锻炼兴趣的激发,引导其形成终身体育思想,养成持久体育健身与锻炼的良好习惯。

(2)充分考虑健身者参与体育锻炼的长期与短期效益,在重视健身者某项运动技能指导成果的同时,还要考虑健身者体育锻炼的长期效益,使其能够通过参与体育健身活动而终身受益。

二、健身运动的基本方法

全民健身可选择体育项目内容丰富、种类繁多,如走跑运动、球类运动、游泳、武术、健美操等。无论选择哪一种形式的体育运动,在运动期间,都可以通过以下几种方法来学习和掌握运动技能、提高身体素质和运动水平,以达到强健身体的目的。

（一）重复法

重复训练法是指在不改变动作结构和运动量，在相对固定的条件下，对某种动作采用同一运动负荷和相同的间歇时间进行多次练习，以达到增加运动负荷和巩固技能的目的。

1.重复法的分类

按练习时间长短，重复训练方法可分为短时间重复训练方法（不足 30 秒）、中时间重复训练方法（0.5～2 分钟）和长时间重复训练方法（2～5 分钟）。其中，短时间重复训练法主要用于训练各种基本技术、高难技术的组合练习，以及有关速度素质和力量素质的发展。中时间重复训练法主要用于整套技术动作的练习。

按间歇方式，重复训练法可以分为连续重复训练法和间歇训练法。重复次数不同，对身体的作用不同，对巩固机能的作用也不同。

2.重复法的应用

在大众健身运动中，重复法主要是通过同一动作或者同组动作的多次重复，通过不断强化运动者的运动条件反射的过程，使运动者掌握和巩固技术动作，使机体产生较高的适应机制，改善机体机能。

（二）循环法

循环法是指把按预先设计的多项活动内容设计成若干个站，让运动者带有一定顺序一站一站地进行练习，运用循环练习的方式周而复始循环往复地进行练习的方法。

1.循环法的分类

根据不同训练之间的运动负荷特征，可以将循环训练法分为以下类型。

（1）循环重复训练法。在训练开始前，对各训练站点之间的具体间歇时间不做特殊的安排和规定，其目的在于使运动者的各项生理功能和器官得到全面的恢复，通常用于运动者提高竞技能力（体能素质和技术）的训练。

（2）循环间歇训练法。按照间歇训练法的要求对各个连续站的间歇时间做出特殊规定，目的在于使运动者机体在不完全恢复的状况下进行下次练习，通常用于发展运动者的体能、技术、战术以及上述内容的综合训练。

（3）循环持续训练法。根据训练要求，在训练中各个训练站点之间不安排间歇时间，用较长时间进行连续练习。该法在竞技健身运动中的应用广泛。

2.循环法的应用

（1）训练应突出重点，因人而异地确定循环训练的负荷，如赛前训练要以套路训练为主，以基本功和基本动作训练为辅，而素质训练只能因人而异，同时要防止局部疲劳积累而产生劳损。

（2）训练应根据阶段训练任务的变更及时进行调整或变换。

（3）一般的，开始时先练一个循环，过 2～3 周再增加一个循环，逐渐增加到 3～4 个循环，但最多不得超过 5 个循环。一次循环中应包括 6～14 个不同的练习，每个练习间歇为 45～60 秒钟，每个循环间歇为 2～3 分钟。

运动实践表明，采用循环法进行体育健身可消除枯燥感，机体肌肉的局部负担不重，不易疲劳，能调动运动者的积极性；有利于增强运动者的肌力、增强心肺机能、提高身体素质。此外，循环法还可因人而异地区别对待和解决负荷量问题，使健身安排更符合健身者实际。

（三）间歇法

间歇训练是指重复练习之间按严格规定的间歇时间休息后再进行练习的方法。间歇法能有效地提高呼吸机能，提高机体糖酵解能力和耐乳酸能力，在练习期间及中间间歇期间均能使运动者的心率保持在最佳范围之内，有助于改善运动者的心泵功能。间歇对于增强体质的作用并不亚于运动本身。

1.间歇法的分类

（1）高强性间歇训练法。该方法适用于体能主导类速度性和耐力性运动项群的素质、技术及技能主导类对抗性运动项群中的攻防训练，有助于发展运动者的糖酵解供能系统供能能力、磷酸盐与糖酵解供能混合代谢系统供能能力。

（2）强化性间歇训练法。通过强化运动者间歇来控制训练。

（3）发展性间歇训练法。该方法通常用于减少人数且比赛时间分解成阶段性的连续攻防训练。

2.间歇法的应用

（1）根据超量负荷的原理，运动中可提高每次练习的强度，增加练习的重复次数和调整间歇时间。在规定间歇时间上必须做到科学、合理，训练负荷要符合运动者承受负荷的能力，过大或过小都不利于良好训练效果的实现。

（2）运动者必须在机体尚未完全恢复时就进行下一次练习。

（四）变换法

变换法是指有目的地变换练习负荷、动作组合，以及变换练习环境、条件等情况进行训练的方法。运动训练的动作组合、动作形式、运动量、环境条件等变化了，对机体的影响也必然随之而变化，可使机体产生各种适应性变化，改善运动者中枢神经系统的协调性和机体调节的灵活性，从而提高承受更高难度的健身运动负荷的负荷能力。

1.变换法的分类

在全民健身运动实践中，可以通过以下几种变换来丰富运动者的健身活动。

（1）变换内容。一般认为，技能主导类运动项群是内容变换法应用的主要对象，具体来说，变换训练内容的合理安排可使运动者的不同运动素质、运动技能得到系统训练和协调发展。

（2）变换形式。形式变换方法要求主要体现运动者在训练场地、线路、落点和方位等条件或环境的变换上。

（3）变换负荷。负荷变换适用于多种练习，如体能训练、技战术训练等。由于负荷强度与负荷量的变化具有不同的搭配形式，所以负荷变换的训练方式是具有多样性。负荷变换不仅能降低负荷强度，对学习和掌握运动技术能够起到有效的促进作用，还有利于负荷强度及密度的提高，提高机体运动机能。

2.变换法的应用

变换法适用于各类健身运动爱好者，能增加运动健身的趣味性，使运动健身过程不至于太枯燥。

需要提出的是，负荷变换法对运动者的身体素质要求较高，一般来说，变换法用于具有一定的健身基础、身体素质良好，并想进一步提高健身难度达到更好健身效果的运动者。

（五）持续法

持续法对负荷强度低且细腻的技术动作的完善十分有益。持续法的优点在于以下两个方面：一方面可以通过长时间低负荷的刺激使运动者产生稳定的机体适应，有助于机体各器官及系统的适应性变化；另一方面，可有效提高运动者的有氧代谢系统供能能力,为运动者的无氧代谢能力及无氧工作强度的提高奠定良好的基础。

结合不同健身者的具体身体状况,持续法主要应用如下。

(1)短时间持续法。适用于体能主导类项目的运动素质训练,技能主导类运动项群的体能及技战术训练。

(2)中时间持续法。具有变速持续训练和匀速持续训练两种形式,前者对运动者的运动强度要求比较高,在训练中重视负荷强度和运动速度的变化,运动过程持续进行,人体能量消耗相对较大。后者的主要特点是运动强度低,负荷强度变化较小,运动速度均匀,运动过程持续,练习动作稳定,对运动者的能量消耗较小。

(3)长时间持续法。对体能主导类耐力性运动项群的训练十分有效,有显著作用。长时间持续训练方法在实践中有三种典型的变化形式:法特莱克训练;变速持续训练;匀速持续训练。

在体育健身运动实践中,持续运动的时间长短需要根据负荷有效价值范围来进行确定。通常,心率维持在 140 次/分钟并连续进行运动 20~30 分钟,能够使机体的各个部位都能长时间地获得充分的血液以及氧气供应,从而能够有效地发展有氧代谢能力。在实践过程中,一般采用技术动作相对容易、运动者比较熟悉的内容进行持续健身。

(六)竞赛法

竞赛法指的是在近似于真实的比赛条件下,依照比赛的规则与方式进行的运动方法。竞赛法是根据人类先天的竞争和表现意识、竞技能力形成过程的基本规律和适应原理、现代运动比赛规则等因素而提出的一种健身方法。竞赛法能充分调动运动者参与健身、训练和比赛的积极性,它可以激发运动者的斗志,促进运动者积极向上、克服困难、坚持健身。

更重要的是,竞赛法能够提高运动者的心理承受能力,培养意志品质,促进运动者形成积极的、拼搏的、良好的生活态度。如今,社会的各个方面都存在者竞争,在全民体育健身活动中,通过竞赛法科学组织和开展体育健身活动,不仅有助于提高运动者的身体素质,还能改善和调节运动者的心理状态,有助于运动者以更加积极向上的心态去面对健身、生活和工作。

(七)综合法

综合法是指把重复法、循环法、变换法等各种方法结合起来运用,或者在一组健身运动中安排各种技术训练、灵敏训练、力量训练等多种内容的训练方法。

在训练实践中,以上的各种训练方法并不是单一的存在和使用的,因此,需要通过综合训练来灵活地调节运动者的运动负荷与休息,使其更圆满地达到运动要求,从而有效地发展运动者的身体素质。

第三节　全民健身运动效果的测评

体育健身对运动者的身体影响是多方面的,科学系统的健身运动能有效改变运动者的身体形态、身体机能和身体素质。因此,可以通过对这三个方面进行测评来了解运动者的健身效果,为运动者进一步完善健身过程提供参考。

一、身体形态测评

根据身体形态的具体标准,身体形态的测量主要包括以下内容。

(一)身高

身高是个体纵向发育水平的重要指标之一,具体是指人体从站立底面到头顶点的垂直距离。

短期的健身运动对身高影响不大,但是如果青少年从小就养成体育运动健身的习惯,则与不健身的同龄人相比,身高要高出 4～5 厘米。

身高测量具体如下。

测评准备:标准身高坐高计。

测评方法:受试者赤足,以立正姿势站立于底板上,背靠身高坐高计,足跟、骶骨和两肩胛间与立柱接触,耳眼处于水平位。测试者将水平压板下滑至受试者头顶点,双眼与压板水平,读数并记录测量值。

注意事项:

(1)身高坐高计应水平放置,立柱的刻度尺面向光源。

(2)测量时,要注意受试者足跟、骶骨和肩胛骨间紧靠立柱。

(3)水平压板与受试者头顶接触松紧要适度,有发髻者应放下。

(4)测量单位为厘米,测量结果精确到小数点后一位,测量误差不超过0.5 厘米。

(二)体重

体重是衡量人体骨骼、肌肉、皮下脂肪及内脏器官等综合重量发展变化的指标。人的体重通常受遗传、年龄、性别、季节、体育锻炼、疾病、伤害等因素的影响。体育健身过程中,体重减轻是一个很明显的身体形态变化。

测评准备:标准体重计,误差不超过 0.1%。

测评方法:受试者赤足、身着薄衣裤站立于体重计中央,测试者移动刻度尺稳定在水平位后读数并记录其重量值。

注意事项:

(1)保证测评准备正常,受试者衣着合格(被测者只准穿薄短裤,女性可穿背心)。

(2)测量时间最好在上午 10 点左右为宜,排尽大小便。

(3)每测 50 人后校正仪器的准确度,测试完毕应检查仪器。

(4)测量单位千克,测量结果精确到小数点后一位,测量误差不得超过 0.1 千克。

(三)坐高

坐高是指人体取正位坐姿势时头和躯干的总长度,它通常用来反映人体躯干的生长发育状况以及躯干与下肢的比例关系。

测评准备:标准身高坐高计。

测评方法:被测者端坐在身高坐高计底板上,头正,躯干挺直紧靠立柱,测试者将水平压板下滑至受试者头顶点,在两眼与压板呈水平位时读数并记录测量值。

注意事项:

(1)测量过程中,受试者骶骨部和肩胛骨间紧靠支柱并坐直。

(2)其他注意事项同身高的测量。

(3)测量单位为厘米,测量结果精确到小数点后一位,测量误差不得超过 0.5 厘米。

(四)骨盆宽

骨盆宽是指骨盆左右两端髂嵴外缘突出点之间的直线距离,它反映了人体骨盆的发育情况,是运动选材的重要参考指标之一。

测评准备:软带尺,每米误差不得超过 0.2 厘米。

测评方法:受试者两腿并拢成自然站立姿势,两腿并拢,检测者面对被测者用测径规的两脚端分别置于骨盆左右两髂骨嵴外缘计取其最宽部距离,计量其水平直线距离。

注意事项:

(1)受试者体重应均匀落在两脚上,避免骨盆倾斜。

（2）测量单位为厘米，测量结果精确到小数点后一位，测量误差不得超过 0.5 厘米。

（五）胸围

胸围可间接反映胸廓大小和胸部肌肉发育状况，是体现体型和健康状况的重要形态指标。经常健身的人往往会拥有发达的胸肌，胸围要比一般人大一些。

测评准备：软带尺。

测评方法：胸围的测量应从肩胛下角下缘开始，男性至乳头上缘，女性至乳头上方第四肋骨处，是胸部的水平围长。测量时，男子裸露上体，自然站立，平静呼吸，检测者将软带尺上缘置于背部肩胛骨下角，在胸部则将软带尺下缘置于乳头上进行计量；女子带胸罩，将软带尺置于背部两肩胛骨下角，胸部置于乳头上缘进行计量。

注意事项：

（1）受试者不得低头、耸肩、呼气。

（2）测试人员应注意带尺松紧适度。

（3）受试者接受测量时，应有一人在其背后协助测试人员将带尺围定于肩胛下角下缘，以防下滑，并注意观察带尺是否呈水平。

（4）只测受测者的静气围（即平静时呼气末而吸气尚未开始时的胸围大小）。

（5）测量单位为厘米，测量结果精确到小数点后一位，测量误差不得超过 1 厘米。

（六）腰围

腰围，也称"腹围"，具体是指人体腰部围度的大小，可以反映人体腰部肌肉发育水平及腹部皮下脂肪厚度和沉积状况。一般来说，长期健身可有效消除腰部赘肉，使腰围更小、身材更显苗条。

测评准备：软带尺，每米误差不得超过 0.2 厘米。

测评方法：受试者自然站立，测量者将带尺置于受试者脐上，以水平位绕腹一周，取其自然呼吸时的计量值。

注意事项：

（1）运动后即刻不宜测量腰围。

（2）测量单位为厘米，测量结果精确到小数点后一位，测量误差不得超过 0.5 厘米。

二、身体机能测评

对于健身者的身体机能测评需要专业的健身指导员使用专业测评仪器进行,主要用于了解健身者的身体机能发展情况,以便为进一步科学制定健身计划提供必要的数据参考。

(一)心血管机能测评

心血管系统机能能有效反映个体的身体发育水平、体质状况以及健身运动水平。对个体心血管机能的发展情况,常用测评指标为脉搏和血压。

脉搏和血压的测量有助于健身者充分了解自己在运动前后心血管系统的变化规律、特点。一般采用台阶试验测量。台阶试验是一项定量负荷机能试验,可以间接推断机体的耐力。该试验主要是通过有节律的登台阶运动持续时间(秒)与规定的脉搏次数的比值评定个体的心血管机能水平,一般来说,指数越大,说明心血管机能水平越高。

对心血管机能进行测评主要有一次负荷试验和联合技能试验两种。

1.一次负荷试验

(1)台阶试验

测评准备:电子台阶试验仪(含节拍器),台阶高度为:男子 50 厘米,女子 42 厘米。

测评方法:

①受试者站立在台阶前方,按照节拍器发出的 30 次分频率的提示音上、下台阶。当受试者听到第一声响时,一只脚踏在台子上;当受试者听到第 2 声响时踏台腿伸直,另一只脚跟上台上站立;当受试者听到第 3 声响时,先踏上台的脚下来;当受试者听到第 4 声响时,另一只脚下地,还原成预备姿势。如此连续做 3 分钟。

②运动完毕后,受试者立刻静坐在椅子上,将测试仪的指脉夹夹在受试者的中指前方,测试仪将自动采集受试者的三次脉搏数;人工测试脉搏时,记录受试者在测试运动停止后 1 分到 1 分半钟、2 分到 2 分半钟、3 分到 3 分半钟的三次脉搏数。

③测试结束后,测试者将运动时间及受试者的三次心率值进行整理。

注意事项:

①测试前,受试者不得从事任何剧烈活动。心脏功能不良或有不同程度心脏疾病患者,不能进行此项测试。

②受试者必须严格按照节拍器的节奏完成上、下台阶运动。

③受试者每次登上台阶，腿都应伸直，膝关节不得弯曲。

④测试人员必须严格按照测评方法的要求准时、准确地记录受试者的三次 30 秒的脉搏数。

⑤测试人员在仪器测试脉搏时应经常用手号脉，与测评准备进行对比，如果 10 次脉搏误差超过两次的可视为仪器不准，及时改用人工测评方法。

台阶试验评价计算公式：

$$台阶指数 = \frac{运动持续时间（秒）\times 100}{(f_1 + f_2 + f_3)\times 2}$$

（2）30 秒 20 次蹲起

测评准备：脉搏器（也可手测）；秒表一块。

测评方法：让受测者静坐 10 分钟，测量安静时心率和血压，然后令其 30 秒匀速蹲起 20 次。蹲起至 20 次结束后立即测 10 秒的脉搏，紧接着在后 50 秒内测血压。如此连续测 3 分钟。

注意事项：

①下蹲时足跟不离地，两膝要深屈，两上肢前平举。

②起立时恢复站立时姿势。

评价标准：如果负荷后脉搏上升不多，血压中等升高，3 分钟内血压、脉率基本恢复到安静时水平，那么就说明实验者的心血管机能良好；如果负荷后脉搏明显上升，血压上升不明显或明显，3 分钟内脉搏和血压均未恢复到安静时水平，那么就说明实验者的心血管机能较差。

（3）原地 15 秒快跑

测评准备：血压计、秒表。

测评方法：首先测定受试者处于安静状态下的脉搏和血压，然后令其以 100 米赛跑的速度原地跑 15 秒后，立即测 10 秒的脉搏，紧接着在后 50 秒内测血压。连续测试 4 分钟。

注意事项：

①跑步结束后立即测试受试者的脉搏。

②跑动过程中应严格按照 100 米赛跑的速度跑动。

评价标准：以负荷后心率和血压升降幅度及其恢复时间为主要依据进行测定。通常情况下，测定的结果有五种类型，即正常反应、紧张性增高反应、梯形反应、紧张性不全反应和无力性反应。测试过程中要以具体情况为主要依据来做出具体分析，在评定试验结果时，要通过多次重复测定才能得出结论。

2.联合机能试验

测评准备:血压计、心率检测器、秒表。

测评方法:先按一次负荷试验的方法,测量安静时的心率和血压,接着按顺序做三个一次负荷试验。具体的试验方法如下。

①原地慢跑3分钟(男)或2分钟(女),速度为每分钟180步。跑后测量5分钟恢复期心率和血压。

②30秒20次蹲起做完后测量恢复期的心率和血压,共测3分钟。

③15秒原地快跑要求以百米赛跑进行,跑后测量恢复期心率和血压,共测4分钟。

评价标准:参照15秒快跑一次负荷试验的五种反应类型来对心血管系统机能的水平进行评定。

(二)呼吸机能测评

呼吸是人体的基本生理功能之一,其主要作用是排出体内的二氧化碳,吸入氧气。个体呼吸机能常用测评指标是肺活量。

1.肺活量测试

肺活量的大小能充分反映健身者肺的容积和呼吸机能的潜力。肺活量受遗传的因素较小,遗传度仅为30%,肺活量与年龄呈正相关关系,通过后天健身锻炼,可以有效提高肺活量。

测评准备:肺活量计(0~10 000毫升)。

测评方法:受试者面对肺活量计站立,先做一两次深呼吸,再吸一口气后将气尽量呼出,直到不能再呼气为止。测量3次,取最大值。呼气时要保持身体直立,不许弯腰和换气。测量肺活量用的吹嘴要消毒,一个吹嘴只能允许一人使用。根据相关调查得知,我国男子肺活量正常值约为3 500~4 000毫升,女子约为3 000~3 500毫升。

注意事项:

(1)肺活量计,使用前必须进行检验,仪器误差不得超过2%。

(2)测试前应详细讲解测评方法,必要时应做示范,受试者可试吹一次。

(3)受试者吸气和呼气均应充分,呼气不可过猛,防止因呼吸不充分、漏气,特别要防止用鼻子反复吸气影响测试结果。

(4)测试必须用一次性吹嘴。如不能实现应在下一测试者使用前进行严格的消毒。

(5)对个别始终不能掌握测评方法和要领的受试者,要在记录数字旁注明,不予统计。

评价标准:肺活量越大者,说明呼吸机能越好。

2.5 次肺活量试验

测评准备:肺活量计(0～10 000 毫升)。

测评方法:连续测试 5 次肺活量,每次间隔 15 秒(包括吹气时间在内),记录各次测试的结果。

注意事项:同肺活量测试。

评价标准:测试完后统计结果,如果各次肺活量值基本相同或逐次增加,那么说明测试者的呼吸机能良好。如果 5 次结果逐渐下降,尤其是最后两次明显下降,那么就说明测试者机能不良(如机体疲劳、有病等)。

3. 屏气试验

测量受测者深吸气(或深呼气)后的屏气时间的试验,就是所谓的屏气试验。

测评准备:秒表。

测评方法:试验前先令受测者安静休息,自然呼吸,当听到"开始"的口令,受测者做一次深吸气(或深呼气)后立即屏气(为防止漏气可用手捏住鼻子),同时开始用秒表计时,直至不能再屏气为止,记录下测试的时间。根据相关调查得知,深吸气的屏气时间,一般来说,我国健康男子为 35～45 秒,女子为 25～35 秒。深呼气后的屏气时间,一般健康男子为 20～30 秒,女子为 15～25 秒。

评价标准:屏气时间越长,对缺氧的耐受能力和碱储备水平就越高。

三、身体素质测评

(一)力量素质测评

力量素质是指人体—肌肉系统工作时克服或对抗阻力的能力。肌肉力量是人们完成各种动作的动力来源。如果一个人丧失了肌肉活动的力量,那么他的各种社会活动将会受到极大的限制,其日常生活甚至将无法自理。当人们参与体育运动锻炼时,会借助机体的肌肉力量进行,而这些特殊的肌肉力量能力是通过健身运动获得的。

个体力量素质测评主要有以下几种方法,即原地纵跳摸高(反映下肢伸肌特别是膝关节伸肌和足跖屈肌垂直向上跳起的爆发力指标)、立定跳远

（测评下肢肌特别是膝关节伸肌和足屈肌向前跳的爆发力指标，同时也能反映一定的灵敏性）、握力和屈膝仰卧起坐，这里重点介绍握力测评和屈膝仰卧起坐测评。

1.握力测评

握力主要反映人前臂和手部肌肉的力量，同时也与其他肌群的力量有关，而且还是反映肌肉总体力量的一个很好的指标。研究表明，握力与其全身力量密切相关，它是间接反映一个人的健康状况的指标，也是运动者力量健身效果测评的一个重要指标。

测评准备：受试者根据自己手掌的大小选择握力计（型号为大、中、小）。

测评方法：受试者选择适宜的握力计，用左（或右）手持握力计尽力抓握，左、右手各测两次。

注意事项：测验时身体保持正直，双臂自然下垂。

评价标准：每次抓握后，记录握力计指针读数（千克）。

（1）握力单一评价（百分位数）。

（2）握力指数评价。研究表明，握力与体重的大小有关，身材魁梧的人与瘦小的人相比，握力有着很大的差异，为了公平起见，可采用握力体重指数进行评分。握力体重指数反映的是肌肉的相对力量，即每千克体重的握力。

2.屈膝仰卧起坐测评

仰卧起坐可以有效地测试出个体的腹肌力量和耐力。测评方法简单易行，多年来一直在高校大学生体育锻炼和体质测验中备受重视。对于女生而言，良好的腰腹肌力量对她们将来在生育等方面有着十分重要的作用。

测评准备：电子测试仪。

测评方法：

（1）受试者全身仰卧于铺放平坦的软垫上，两腿稍分开，屈膝呈 $90°$ 左右，两手指交叉抱头贴于脑后。同伴压住受试者两侧踝关节处，以固定下肢。受试者仰卧时两肩胛必须触垫、起坐时两肘关节触及或超过双膝为完成一次。

（2）测试人员发出"开始"口令的同时开表计时，记录一分钟内受试者完成的次数。

（3）一分钟时间结束时，受试者虽已坐起但两肘关节未触及或超过双膝关节者不计该次数。计数填入方格内。

注意事项：

（1）测试过程中，如发现受试者借用肘部撑垫或臀部上挺的力量完成起坐时，不记该次仰卧起坐的成绩。

（2）测试过程中，测试人员或负责计数人员要随时向受试者报告完成的次数。

（3）受测者双脚必须放于垫上，并由同伴固定。

评价标准：规定时间内，完成仰卧起坐次数多者，腰腹能力较好。

（二）速度素质测评

速度素质是人体素质中十分重要的一项，根据其表现形式可以分为动作速度、位移速度和反应速度。对运动者的速度素质测评可以从这三方面入手。

1.反应速度测评

反应速度与人体神经系统反应速度与肌肉系统的骨骼肌纤维的类型有密切关系，受遗传因素的影响较大，遗传度高达 75％以上，通过后天训练不易被改变。简单反应时是反应速度测评的主要指标。

测评准备：电子测试仪。

测评方法：受测者坐在仪器前，面对信号盒。测试人员发出预备口令时，受测者注意信号盒，准备对刺激（灯光或声音）做出按键反应。一旦看到信号灯，就立即做出按键反应。视、听反应各测 5～10 次，求平均数，以毫秒为单位。

注意事项：测试人员呈现信号时间不宜过长，一般是约 2 秒钟后呈现，不能让受试者等太久。

评价标准：反应时间越短越好。

2.动作速度测评

个体的动作速度的快慢是测试速度素质的重要指标。测定动作速度需要配备专门的仪器，如无专门仪器测试，可让受测者在一个较短的规定时间内，连续反复做一个动作，记录下在规定时间内的动作次数，就可以测出动作速度。

目前，常用的动作速度测评方法主要有 10 秒原地高抬腿跑等速度和频率测试、某一规定姿势拳击击打速度和频率测试、手指摆动"指频仪测试"等，这些测试均可反映神经系统发放速度的快慢和完成动作速度和频率问题。

在针对运动者的动作速度进行测评的过程中,对受试者动作反复的规定时间不宜过长,一般在 10～30 秒钟之间,这样就可以排除速度耐力和力量耐力等其他因素的影响,正确测算出个体的动作速度。

3.位移速度测评

位移速度受遗传因素的影响较大,后天训练不易改变,通常用测 50 米跑成绩的方法来判断运动者的位移速度。

(三)耐力素质测评

耐力素质是指个体克服工作过程中所产生疲劳的能力。它是人体身体素质的重要组成部分之一,是体现个体的健康水平或体质强弱的重要标志。运动生理学研究认为,疲劳是由于机体在长时间工作中而引起的工作能力暂时性的降低,其表现为工作较困难或者完全不能继续按照以前的强度工作。因此,运动者克服疲劳的能力,客观真实地反映了他的耐力水平。经常参加体育健身锻炼的人,与刚参加运动健身锻炼的人相比,运动中抗疲劳的能力更强。

耐力素质的常用测评方法具体如下。

1.定距离计时跑

①400 米(50 米×8 次往返)跑:测试时可多人同时进行,将所有受测者分为 3～4 人一组,采用站立式起跑,听到口令后开始起跑,往返 8 次。往返跑时逆时针绕过杆竿。受测者穿跑鞋,跑时不得碰竿、扶竿和串道。测试人员发出起跑口令时,计时者开表计时,受测者胸部到达终点时停表。用时越短则说明耐力素质越好。

②800 米跑、1 500 米跑:测试时可多人同时进行,将所有受测者分为 3～4 人为一组,采用站立式起跑,听到测试人员口令后立即起跑,直至跑完全程。受试者跑完后,不要马上停止或坐下,以免发生意外伤害事故。测试人员发出起跑口令时,计时者开表计时,受测者胸部到达终点时停表。用时越短则说明耐力素质越好。

2.定时计距离跑

定时计距离跑具体是指在规定时间内尽可能跑较长的距离。常用的测评方法有 9 分钟跑、12 分钟跑、15 分钟跑等。测试时,受测者站立在起跑线后,听到发令者的发令后,以最快的速度坚持跑 9 分钟(12 分钟或 15 分钟),由计时者记录受测者在 9 分钟(12 分钟或 15 分钟)跑过的距离。记录以米为单位,不计小数。规定时间内跑进距离越长则说明耐力素质越好。

(四)柔韧素质测评

人体柔软度是指人体关节的结构与关节周围肌肉、韧带、皮肤与脂肪等软组织的伸展性与弹性。通常来讲,人体的柔韧性与中枢神经系统对肌肉的调节功能,尤其是肌肉紧张与放松的能力存在着密切的联系。柔韧素质受遗传因素影响较大,但可以通过后天的训练得到改善。拥有良好健身习惯的人其身体柔韧性更好。

个体身体柔韧性的测评方法主要有以下几种。

1.足关节背屈角度测试

测评准备:关节活动度测角规(测角器)。

测评方法:测试时,选择一块较平整的墙壁,准备一个。测试开始后,受测者面墙而立,脚跟着地,身体前倾,目平视,直臂撑墙,掌心贴紧墙面,脚与墙之间的水平距离尽可能延长,身体保持正直,测角规一根尺面与地面、足底平行,一根尺面与腓骨平行。测试人员读取和记录两腿测角规(腓骨与地面间)背屈角度数值,得出平均值。

注意事项:测试过程中,两膝伸直,脚跟不得离地。

评价标准:背屈度数越小越好。

2.足关节跖屈角度

测评准备:测角规。

测评方法:受测者赤足坐在地上,先尽量伸直右腿,用力蹦直足背,测角规一根尺面与腓骨平行,一根尺面与足背最高处(即:第二跖骨最高处)平行,上体正直稍后仰,双手撑地,保持身体平衡,测试人员分别记录两腿(外踝尖延伸至腓骨头)跖屈数值,取其平均值。

注意事项:测试中,受试者的腿应尽力伸直。

评价标准:夹角度数越大越好。

3.髋关节柔韧性

测评准备:直尺或软尺。

测评方法:受测者两腿前后或左右分开,尽量使双腿劈叉到最大限度,两腿尽量向远离身体方向伸出,使双腿分叉处接近地面。测量股骨大转子尖至地面的离地面的垂直距离。

注意事项:尽量使双腿分叉接近地面,但应注意不要拉伤肌肉。

评价标准：纵横劈叉距离越短，说明髋关节柔韧性越好。

4. 坐位体前屈测试

测评准备：直尺或软尺。

测评方法：受测者准备好坐位体前屈箱、垫子及记录表，二人一组，受试者赤足，面对箱子坐在垫子上，脚掌抵信箱子底板，双腿与肩同宽，伸直（不可屈曲）。双手拇指可互扣，中指重叠，放于箱子上面，用指尖慢慢向前移动。保持直膝，移至最远的位置并保持 1 秒，便可完成。同伴可以手按其膝部以帮助伸直。同伴在受试者停 1 秒钟时，取其读数并记录。

评价标准：在测试者姿势标准的情况下，指尖移动距离越长，读数越高，表示受测者的腰背及大腿后肌的柔软度越好。

（五）灵敏素质测评

灵敏是一种综合素质，全面发展运动者各方面的运动素质，是提高其灵敏素质水平的保证。常用的测试灵敏素质的方法主要有以下几种。

1. 立卧撑

测评准备：秒表。

测评方法：受测者取立正姿势，听到测试人员"开始"的口令后，双手于脚尖 15 厘米处扶地成蹲撑，双腿向后伸直成俯撑，再收腿成蹲撑，然后还原成立正姿势，即为完成一次动作。开始和结束部分时的身体必须呈立正姿势，背和腿伸直。受试者连续做 10 秒钟，记录受试者合格的立卧撑动作的次数。

评价标准：单位时间内卧撑次数越多，灵敏性越好。

2. 反复横跨

测评准备：在平坦地面上画一条中线，在中线两侧各画一条平行线，平行线与中线的距离为 120 厘米。

测评方法：受测者两脚跨中线站立，膝微屈。听到测试人员的"开始"的口令后，单脚跨越横线，双脚落地，先跨右侧平行线，然后跨回中线，再跨左侧平行线，接着又跨回中线，往复进行 20 秒钟。测试人员记录受试者横跨次数。

评价标准：单位时间内横跨次数越多，灵敏性越好。

3.12 分钟跑(米)

测评方法:受试者以站立的姿势起跑,绕跑道跑 12 分钟。当听到测试人员"停跑"的命令后,记下受试者所处的地点,然后测量其距离并记录成绩。

评价标准:跑的距离越长,灵敏性越好。

4.立定跳远(厘米)

测评方法:受试者脚尖不得踩线,不得有垫步连跳动作。受试者每人试跳 3 次,记录其最好成绩。

评价标准:跳的距离越长,灵敏性越好。

第四节　全民健身服务体系的构建

一、建立健全基层社区健身服务

基层社区组织是开展全民健身活动的一个重要组织,是全民健身服务体系的基础。因此,一定要做好基层人民群众的健身组织工作。

(一)科学制定社区居民健身计划

对于基层社区来讲,应在正确领会国家全民健身计划思想内容的基础上,科学制定社区居民健身计划,鼓励居民积极参与体育健身活动。

详尽、具体是科学制定社区居民健身计划的基本要求。具体是指实施计划的每一个步骤、每一个过程,需要哪些资源、资源数量等等细节都应该详细列出。以便于为社区体育工作者和社区居民提供切实可行的体育健身行动依据,使实际工作的实施更加具有计划性与目的性。

(二)充分利用社区体育健身资源

社区体育健身资源会直接影响社区居民参与体育健身的热情和积极性。社区的整体社会水平会在很大程度上制约并决定社区体育的发展水平;同时,它还会影响到社区体育工作具体实施计划的落实与开展。不同的社区发展水平不同,拥有的体育资源也不尽相同。

一般来说,社区社会水平高就可以为社区体育工作的实施计划进行更多、更加优质的物质与精神方面的支持;反之,社区提供的资源支持就会非常有限。

无论社区体育资源的拥有量如何,都应使这些体育资源得到最大限度的利用,为社区居民创造良好的体育健身环境。

(三)改善社区健身组织机构关系

社区基层组织包括居委会、社区健身指导站、社区健身俱乐部等,应加强这些组织之间的合作,使指导员能够方便地进行指导、示范和培训工作,使人民群众能在科学的指导下参与各项体育健身活动,为社区居民营造良好的健身氛围、提供优质的健身服务指导。

二、加强全民健身场地设施建设

(一)完善基础体育设施建设

要想进一步落实全民健身计划,政府和国家应该扩大对全民健身的资金投入和政策支持,在全国范围内加强全民健身场地设施建设,根据地区体育人口情况合理配置相关的运动器材和设施,为人民群众参与体育健身活动提供良好的物质条件。完善包括体育基础设施在内的全民健身公共服务是满足社会最基本体育需要的服务,是政府体育部门最基本的职能。①

(二)鼓励私有场地设施向社会开放

对于现有的体育场地和设施,应提高其利用率,详细掌握社区内运动场地和设施的利用情况;对于学校、企事业单位的运动器材和场馆应该有组织的面向社会群体开放,增加其利用率,为人民群众的健身做出积极贡献。

三、提高全民健身组织和人员服务

(一)完善社会体育组织建设

新时期,应通过对职工体育的不断改革与探索,基层单位体育协会将对我国职工体育的发展产生更为积极的作用。积极开展体育宣传活动,吸引

---

① 王莉,孟亚峥,黄亚玲,邹新娴,李圣鑫,王芳.全民健身公共服务体系构成与标准化研究[J].北京体育大学学报,2015(03).

和组织职工经常参加体育锻炼,活跃职工业余生活,提高职工健康和运动水平。

在当地体育行政部门或街道、乡镇政府领导或指导下,开展群众性体育活动的体育组织——体育指导站。一般性体育指导站和单项体育指导站是体育指导站的两种类型,其中较为常见的是有固定的体育设施或依托公园、广场等建立的体育指导站。相对于体育指导站来讲,晨(晚)练点,或者称体育指导点,具有基础性更强、规模更小、条件更简陋、体育组织形式更松散的特点,它的性质与职能与体育指导站类似,但却是我国城乡最基层的指导群众体育活动的体育组织。

重视青少年体育俱乐部工作的开展,为培育社会组织的力量,充分利用和挖掘现有的体育健身资源,使广大青少年学生参加科学、文明、健康的课外活动创造良好的环境与条件,使青少年从小养成体育健身的习惯。

此外,公共体育服务最终指向是公民个人和群体,其服务对象不限于公民个人和群体,还包括为公民体育权利实现服务的各类中介服务组织(营利性健身会所),针对这些组织,政府应加强引导,规范竞争市场。

(二)提高社会体育指导员素养

社会体育指导员是为了满足社会体育的发展需要而需要的一种体育人才。

现阶段,应完善社会体育指导员的等级考试制度,同时,加强对现有的社会体育指导员的培训,使我国的社会体育站得更高,望得更远,为我国体育事业的发展能培养一批又一批的社会实用性发展人才,为我国社会体育的发展不断注入新的活力。

定期举办相应的体育技能训练班,提升指导员队伍的素质,使其能够积极有效地指导人民群众的健身实践。在地区性健身组织和社区组织中,加强骨干队伍建设,将社区单位体育骨干队伍的积极作用充分发挥出来,同时在建设过程中,要鼓励体育教师与体育积极分子参与到社区体育的组织与管理工作中来。要求社会体育指导员要将自身的个性和长处充分发挥出来。

第五章　全民健身运动的科学保障理念与方法

当前,全民健身运动开展得如火如荼。这在一定程度上归功于健身理念的研究和探索,同时,能够纳入到全民健身中的运动项目越来越多,这就在一定程度上丰富了人们的健身选择。可以说,全民健身运动有着良好的发展前景。但是需要强调的是,全民健身运动的安全性一直都被放在首要位置上,在迅速发展全民健身运动的过程中不能忽视这一方面。本章将从营养、伤病以及医务监督几个方面入手,来对全民健身运动的科学保障进行分析和阐述。

第一节　全民健身运动的营养消耗与补充

一、营养的概念与意义

(一)营养的概念

人体不断从外界摄取食物,经过机体内各个组织与系统的消化、吸收、代谢和利用食物中身体需要的物质(养分或养料)来维持生命活动的全过程,就是所谓的营养。人体内的物质代谢是有机体生长发育,生命活动及各种体力劳动脑力劳动进行的重要保证。只有不断从外界摄取一定数量的新物质,人类才能够维持生命,而这些需要摄取的新物质,往往都是从食物中摄取的。

(二)营养的意义

人体需要的营养素有几十种,可以将其大致分为七大类,即蛋白质、脂肪、糖、维生素、水、矿物质和膳食纤维,这些营养素是人体健康的重要保证。人体获取这些营养物质的途径主要是进食。需要强调的是,任何一种食物都不可能包含人体所需要的一切营养素,因此,要注意进食食物的多样性,人体需要从多种食物中获得各种营养素,因此要做到"膳食平衡",就是通过膳食摄入搭配合理的各种营养素,从而使摄入营养素的均衡性得到有力的保障。营养素摄入过多或者不足都会给身体正常新陈代谢带来损害,这也要求要均衡、适宜地摄入人体所需的营养。

合理的营养对人体的健康具有非常积极的促进作用,具体表现为:增进人体健康、促进生长发育、预防疾病、增强免疫功能、提高工作效率和运动能力。如果营养不良或营养不当,就会对人体的生长发育产生一定的影响,使机体免疫力下降,易患各种疾病,导致运动能力下降。由此可以看出,必须做到膳食平衡,只有这样,才能够使营养的作用得到充分的发挥,使膳食的质和量都能适应人们生理和日常生活的需要。

二、全民健身运动的营养消耗

在健身过程中,由于健身活动对人体中的能量有一定的消耗,因此,人体中的营养也会有不同程度的消耗。具体来说,不同营养素的消耗情况如下。

(一)糖的消耗

糖类主要由碳、氢、氧三种元素组成,也被称为碳水化合物,是人体内最主要的能源物质。糖类是人体获取热量最主要的,也是最经济的来源。糖类的营养功能主要体现在以下几个方面:首先,能够较快地提供能量;其次,能够促进其他营养素的代谢与合成;再次,能够保肝解毒。

在健身过程中,糖是机体的热能主要来源之一,会有较大程度的消耗。糖类在健身中的利用程度,在很大程度上决定着健身者是否能具备良好的耐久力,从而顺利完成规定的运动强度,最终取得一个很好的运动效果。在健身过程中,由于能量的消耗较大,因此,能量需要量会有一定的增加,但同时也会出现供氧量不足的情况。相对于脂肪、蛋白质来说,糖在体内最容易氧化,而且耗氧量少。与脂肪相比,糖产生的能量要比脂肪产生的能量要低,但糖的氧热价却高于脂肪,具体来说,在消耗等量氧的条件下,糖的产能效率要比脂肪高 4.5%,如果是在运动时氧供应不足的情况下,这一优点会显得更为突出;并且,糖氧化代谢会最终转化为二氧化碳和水,并且通过呼吸和排汗等途径将其不断排出体外,从而使其对体内环境影响较小,不会影响到体液的酸度;在健身锻炼时,糖的供能速率快,不管氧供应充足还是不足,糖都可以分解供能。糖类是高强度剧烈健身运动时主要的能量来源。在进行高强度健身锻炼时,氧化磷酸化释放能量的速率不能使运动需要得到较好的满足,那么这个时候,就要借助于糖的无氧酵解供给。在无氧条件下,骨骼肌糖原或由血液运输至肌肉的葡萄糖也可以酵解,生成乳酸并释放出能量,这样就能够使肌肉运动对能量的需要得到较好满足。

从上述内容中可以看出,在健身过程中,消耗最多同时也是最理想的能源物质就是糖类,因此,它也被称为运动中的"最优燃料"。要以消耗情况为主要依据有针对性地进行补充,否则,就会形成供需脱节,严重者还会危及生命。

除此之外,短时间大强度健身运动所需的能量也是由糖类供给的,长时间中低强度健身所需要的能量也首先是通过糖氧化供给的。相较于安静状态,运动中肌肉摄取的糖量可比其高 20 倍或更多。同时,糖氧化还要为大脑的活动提供其所需要的能量。如果长时间进行运动健身,就会导致血糖下降,大脑糖供应不足,从而对大脑的正常活动产生一定的影响,进而导致运动性疲劳的产生,这对于身体的健康是较为不利的。

(二)蛋白质的消耗

蛋白质主要由碳、氢、氧、磷、氮、硫等元素组成,是一切生命的物质基础。细胞是构成人体的基本单位,而蛋白质则是细胞的主要构成成分。构成机体组织和修补人体组织的主要成分就是蛋白质。蛋白质的营养功能主要体现在以下几个方面,首先,能够参与人体的代谢、更新;其次,能够维持酸碱平衡;再次,能够维持机体正常的免疫功能。总的来说,没有蛋白质就没有生命。

对于健身者来说,蛋白质有着非常重要的作用和意义。在健身过程中,由于器官肥大、酶活性提高、激素调节活跃,健身者体内蛋白质的分解和合成代谢就会有所增加,蛋白质的消耗也会相应地增加。这就要求在健身前,一定要注意不要摄入过多的蛋白质,究其原因,主要是由于蛋白质食物的特别动力作用强,蛋白过多能够提高机体代谢率,并使水分的需要量增加。同时,健身时的能量消耗所需热能的 5%～15% 是由氨基酸供应的。除此之外,蛋白质的重要作用还在人体组织蛋白的更新以及运动员组织损伤的修补等方面有所体现,因此可以说,蛋白质是健身者所必需的重要营养素。

(三)脂肪的消耗

除糖和蛋白质外,脂肪是另外一种能够维持运动员能量摄入均衡的物质,其是运动中热能的主要来源之一。健身者每天摄入能量的 20%～30% 应该是来源于脂肪的。但是,需要注意的是:如果健身者有高能量需求,且其膳食中能量的 30%～35% 来自脂肪时,他仍然能够维持糖和蛋白质平衡(全美高校运动医学协会,2000)。比如,一名体重为 70 千克、消耗 5 000 千卡热量的足球运动员能够从脂肪性能量占 35％ 的膳食中获得糖和蛋白质平衡。具体的计算方法为：

70 千克×10 克糖/千克＝700 克或 2 800 千卡来自糖的热量；

70 千克×1.5 克蛋白质/千克＝119 克或 476 千卡来自蛋白质的热量；

5 000 千卡－2 800 千卡糖热量－476 千卡蛋白质热量＝1 724 千卡来自脂肪的热量；

1 724 千卡来自脂肪的热量÷5 000 千卡总热量×100％＝34.5％来自脂肪的热量比率。

另外，脂肪在运动状态下，机体对脂肪的利用程度会更高，尤其是在温度较低的情况下进行健身锻炼。健身者应该保证脂肪在日常膳食中的含量，不能太低，否则，就会引起血清中的甘油三脂升高，对免疫能力产生破坏作用，从而造成女性运动员运动性闭经；同时，还有可能由于肌肉内部脂肪沉积减少而导致运动能力下降等。

（四）维生素的消耗

维生素也称维他命，是一类维持机体健康的必须营养素。目前大致有 14 种维生素，主要分为两大类，一类是包括维生素 C 族、维生素 B 族的水溶性维生素；一类是包括维生素 A、D、E、K 等的脂溶性维生素。不同的维生素其营养功能是有一定差异性的，其食物来源也各不相同。

在进行健身锻炼时，体内物质代谢能力会有所加强，同时，维生素的需要量也会有一定程度的增加。维生素的需要量受到很多因素影响，其中，运动量、机能状态和营养水平等是最主要的几个方面。剧烈的运动健身可使维生素缺乏症提前发生或症状加重，再加上运动健身者对维生素缺乏的耐受力比正常人差，因此，一定要根据维生素的消耗情况进行适当的补充。

（五）矿物质的消耗

矿物质也被称为无机盐，是构成人体组织的重要原料。矿物质可以分为两种，一种是含量较多的，包括钙、钠、磷、镁、氯、钾、硫的常量元素；一种是含量较少的包括铁、锌、碘、铜、硒、镍、钼、氟、钴、铬、锰、硅、锡、钒的微量元素。矿物质的营养功能主要体现在以下几个方面：首先，是生物产生的物质基础；其次，能够维持体内的酸碱平衡；再次，参与其他营养物质的代谢与合成；最后，维持神经、肌肉的兴奋性。

在健身过程中，体内矿物质和微量元素的代谢都有可能发生一定的变化。如果运动量较大，就会使得尿中钾、磷和氯化钠排出量减少，而钙的排出量增加。如果健身者能够很好地适应负荷的运动量，那么体内矿物质的变动幅度就会有所降低。下面就对几种重要矿物质的消耗情况进行分析和阐述。

1. 钙的消耗

在健身过程中，由于会有大量出汗，就会导致机体有大量的钙从汗液中丢失(汗液中钙离子的含量约为 2.55 毫摩尔/升)。因此，这就要求健身者要及时补充钙离子，从而使运动能力得到良好的保持，同时加快钙离子的恢复速度。

2. 铁的消耗

健身在一定程度上加快铁在机体中的代谢速度，如果长时间进行健身锻炼，就会大大降低组织内储存铁的含量。另外，在健身过程中会有大量出汗，汗液中会携带出一部分的铁，这就使得铁的丢失量进一步增加。

3. 锌的消耗

如果进行短时间、大强度的无氧或者是缺氧健身锻炼，就会使血清锌升高，究其原因，主要是由于剧烈运动导致肌肉出现损伤，锌从肌肉细胞中溢出入血而引起的。长时间的有氧运动，血清锌就会有所下降，这主要是由于机体锌需求量增加，将锌通过从血液向需要锌的组织器官转移，使锌出现重新分布。

(六)水的消耗

水是人们赖以生存的重要条件，是人体内含量最多的重要成分，约占成人体重的三分之二。缺乏水，人体的正常生理功能就会受影响；没有水，人们就无法生存。

在健身过程中，水是不可缺少的重要营养物质之一，其不仅能够使机体的基本运作得到保证，而且还能对体热平衡进行有效调节。尤其是当健身者在高温环境和产热大幅度增加时，通过出汗排除体内多余的热量，来使机体正常的新陈代谢得到较好的维持。对运动时出汗的多少产生影响的因素有很多，其中，运动项目以及气温、热辐射强度、气压、温度、单位时间运动量及饮食中的含盐量是最主要的几个方面。水的耗费是通过大量出汗实现的，如果出汗量大幅度增加，就会直接导致人体脱水，从而引起机体降温能力下降，体温升高，循环衰竭等现象，如果脱水情况较为严重，则会造成水电解质平衡紊乱、中暑，甚至死亡。

三、全民健身运动的营养补充

全民健身中,为保证健身者的能量需求,要在健身前、健身中、健身后进行相应的营养补充,具体如下。

(一)健身前的营养补充

在健身前进行营养补充,不仅要明确饮食营养的种类,还要掌握好适当的补充时机,这样会起到事半功倍的营养补充效果。

1. 健身前的饮食营养

在进行健身之前,进食的食物应以高糖低脂低蛋白食物为主,例如既容易消化,又能提供糖类的面食、米饭和水果等。如果运动的时间超过 60～90 分钟,那么就应该选择升糖指数较低且容易消化的面食、运动饮料等食物,从而达到迅速提供糖类的目的。另外,需要注意的是,健身前要避免使用含高纤维素的食物,因为这种食物会造成腹部不适,不利于健身的进行。

2. 选择合适的时机补充

由于运动时间和食物的种类不同,应该选择的补充营养的时机也有一定的差异性。不论如何,为了避免在健身过程中造成肠胃不适,都要遵循补充的营养和能量适量的基本原则。

通常来说,正常一餐的食物需要消化 3～4 小时,分量较少的一餐的消化时间为 2～3 小时,少量的点心只需 1 小时即可被消化。根据个人在健身时对胃中食物的感觉不同,以上情形会有一定的差异性,为了避免肠胃不适,应该尽量不要在健身后立即进食,而是要选择合适的时机。另外,还需要注意的是,健身锻炼之前进食不宜过饱,以七成饱为宜。如果健身时对胃中的食物很敏感,就需要有更长的时间让食物消化,或者将进食的量进一步降低。

如果健身过程中,进行的项目会使身体起伏震动比较大,对胃内食物会更加敏感,即使是少量食物也会造成身体的不适,那么,就应该在健身前更早地进食,或减少食物摄取的量,从而缓解其对身体造成的不适。如果所进行的健身项目身体震动相对小,受到胃中食物的影响不太明显,那么,就可以有弹性地选择进食的时间和食物。

少数人若是在健身前 15～20 分钟进食运动饮料、面包、蜂蜜等甜食或高升糖指数的食物,往往就会在健身过程中发生低血糖,使健身者感到头晕和乏力。其主要原因是：这些食物可刺激胰岛素的分泌增加，健身时肌肉耗能也会有一定的增加，而且这两者都会引起血糖的下降，从而对运动能力产生影响。如果是短时间的健身锻炼（持续时间在40分钟以下），就可以在健身前5～10分钟进食甜食，这样胰岛素的分泌就无法在短时间内反应；在健身开始后，胰岛素的分泌会被抑制，不会对升高的血糖产生反应，这是有效避免健身者血糖过低的最好的方法。如果健身的时间比较长，则最好在健身锻炼前2小时吃一些甜食或是高糖指数的食物。

另外，还需要注意的是，在补充营养时，要找到适合自己最有效的食物和进食时间。只有进食富含身体所需要营养的食物，并且在适当的时机进食，才能够取得理想的营养补充效果。

（二）健身中的营养补充

（1）如果进行较为激烈的健身运动，就会使健身者的出汗量增加，从而使体液处于相对高渗状态，这时候，就应该选用含糖和含盐量低的饮料。

（2）要求补充的饮料中应含少量的钠盐，以18～25毫摩尔/升为宜。

（3）除健身前少量补水外，健身过程中还要每隔15～30分钟补液100～300毫升。但是，要注意每小时的补液量以不大于800毫升为宜。

（4）通常情况下，健身过程中的补液量为出汗量的1/2～1/3。要找出自己能耐受的补液量，具体的方法为：通过称体重可了解失汗量，然后试验每失汗500毫升，补液2杯左右。

（5）如果所进行的健身项目能量消耗较大，可在途中摄取一些容易消化和吸收的液体型或质地柔软的半流质食物，为了不对健身过程中的正常呼吸造成影响，要注意进食的食物体积要小。食物量的确定要以健身者饥饿感觉为依据。

（6）在健身过程中，饮料应以补水为主，通常采用的补液为15％的低聚糖饮料，能够起到较好的补水效果。饮料的温度对胃排空影响不大，为了保证口感，可以选择温度较低的饮料（5℃～13℃）。

（三）健身后的营养补充

健身运动结束后，由于健身者体内的能量被大量消耗，因此，一定要进行适当的营养补充，以利于充分恢复体能。健身运动后的营养补充，主要从以下几个方面得到体现。

1. 补充水分

在健身运动结束后，通常会导致健身者机体大量水分的丢失。由于健身过程中的补水量比较少,因此,健身者在健身后部不同程度地处于缺水状态,这就要求要积极地进行水分的补充。

健身运动后水分补充量的多少,其标准为:计算健身前和健身后的体重变化,每减少 1 千克体重,就表示至少需要补充 1 升水。再加上健身运动后仍然会持续地流汗和排尿,因此,补充的量要稍微多一些。如果不方便测量体重,那么也可以以自己口渴的程度为依据来进行水分的补充。但是,由于在大多数情况下,人的口渴感觉并不灵敏,也就是说,即使不口渴,有时候身体也已经处于缺水状态,这就是有意识脱水;还有的时候,尽管喝进去的水并不能达到充分补充丢失的水分的目的,但是能够使口渴得到一定的缓解。由此可以得出,尽管健身运动后不感到口渴,也至少还需要再喝 2～3 杯的水,才能补充足够的水分。另外,还可以通过对尿液的观察来进行补水。如果健身后的 1～2 小时中,排尿量很少或是完全没有,而尿液的颜色很深,这就表明体内没有得到充足的水分补充,仍然处于缺水的状态,需要及时补水,直到排尿量恢复正常,而且尿液颜色变成很淡或是无色。

2. 补充电解质

汗液中的电解质不仅包括钠和氯离子,而且还包括少量的钾和钙。如果长时间进行健身运动锻炼,可以在健身运动后通过淡盐水或运动饮料补充水分和电解质。如果是一般性的健身运动,电解质的丢失在正常的饮食中可得以补充。

3. 补充糖

根据大量研究证明,身体合成肝糖原的效率最高是在健身运动后 2 小时,2 小时后则恢复到平常的水平。因此,在健身运动后要充分利用这段高效率时段,迅速补充糖类,从而使体内消耗的肝糖原得到充分的补充。如果下次健身运动在 10～12 小时之内,那么,就一定要把握好这段高效率期间,因为如果错过这个时段,无论在后续的时间如何进行糖类补充,都不会使身体有充分的时间来完全补充消耗的肝糖原,这就会使得体内的肝糖原存量一次比一次降低,从而引起疲劳。如果下一次健身运动是在 24～48 小时后,那么就可以在这段时间以外的其他时间进行高糖类的食物补充,也能达到充分补充所有消耗的肝糖原的目的。

具体来说,补充糖类的建议为:健身运动后 15～30 分钟之内吃进 50～100 克的糖类(大约是每千克体重 1 克),每两小时再吃 50～100 克糖类,直到进餐为止。除此之外,正餐以及其他比赛期间的饮食也应该富含糖类。

第二节　全民健身运动的伤病与恢复

一、全民健身运动中常见损伤与恢复

(一)擦伤

1. 擦伤的原因及症状

(1)原因:擦伤通常是因皮肤受外力摩擦所导致的。田径和球类运动时摔倒常会发生擦伤。

(2)症状:擦伤后,其症状表现为伤口宽而浅、边缘不整,伴有小出血点和组织液渗出。

2. 擦伤的恢复方法

在运动过程中摔倒,常会发生擦伤,如果伤口较脏,可以先用自来水冲洗伤口,将沾上的异物及坏死的组织除去,然后再消毒、杀菌、包扎伤口。如果关节部位发生的擦伤面积较大时,注意不要涂紫药水。究其原因,主要是由于紫药水具有很强的收敛作用,涂抹于伤口,会使伤口结痂大而硬,关节活动时易使痂断裂剥脱,对于伤口的愈合是不利的。

(二)裂伤

1. 裂伤的原因及症状

(1)原因:发生裂伤的主要原因,多是钝性物打击而引起的。
(2)症状:软组织的损伤面积比切伤要大。

2. 裂伤的恢复方法

如果裂伤或者切伤较小,则用创可贴做简易固定即可。需要注意的是,固定时,使有消炎药棉的部位对着伤口,先粘住创可贴的上边,再将伤口下方皮肤向上推,使伤口闭合,然后再压紧创可贴下端。如果裂伤或者切伤的面积较大,则需要立即送医院进行缝合处理。

（三）肌肉拉伤

1. 肌肉拉伤的原因及症状

（1）原因：大腿后部肌群、腰背肌、小腿三头肌、腹直肌、斜方肌等处是发生肌肉拉伤的主要部位。在健身过程中，造成肌肉拉伤的原因有很多，其中，最主要的有以下几个方面：第一，没有进行充分的准备活动，肌肉的生理机能尚未达到剧烈活动所需的状态就参加剧烈活动；第二，运动姿势不正确，动作技术水平较低，动作的协调性较差，用力过猛，超过了肌肉活动的范围；第三，体质较弱，训练的水平较低，并且没有较好的肌肉弹性、伸展性和力量，以及疲劳或负荷过度；第四，外部环境条件不适合运动健身，如温度太高、气温过低、场地太硬等。

（2）症状：伤处疼痛，发硬，局部肿胀，肌肉紧张或抽筋，有明显的压痛感。如果损伤较为细微，其症状就表现得较轻；如果是肌纤维完全断裂，则症状表现得要重一些。如果受伤肌肉主动收缩或被动拉长，就会加重疼痛。严重的肌肉拉伤在肌纤维断裂时，受伤者自己往往感到或听到断裂声，然后就会出现局部肿胀，皮下出血，肢体活动出现障碍等症状，还可以在断裂处摸到凹陷或两端异常膨大。

2. 肌肉拉伤的恢复方法

由于每个人的身体情况都有一定的差异性，因此，在选择治疗方法时，要因人而异。如果是少量肌纤维断裂的患者，应立即进行冷敷和局部加压包扎并抬高患肢，还可以外敷中草药；如果患者是肌肉大部或完全断裂，那么就应在加压包扎后立即送医院进行手术缝合。

（四）手腕损伤

1. 手腕损伤的原因及症状

（1）原因：在健身运动中，腕部急性损伤的发生概率比较高，尤其是手腕背伸支撑致伤为最多。这主要是由于人摔倒时通常会采用以手撑地的条件反射性动作。

（2）手腕损伤的具体情况有很多，每种损伤都具有不同的症状表现，具体如下。

①桡骨远端伸展型骨折。症状：由于损伤部位为松质骨，血供应丰富，但骨质强度小，易碎。骨折后，在桡骨远端及腕部的症状主要表现为：有明

显肿胀、压痛及畸形。

②腕舟状骨骨折。症状:损伤后表现出的症状通常较轻,在腕关节外侧仅有轻度疼痛和肿胀、压痛,腕背伸疼,沿第一掌骨纵轴方向挤压时疼痛明显。

③月状骨脱位和月状骨周围脱位。症状:损伤后往往会出现腕背伸掌侧隆起畸形这样的典型症状,除此之外,手指不能完全伸直,拇指、食指及中指感觉迟钝的现象也都可能会出现。

④腕急性创伤性滑膜炎。症状:损伤后,往往会出现的症状为肿胀出血,关节积血、积液,局部压痛,关节活动受限等。

2．手腕损伤的恢复方法

如果发生手腕损伤,首先处理骨折。如果出现创伤性滑膜炎,则应该采取加压包扎的方法,用夹板或石膏固定 2～3 周。伤后 3～5 天可以进行理疗、按摩、外敷中药等治疗。

(五)闭合性软组织损伤

1．闭合性软组织损伤的原因及症状

(1)原因:导致闭合性软组织损伤的原因有很多,其中,最主要的有以下几个方面的原因:第一,准备活动内容不够丰富,使得肌肉的生理机能尚未达到适应活动所需要的状况;第二,训练的方法不太合理,局部肌肉、韧带力量薄弱,关节稳定性差或身体状况不佳;第三,气温过低,温度太高,场地条件差等;第四,技术水平相对较低,技术动作不正确,或不协调,动作过猛;第五,疲劳或负荷过度,导致肌肉机能下降,肌肉的弹性和伸展性减退,力量减弱,肌肉发僵等。

(2)症状:常见的闭合性软组织损伤是急性闭合性软组织损伤,比较具有代表性的有肌肉拉伤、挫伤、韧带拉伤等。急性闭合性软组织损伤的症状主要表现为:皮肤、黏膜完整,损伤局部组织撕裂,血管损伤,起出血、渗出、肿胀等。

2．闭合性软组织损伤的恢复方法

发生急性闭合性软组织损伤后,首先要检查有无合并伤,其中,常见的损伤部位及检查的合并伤有:头部挫伤有无脑震荡,腹部挫伤后是否合并有内脏破裂,肌肉挫伤后有无断裂,有无明显血肿等。一般来说,处理的顺序为先处理合并伤,后处理软组织损伤。急性闭合性软组织损伤后的 24～48

小时内,要对患处采取冷敷、加压包扎和制动的处理方法。如果伤处在四肢,则要注意将患肢抬高一些。此后,为了改善血液循环,促进局部代谢,加速损伤的恢复,要在局部进行热敷、理疗和按摩。

(六)踝关节扭伤

1. 踝关节扭伤的原因及症状

(1)原因:一个是跑跳时用力过猛,脚落地的姿势不当,超过了踝关节活动范围;另一个原因则是运动前的准备活动做得不够充分,关节韧带的弹性和伸展性较差,不能适应剧烈运动的需要。

(2)症状:脚着地时常会突然发生踝关节扭伤,并且听到"咯叭"的响声,损伤后往往会在关节的内侧及外侧表现出不同程度的疼痛,受伤后几分钟局部便肿胀起来,脚部能走路。如果在距腓骨前组成关节囊的一部分发生撕脱或断裂,这时候就常会出现合并关节积血的情况,从而使踝关节发生肿胀。

2. 踝关节扭伤的恢复方法

发生踝关节扭伤之后,应该立即停止运动,适当抬高患肢。为了防止继续出血,应该在 12 小时内进行冷敷;12 小时后热敷,促进炎症消退。如果扭伤程度较为严重,可以适当服用药物进行治疗,如内服跌打丸、强地松片,外用樟脑酒或松节油涂擦。另外,还可以采用针灸悬钟、三阴交、太白、至阴等穴位,也通常会取得理想的质量效果。与此同时,还需要注意的是,扭伤 2 天后,为了能够尽快恢复脚部的功能,防止局部粘连和肌肉萎缩,应鼓励患者及早活动下肢,练习缓慢走路,并进行按摩、针灸、理疗等。

(七)膝关节扭伤

1. 膝关节扭伤的原因及症状

(1)原因:膝关节最结实、最稳定的时候是伸直时。当膝关节处于半屈曲状态时,由于周围韧带放松,在外力的作用下,大腿或小腿间内外过分旋转,这时候就很容易发生膝关节的扭伤。

(2)症状:膝关节扭伤的症状主要表现为:膝关节局部疼痛,周围肌肉发紧,关节不能伸直和运动受限。出现损伤后,要立即停止运动,防止加重病情。有些病人还会有皮下出血,在关节周围出现青一块紫一块的瘀斑等现象。如果扭伤较为严重,使关节囊内滑受到损伤,那么就会引起关节内出血,出血后,关节迅速肿胀剧痛,这时候就需要立即送医院,请医生抽血、减压,以减轻扭伤的痛苦。

2. 膝关节扭伤的恢复方法

韧带受伤后,需要卧床休息。如果损伤程度较轻,则可以经过适当处理,两周左右疼痛、肿胀会消失,关节也能逐渐正常屈伸,这时病人可尝试下地行走,并逐渐恢复运动能力。如果前十字韧带、半月板等受到损伤,有行走过程中觉得关节发软,不敢用力,上下楼梯时关节有卡住或不稳感等症状,则需要请医生进一步检查,弄清病根,彻底治愈。如果膝关节扭伤严重,就必须通过手术来做专业的治疗。

(八)急性腰扭伤

1. 急性腰扭伤的原因及症状

(1)原因:在健身过程中,由于腰部活动往往会超过其正常生理范围,这就使得腰部肌肉、筋膜及韧带过度牵拉,导致损伤。急性腰扭伤的损伤原因主要有两个方面,一个是错误的技术动作;另一个是运动员之间的相互碰撞等。

(2)症状:发生急性腰扭伤之后,会立即出现腰部疼痛,呈持续性剧痛;第二天则会由于局部出血、肿胀、腰痛而加重损伤程度;有些患者只是轻微扭转一下腰部,当时并无明显痛感,但休息后次日感到腰部疼痛。另外,急性腰扭伤还会导致腰部活动受限,不能挺直,俯、仰、扭转感困难。尤其在咳嗽、喷嚏、大小便时,能够进一步加重疼痛。

2. 急性腰扭伤的恢复方法

在运动健身过程中发生急性腰扭伤,就需要立即停止活动,进行休息,否则就会造成慢性腰腿疼。卧床休息时,为了减轻疼痛,使腰部肌肉得到有效放松,可以在腰下垫个薄点的软枕头。腰扭伤以后,比较有效的处理方法为热敷疗法。具体来说,就是把大粒盐或沙子炒热,用布包起来,敷在腰疼痛最厉害的地方,每天2次。除此之外,针灸、推拿、按摩、拔火罐、理疗也具有较好的治疗效果。另外,还可以在医生的叮嘱下服用中药五虎丹、跌打丸,或者西药强地松等。

(九)胫腓骨膜炎

1. 胫腓骨膜炎的原因及症状

(1)原因:在运动健身中,造成胫腓骨膜炎的原因主要有以下几个方面。第一,由于跑跳的时间过长,往往会使得小腿肌肉在胫腓骨的附着点受到过分的牵拉和扯拽,这样就会对骨膜产生刺激,从而引起的非细菌性炎症。第二,没有运动基础的人,下肢的肌肉还不发达,缺乏弹性,跑跳时收缩和放松的协调性较差,脚落地时,对缓冲力量的运动也不合理,从而导致骨膜反复受到牵扯和拉拽。第三,天气较冷,或者准备活动做得不够充分,这时候腿部的肌肉、肌腱比较硬,以及在硬地上跑跳时间过长,从而导致骨膜炎。

(2)症状:发生胫腓骨膜炎之后,往往会表现出疼痛、压痛以及骨膜下水肿等症状。其中,疼痛主要发生在小腿下部、脚腕上部;压痛往往发生在无肌肉覆盖的地方;骨膜受到牵拉,有不同程度的水肿、炎症和出血等症状。

2. 胫腓骨膜炎的恢复方法

出现胫腓骨膜炎之后,要立即停止大运动量的训练,避免剧烈的锻炼活动。然后用绷带将小腿下部包扎起来,较轻的患者休息几天即可好转。为了促进血液循环,加快渗出物的吸收,还可以采用热水袋或热毛巾局部热敷的方法。另外,药物治疗往往也有比较好的治疗效果,如中药黄栀子研成细面,用鸡蛋清调和后摊在布上,裹在患处,每天换 1 次;也可用强的松龙配普鲁卡因局部封闭,每 3 天 1 次。如果病情较为严重,一定要注意完全休息,待彻底治愈后再参加活动,以避免加重损伤。

(十)足跟痛

足跟痛的损伤形式有很多,下面就介绍几种较为常见的。

1. 脂肪垫损伤

(1)脂肪垫损伤的原因及症状

在跑步时,脂肪垫具有吸收多数的震荡力的重要作用。如果在跑步过程中,着地姿势不正确或脚跟部受到外力撞击,就会引起脂肪垫出血水肿。一般都会表现为脚跟发痛的症状。

(2)脂肪垫损伤的恢复方法

如果出现脂肪垫损伤,可采取暂时减少运动量或停训的方法。另外,用中药熏洗,也能取得良好的治疗效果。

2. 筋膜炎

(1)筋膜炎的原因及症状

筋膜炎往往是由于跑步过度或初跑者不适应较硬的场地训练而引起的。慢性损伤也能够引起筋膜炎。一般来说,出现损伤后,整个脚底部都会出现疼痛。

(2)筋膜炎的恢复方法

损伤程度较轻的,可以采用治疗效果较好的热疗、中药熏洗、按摩等,个别症状严重者可暂停锻炼。

3. 跟骨骨骺炎

(1)跟骨骨骺炎的原因及症状

跟骨骨骺炎,往往是由于此时跟骨骨骺尚未封闭,负重过多造成跟腱对跟骨骨骺部反复牵扯而引起的。

(2)跟骨骨骺炎的恢复方法

发生跟骨骨骺炎后,损伤程度较轻的,只要适当地减少脚跟部的负重并配合理疗或中药熏洗,就能取得良好的治疗效果,不需进行特殊治疗。

4. 跟骨滑囊炎

(1)跟骨滑囊炎的原因及症状

跟骨周围的滑囊带弹性,在跑步时起着软垫的作用。跟骨滑囊炎往往是由于运动不当特别是穿的鞋子不适合而造成的。

(2)跟骨滑囊炎的恢复方法

一般情况下,可以采取垫高鞋跟,或者在合适的鞋内脚后跟部加上一块2厘米厚的软垫的方法,效果较为理想。

二、全民健身运动中常见疾病与恢复

(一)过度紧张

1. 过度紧张的原因及症状

(1)原因:导致过度紧张的原因有以下几个方面。第一,生理状态不良;第二,运动水平不高;第三,机体过分疲劳;第四,伤病中断训练后突然参加剧烈活动;第五,患有心血管疾病,过于勉强完成剧烈运动,更容易发生过度紧张,严重者可导致猝死。

(2)症状:头晕、眼前发黑、面色苍白、全身无力、站立不稳;有恶心呕吐,脉搏快速细弱,血压明显下降的现象。严重者会出现嘴唇青紫,呼吸困难,右季肋部疼痛,肝脏肿大,心前区痛,心脏扩大等急性心功能不全等症状。

2.过度紧张的恢复

轻度的过度紧张,应使患者安静平卧,注意保暖,经短时间休息后,症状即可消失。有脑缺血时,应将患者平卧休息,头稍低,同时注意保暖,给以热糖水或镇静剂。对于严重的心功能不全的患者,应保持安静,平卧,指掐"内关"和"足三里穴"。如果昏迷,可指掐"人中穴"。对于呼吸或心跳停止者,应做人工呼吸或胸外心脏挤压术,并迅速请医生处理。

3.过度紧张的预防

可以通过以下有效措施来预防过度紧张的发生。

第一,平时加强身体全面训练,注意循序渐进,运动前应充分做好准备活动。

第二,伤病初愈或因其他原因中断训练,后重新开始训练,应逐步增加运动强度和运动量。

第三,参加大强度训练前,应做体格检查,若有高血压、心脏病等疾病,则不可参加。

第四,锻炼基础差和患有心血管疾病的人,应根据自己身体情况参加活动,不可勉强。

第五,要严格遵守作息制度,注意个人卫生和合理营养,加强对体育活动参加者的医务监督。

(二)岔气

1.岔气的原因及症状

(1)原因:运动时发生与腹痛位置不同的突然性胸壁或上腹近肋骨处的疼痛现象叫"岔气"。导致"岔气"出现的原因主要有两个:一个是运动前没有做好准备运动,另一个是呼吸节奏紊乱或心肌功能不佳。

(2)症状:胸壁或上腹近肋骨处出现疼痛,影响体育运动正常进行。说话、深呼吸或咳嗽时局部更加疼痛。疼痛的局部可有压痛,但不红肿。

2．岔气的恢复

深吸气后憋住不放，握拳由上到下依次捶击胸腔左、右两侧，亦可用拍击手法拍击腋下，再缓缓作深呼气。深吸气憋住气后，请别人捶击患者侧背部及腋下，再慢慢呼气。可连续做数次深呼吸，同时自己用手紧压疼痛处。用食指和拇指用力捻捏内关和外关穴，同时做深呼吸和左右扭转身躯的动作。可深吸气后憋住不放，用手握空拳锤击疼痛部位。

3．岔气的预防

可以通过以下有效措施来预防岔气的发生。

第一，运动前要充分地活动开肢体，使身体适应后逐渐加大运动量。

第二，在运动中要掌握正确的呼吸方法和节奏，并养成经常锻炼的习惯。

（三）肌肉酸痛

1．肌肉酸痛的原因及症状

（1）原因：运动时肌肉活动量大，引起局部肌纤维及结缔组织的细微损伤，以及部分肌纤维的痉挛所致。

（2）症状：局部肌肉纤维细微损伤及痉挛。整块肌肉仍能完成运动功能，只是存在一定的酸痛感。

2．肌肉酸痛的恢复

对酸痛局部进行静力牵引练习，保持拉伸状态 2 分钟，然后休息 1 分钟，重复练习。对酸痛的局部肌肉进行热敷，促进血液循环及代谢过程，有助于损伤组织的修复及痉挛的缓解。对酸痛局部进行按摩，使肌肉放松，促进肌肉血液循环，有助损伤修复及痉挛缓解。口服维生素 C，维生素 C 有促进结缔组织中胶元合成的作用，能加速受损组织的修复和缓解酸痛。补充微量元素锌元素，锌元素对于损伤肌肉的修复是较为有利的。

3．肌肉酸痛的预防

可以通过以下有效措施来预防肌肉酸痛的发生。

第一，准备活动中，注意使即将练习时负荷重的局部肌肉活动得更充分。

第二，根据不同体质、不同健康状况科学地安排锻炼负荷。

第三,锻炼时,尽量避免长时间集中练习身体某一部位,以免局部肌肉负担过重。

第四,整理运动除进行一般性放松练习外,还应重视进行肌肉的伸展牵引练习。

(四)运动中腹痛

1. 运动中腹痛的原因及症状

(1)原因:导致运动中腹痛的原因很多,以下几方面是最主要的。第一,准备活动做得不充分;第二,运动速度和强度加得过快或太突然;第三,缺乏锻炼或训练水平低;第四,呼吸与动作之间的节奏配合不良;第五,身体状况不佳、劳累、精神紧张;第六,膳食制度不合理,饮食上存在问题等。

(2)症状:一般来说,小负荷和慢速度运动时,腹痛不明显;随着运动负荷和强度增加,腹痛也逐渐加剧。腹痛部位,常为病变脏器所在:左上腹痛,多为脾郁血;左下腹痛,多因宿便引起;右上腹痛,多为肝胆疾患、肝脏郁血;右下腹痛,多为阑尾炎;中上腹痛,多为急性或慢性胃炎;腹中部痛,多为肠痉挛、蛔虫病。

2. 运动中腹痛的恢复

用手按压疼痛部位,或弯腰跑一段距离,一般疼痛即可减轻或消失。减慢运动速度和降低运动强度,加深呼吸,调整呼吸和运动节奏。如果上述处理方法无效或加重,应停止运动,口服止痛药物,点掐或针刺足三里、内关、三阴交等穴位,进行腹部热敷等。还没有效果,则需请医生诊治。

3. 运动中腹痛的预防

可以通过以下几个方面的措施来有效预防运动中腹痛的发生。

第一,加强全面身体训练,提高生理机能水平。

第二,要充分做好准备活动,运动中注意呼吸节律,中长跑时要合理分配速度。

第三,要合理安排膳食,饭后须经过一定时间后才可进行剧烈运动,运动前不宜过饱或过饥,也不要饮水过度。

第四,训练时要遵循训练的科学性原则,循序渐进地增加运动量。

第五,对于各种疾患引起的腹痛,应就医检查确诊,彻底治疗,疾病未愈之前,应在医生指导下进行体育活动。

（五）运动性贫血

1．运动性贫血的原因及症状

（1）原因：贫血是一种症状，不是独立的疾病，因此，往往是可以有多种原因导致的。健身者在健身过程中如果生理负担量过大，则可导致贫血。

（2）症状：血液检查时，血红蛋白的含量减少，男性低于 120 克/升，女性低于 105 克/升。其症状主要表现为头晕、乏力、易倦、记忆力下降、食欲差，发病缓慢。运动时有较为明显的症状，常伴有气促、心悸等症状。主要的身体特征为皮肤和粘膜苍白，心率较快，心尖区可听到收缩期吹风样杂音等。

2．运动性贫血的恢复

应当适当减少运动量，必要时应停止训练。服用维生素 C 和胃蛋白酶合剂，对于铁的吸收较为有利；口服硫酸亚铁片剂，能够取得理想的缺铁性贫血的治疗效果。改善营养，尤其是补充富含蛋白质和铁的食物。

3．运动性贫血的预防

可以通过以下有效措施来预防运动性贫血的发生。
第一，合理安排运动量和运动强度，遵守循序渐进和个别对待的原则。
第二，多食含蛋白质丰富的食物，克服偏食习惯。
第三，多补充身体所需的铁元素。

（六）运动性低血糖

1．运动性低血糖的原因及症状

（1）原因：导致运动性低血糖的原因可以大致归纳为以下几种。第一，运动前体内肝糖原储备不足，运动时不能及时补充血糖的消耗；第二，长时间进行剧烈运动时体内血糖大量消耗和减少；第三，中枢神经系统调节糖代谢的功能紊乱，胰岛素分泌量增加；第四，患病参加运动等。

（2）症状：轻者感到非常饥饿、极度疲乏、头晕、心悸、面色苍白、出冷汗；重者可出现神志模糊、语言不清、四肢发抖、呼吸短促、烦躁不安或精神错乱，甚至惊厥、昏迷。检查血糖，则明显降低。脉搏快而弱，血压偏高或无明显变化，或昏倒前升高而昏倒后降低，呼吸短促，瞳孔扩大。

2. 运动性低血糖的恢复

使病者平卧、保暖。神志清醒者可饮浓糖水或吃少量食品,一般短时间内即可恢复。不能口服者,可静脉注射 50% 葡萄糖 40~100 毫升。昏迷不醒者,可针刺人中、百会、涌泉、合谷等穴,并迅速请医生前来处理。

3. 运动性低血糖的预防

可以通过以下有效措施来预防运动性低血糖的发生。

第一,进行运动量大的运动时,应准备一些含糖的饮料,供途中饮用。

第二,平时缺乏锻炼者,或患病未愈及空腹饥饿时,不要参加长时间的激烈运动。

(七)中暑

1. 中暑的原因及症状

(1)原因:导致中暑的原因主要有三个方面。第一,在炎热的天气下进行长时间耐力运动;第二,身体疲劳、失眠、失水、缺盐;第三,对高温环境适应能力差。

(2)症状:早期有头晕、头痛、呕吐现象。逐步发展为体温升高,皮肤灼热干燥。严重者可出现精神失常、虚脱、痉挛、心率失常、血压下降。过于严重的,甚至会昏迷,危及生命。

2. 中暑的恢复

当有先兆或轻度中暑时,应迅速撤离高温环境,到通风阴凉处休息,解开衣领,并服用清凉饮料、浓茶、淡盐水和解暑药物等。对病情较重的患者,应立即移到阴凉处,让其平卧。根据不同的病情,分别处理:中暑痉挛时,牵伸痉挛肌肉使之缓解,并服用含盐清凉饮料;中暑衰竭时服用含糖、盐饮料,并在四肢做重推按摩。症状重或昏迷患者,可针刺人中、涌泉、中冲等穴,并应迅速送往医院进行抢救。

3. 中暑的预防

可以通过以下有效措施来预防中暑的发生。

第一,准备清凉消暑或低糖含盐饮料,并准备急救药品,发现中暑症状,立即停止运动,及时处理。

第二,高温炎热季节运动时,应当减少运动量和运动时间。

第三,夏天在室外锻炼时,应戴白帽,穿浅色、宽松、通风性能好的运动服。

(八)昏厥

1. 昏厥的原因及症状

(1)原因:长时间站立或过久下蹲后骤然起立,使脑部缺血,容易引起昏厥。跑动后立即停止,由于下肢血管失去肌肉收缩的挤压作用,加上血液本身的重力关系,大量血液积聚在下肢舒张的血管中,造成回心血量减少,因而心输出量减少,使脑部突然缺血,而发生晕厥。这种昏厥也叫“重力性休克”。神经类型欠稳定的人,一旦受惊、恐惧、悲伤,或者看到别人出血,都可反射地引起广泛的小血管急性扩张,血压下降,从而导致脑部血液供应不足而发生血管抑制性昏厥。

(2)症状:昏厥前,病人面色发白,感到头昏眼花,全身软弱无力。昏厥时失去知觉,突然昏倒。昏倒后,面色苍白、手足发凉、出冷汗、脉搏慢而弱、血压下降、呼吸缓慢。经过短时间的平卧休息,脑缺血消除,知觉迅速恢复,但精神不佳,仍有头昏,全身无力的感觉。

2. 昏厥的恢复

让病人平卧,头部稍放低,松解衣领,注意保暖。用毛巾擦脸,自小腿向大腿做重推摩和揉捏。病人没有苏醒,则用指针掐点人中穴。禁止给任何饮料饮用或服药。有条件的话,应给氧气和在静脉注射 $25\%\sim50\%$ 葡萄糖 $40\sim60$ 毫升。如呼吸停止,应立即进行人工呼吸,醒后可给以热饮料,注意休息。急救同时,应该尽快联系医生。

3. 昏厥的预防

可以通过以下有效措施来预防昏厥的发生。

第一,当有昏厥的前期症状时应立即平卧,或由同伴扶着走一段路,可使症状减轻或消失。

第二,坚持锻炼,增强体质。

第三,久蹲后要慢慢站立起来。

第四,跑后不要立即站立不动,应继续慢跑并做深呼吸。

(九)休克

1. 休克的原因及症状

(1)原因：导致休克的原因有三个方面。第一,运动量过大;第二,身体生理状态不良;第三,肝脾破裂大出血、骨折和关节脱位的剧烈疼痛等。

(2)症状：早期常有烦躁不安、呻吟、表情紧张、脉搏稍快、呼吸表浅而急促等症状。发作期,表现为精神萎靡不振、面色苍白、口渴、畏寒、头晕、出冷汗、四肢发冷、脉速无力,血压和体温下降。严重者出现昏迷。

2. 休克的恢复

使患者安静平卧于床上,并注意保暖。可给服热开水及饮料,针刺或点人中、足三里、合谷等穴。由骨折等外伤的剧痛而引起的休克,应给以镇痛剂止痛。急救的同时,应立即送医院。

3.休克的预防

可以通过以下有效措施来预防休克的发生。

第一,对有可能发生休克的健身者,要采取相应的预防措施。如活动性大出血者要确切止血;骨折部位要稳妥固定;软组织损伤应予包扎,防止污染等。

第二,对严重感染的病人,要采用敏感抗生素,静脉滴注,积极清除原发病灶,以免发生感染。

第三,充分做好严重患者的术前准备。

第三节 全民健身的科学医务监督

一、全民健身中运动疲劳的科学恢复

(一)运动疲劳的概念

疲劳是人体正常的反应,它在身体受到一定的运动负荷时产生,是一种机体出现暂时性的机体机能下降的现象。当疲劳出现后,经过适当时间休息和调整可恢复。从某种意义上讲,生命是生物能量存在的一种形式,是能量集聚、转换和耗散的一种过程。不论参与到何种健身运动之中,都会消耗人体内的能量,即便是在睡眠时也会有一定的能量消耗以维持最基础的生命活动,而活动越激烈,消耗能量的速度就越快,表现为活动效率在持续一定时间后都会出现下降现象,这就是机体疲劳的表现。

(二)运动疲劳产生的原因

导致运动疲劳产生的原因主要有以下三个方面。

1. 身体素质与运动能力降低

人体的身体素质和运动能力在很大程度上受到身体各器官、系统功能的影响。所谓的身体素质,就是人体各器官、系统的功能在肌肉工作中的综合反映。如果人体各器官功能下降,就一定会对运动能力与身体素质产生相关的影响和作用。

2. 体内能源储备的减少

通过大量的实验可以得出这样的结论:在健身运动过程中,人们出现疲劳时,其机体内的能源物质就会消耗得较多。举例来说明,当进行快速性运动2~3分钟至非常疲劳时,就会导致肌肉内的磷酸肌酸降低至接近最低点;但是,如果是长时间地持续进行健身运动,就会使体内的糖类及其产生的能量呈现大幅度下降。由此可以看出,能源储备的消耗与减少,会引起各器官功能的降低。另外,肌肉活动时代谢产物的堆积及水、盐代谢变化等也在一定程度上导致了运动能力的降低,从而导致机体出现运动性疲劳。

3. 精神意志的低迷

如果身体产生疲劳之后,在精神上也往往会出现相应的疲劳感觉。但人的运动都是在神经系统的指挥下实现的,如果人的精神产生疲劳,那么就会使人体各器官、系统的疲劳程度加重。由此可以看出,精神意志方面对运动性疲劳有很大的影响和作用。其实,当人体感觉已经很疲劳时,并没有真正达到人体运动的极限,这往往是一种假象,还有一定的能源物质能供给运动需求,因此,为了能够提高人体运动的耐久力,延迟运动性疲劳的发生,应该建立起良好的精神意志,全身心投入,以此来对机体潜力进行很好的动员,提高锻炼效果。

(三)运动疲劳的判断

全民健身运动中,为了更及时地洞察疲劳的出现,以便采取最佳的措施对待,就需要对疲劳进行准确的判断。其中,较为常见的判断运动疲劳的方法主要有以下两种。

1. 观察法

所谓观察法,是指健身指导员所采用的观察健身者在健身过程中是否有疲劳表现的方法,其通过观察健身者在运动中的外在表现,如是否出现脸色苍白、反应迟缓、情绪改变等现象。在运动状态上还可以观察健身者技术动作是否出现了做不到位、动作衔接脱节等情况。当出现上述情况时,则可判断其出现了运动疲劳。

2. 感觉法

在健身期间,最了解自身情况的是健身者本身,依靠他们的主观感觉判断疲劳的产生的准确率较高。当健身者自我感觉疲乏、心悸、头疼、恶心、四肢无力等,则几乎可以被判定为属于运动疲劳。

一般来说,运动疲劳,往往最先表现为心理上的疲劳,其实身体还没有真正疲劳,可以再坚持一段时间,表现为自我感觉到疲倦或者疲惫,主观上要求休息。当健身者自我感觉到有运动积极性下降、呼吸紊乱、口干舌燥、心悸、恶心、头部昏沉、动作迟钝、脚步沉重等症状时,说明已处于疲劳状态。一般来说,疲劳的自觉症状可参考表 5-1。

表 5-1　运动疲劳症状自我判断

精神症状	脑子不清醒,头昏眼花;厌于思考问题;不爱动,不爱说话;精神涣散,呆滞迟钝;对事情不积极;做事没信心,出错;对事情放心不下,事事操心;敏感固执、孤僻、沮丧、缺乏兴趣;记忆力减退;厌烦运动;睡眠不好等
躯体症状	头沉,头痛,全身懒倦,身体无力、疼痛或抽筋,肩膀发酸,呼吸困难、气短,腿无力,没有唾液、口发干,打哈欠,出冷汗,动作不协调,不精确,心悸,呼吸紊乱等
神经感觉	眼睛疲劳、眼冒金星、眼无神;眼睛发涩、发干;动作不灵活、出错;腿脚发软,脚步不稳;味觉改变;听觉迟钝,耳鸣;手脚发颤;不能安静;恶心;食欲不振等

全民健身运动过程中,健身者可根据自觉症状的多少判断疲劳的性质和程度,一般来说,上表症状表现越多,疲劳程度越深。一旦出现疲劳,应及时调整运动计划和内容。

(四)运动疲劳的科学恢复方法

要想尽快地消除疲劳,恢复健身者的身体机能和运动能力,就需要采取一些科学的恢复措施和方法,具体如下。

1. 劳逸结合

实践证明,劳逸结合可有效消除全民健身运动中的运动性疲劳。结合健身者的运动状况,劳逸结合应重视以下几点。

首先,做好热身和整理活动。健身运动前,做好热身准备,可以充分发挥健身者的机体适应能力,提高健身者身体各项运动能力对负荷的适应和机体活力,可有效延缓运动疲劳的产生。健身运动后,做好放松与整理活动。放松与整理活动是消除全民健身中疲劳、促进体力恢复的一种有效的主动恢复手段。健身运动后的放松与整理活动能够使呼吸系统、神经系统、心血管系统和内分泌系统等从适应运动的状态慢慢地恢复到安静状态。健身者可以通过慢跑和呼吸体操消除疲劳,或在健身运动后通过做肌肉、韧带拉伸等放松练习来消除运动疲劳。

其次,积极性休息。积极性休息主要是指活动性休息,它是消除运动性疲劳的有效方法之一,这种方法能够有效促进全身血液循环,加速乳酸的消除的目的。在健身者日常健身运动中,主要可进行散步、变换活动部位等形式的轻微运动进行。

最后,增加睡眠。良好的睡眠可有效消除疲劳,研究表明,人体在睡眠状态下,各器官、系统活动会下降到最低水平,这时,机体的物质代谢减弱,能量消耗也维持在最低水平,合成代谢有所加强,可使机体消耗的能源物质逐渐得到恢复。

在健身运动后,保证良好而充足的睡眠是使身体得到恢复的重要措施。充足的睡眠可以有效缓解运动性疲劳。健身者必须遵守一定的作息制度,从而保证睡眠的时间和质量,并讲究睡眠卫生。

2. 补充营养

研究表明,营养物质的消耗会导致疲劳产生,那么适当补充营养物质自然可以减缓和预防运动性疲劳,并促进疲劳的恢复。健身者的健康体质的养成以及运动水平的提高,适当补充营养是必不可少的。

进行合理的营养补充能够使机体消除疲劳并恢复到最佳生理状态。在日常的健身运动过程中,健身者可结合自身情况适当补充营养,以此来补充机体生理活动所消耗的物质,并且修复体内结构受损以及消除疲劳。通常,健身者需要及时补充的物质包括糖、蛋白质、矿物质以及各类维生素（如维生素 A、维生素 B_1、维生素 B_2、维生素 C 和维生素 E 等）。

3. 物理疗法

一些物理疗法和中医治疗措施能有效缓解健身者在全民健身运动中的运动性疲劳，虽然健身者不能全面掌握这些知识，但是通过简单的按摩或者求助于医师，都可以实现运动性疲劳的恢复。常见的物理疗法有以下几种。

（1）温水浴：温水浴是非常有效的疲劳消除方法。在进行温水浴时要注意水温的适当，具体来说通常水温应以 40℃ 左右为宜，温度不宜过高，时间为 10 分钟左右。

（2）按摩：按摩是健身后疲劳消除的很好方法。用推拿按摩消除健身运动中的疲劳是经济简便的，既不需要特殊医疗设备，又可以避免时间、地点和气候等因素带来的限制，随时随地都可实施。常见的按摩的方法主要有人工按摩、机械按摩、水力按摩以及气压按摩等，健身者可结合自身经济条件进行选择。按摩的手法要以揉捏为主，并且交替使用按压、扣击等手法。以消除疲劳为目的的按摩要在健身运动后方可进行，按摩时间根据疲劳程度通常设定在 30～60 分钟之间。健身运动后，健身者可根据自身感觉等情况可以进行局部或全身按摩，并对按摩的时间、深度、力度等方面加以适当的调整。

（3）拔罐：拔罐法是一种中医疗法，主要是针对健身后局部严重疲劳并伴有损伤的局部性疲劳的恢复。拔罐法的原理在于，在拔罐时，身体的局部负压作用能够使组织内的瘀血散于体表，使组织代谢产物的排泄更加顺畅，从而可以有效消除疲劳。

（4）理疗：理疗法主要包括光疗、蜡疗、电疗等，运用这些方法能够对身体局部或全身的疲劳肌肉的代谢过程有非常好的促进作用。同时促进血液循环、改善血液供应，有利于营养物质的吸收，促进代谢产物的排泄，从而达到消除疲劳的目的。

（5）针灸：针灸主要是针对不同的疲劳程度进行的治疗，在相应的疲劳位置进行相应的针灸方法是非常有效的。对于肌肉疲劳可采用穴位针刺的方法。消除全身疲劳，则主要采取针扎强壮穴足三里的方法。局部疲劳的消除则可采取配合间动电电针消除疲劳的方法。

（6）吸氧及空气负离子疗法：吸氧能够促进新陈代谢，改善体内的微循环，有助于消除疲劳。对于健身者来说，健身运动后可采用高压氧治疗，对消除疲劳有明显的效果。空气负离子能改善肺的换气功能，增加氧吸收量和二氧化碳排出量，改善大脑机能，刺激造血机能，使红血球、血红蛋白、血小板增加,血流速度加快,心搏输出量加大,扩张毛细血管,加速乳酸的代谢,消除疲劳。

4.音乐疗法

音乐是有规律的声音波动,可对人体(尤其是神经系统)产生刺激,从而影响人的心理活动,因此健身者可以通过听音乐的方法来消除机体疲劳。在长时间的健身运动后,舒缓的音乐可以帮助中枢神经系统的疲劳得到极大的缓解,同时还能够调节循环、呼吸系统和肌肉的功能。

5.心理调节

心理学研究表明,可以通过运用心理学对大脑皮层的技能来调节和消除机体疲劳。心理学方面消除疲劳的方法只要环境温暖、舒适、安静,没有直射的阳光即可,受到的限制很小。具体来说,采用心理调节是通过一系列引导词来帮助健身者做一些适当的放松练习,练习时间以持续 20～30 分钟为宜。具体方法如下。

(1)表象和冥想:每天睡前、醒后都像过电影一样。

(2)自我积极暗示:健身者在全民健身运动中产生疲劳后可以自己对自己默念"自己没问题""还可以更好""不能放弃"等语言。

在进行心理调节过程中配上舒缓的音乐则效果更佳。

二、全民健身运动的自我监督

在全民健身运动的过程中,为了保证良好的健身效果,需要健身者经常进行自我监督,从而适当调整健身中的运动负荷和运动量等。具体来说,就要求健身者运用自我观察与检查的方法来对其健身计划和处方进行适当的调整。科学的自我监督,有着非常重要的作用和意义,具体来说,能够提高健身运动的效果,促进良好健身习惯的养成。具体而言,健身者的自我监督包括两个方面,即客观检查和主观感觉,具体分析如下。

(一)客观检查

全民健身运动过程中,健身者通过客观检查进行自我监督,主要是对健身者的体重、脉搏以及健身成效进行检查,具体如下。

1. 体重

健康成人的体重是相对稳定的,系统的健身运动期间,体重变化呈现以下三个特点。

第一阶段：经过一段时间，因失去过多的水分和脂肪体重有逐渐下降的趋势，一般下降 2～3 千克。持续下降 3～4 周。

第二阶段：体重处于稳定时期。健身运动后体重减轻，但在 1～2 天内得到完全恢复。这个阶段持续 5～6 周以上。

第三阶段：长期坚持健身运动会使肌肉等组织逐渐发达，体重有所增加，并保持在一定的水平上。如果体重减轻了 2～3 千克以上，则可能是运动量太大。如果减少运动量，体重仍不回升，应去医院检查。

2.脉搏

正常人的脉搏和心跳是一致的。脉搏的频率与很多因素有关，较为主要的有年龄、性别、运动、情绪、休息和睡眠等。

3.健身成效

进行科学系统的健身运动后，其健身成效能够逐渐提高，并保持在较高的水平上。从运动医学的角度来看，健身成效长期不提高或下降，能够在一定程度上将身体机能状况不良的问题反映出来。

（二）主观感觉

在全民健身运动中，健身者通过主观感觉来进行自我监督，涉及的内容主要有食欲、睡眠、运动心情以及精神状态，具体如下。

1. 食欲

健康的人应该有良好的食欲。在参加全民健身运动的过程中，健身者会消耗较多的能量，因此应该有比较好的食欲。倘若在正常进食时间内，有食欲减退的现象出现，就说明其身体健康状况出了问题或健身过程中运动过度，这时就要对健身计划进行合理的调整。在对自己的食欲状况进行记录时，可填写食欲良好、一般、不好、厌食等。

2. 睡眠

如果健身者在参加完健身运动之后，经常会感到睡眠质量不高，夜间多梦，失眠，睡眠不深及醒后四肢无力等，就表明其健身时的运动负荷不合理或运动量过大。经常参加健身运动的人，其睡眠应该是良好的。在对个人的睡眠质量进行记录时，具体记录的内容应包括睡眠时间、睡眠状况等，具体的等级可分为良好、一般、不好。

3. 精神状态

通常情况下,精神状态包括两个方面,即正常感觉和不良感觉。前者主要表现在健身运动后疲劳消除较快,功能恢复较快,精神饱满,无全身不适感;后者主要表现在健身运动后四肢无力、肌肉酸痛、关节疼痛、头痛、恶心、上腹部疼痛等,这多是身体状况不良或运动量过大的表现。

对自己的精神状态进行主观感觉之后要做出对应的记录,根据精神饱满、精神状态一般和精神不振等现象分别记录为"良好""一般""不好"。

4. 运动心情

通常可以将运动心情分为渴望锻炼、愿意锻炼、不愿意锻炼,其能够将有无运动欲望反映出来。如有参与健身运动的欲望则表明身体的机能状况良好。如果健康状况不佳或过度运动时,就会出现心情不佳、厌烦情绪。

第六章　城市社区体育与健身方法研究

　　城市社区体育是全民健身活动的重要组成部分,城市社区体育开展的好坏对于全民健身活动具有很大的影响。如今,我国城市社区的设施设备得到了很好的完善,普及各种社区健身器械的使用方法也是推动社区体育健身的有效途径。本章将对城市社区体育的相关理论进行阐述,同时对城市居民体育健身的特点与方式以及社区健身器械的健身方法进行分析。

第一节　城市社区体育概述

一、城市社区体育的概念

　　对于城市社区体育的概念,不同的专家、学者对其有着不同的理解与认识。对于城市社区体育概念的理解,主要包括以下几种观点。

　　肖淑红通过对城市社区体育进行研究,认为:城市社区体育是一种群众性体育活动,它为社区成员更好地参与体育活动提供保障,其中社区成员是参与主体,基层社区为基本组织单位,同时政府相关部门提供相应的扶持,体育相关部门提供专业指导,社区各个部门共同参与。

　　通过多年的调查研究,王凯珍教授认为:城市社区体育是一种区域性群众体育活动,通常是在微型社区中进行开展。之后,王凯珍教授又提出:城市社区体育是为了增进社区感情,满足社区成员参与体育运动的需求,遵循就地就近的原则而开展的区域性体育活动,其中全体社区成员是参与主体,其物质基础是社区体育设施和自然环境,而微型(基层)社区为社区体育开展的区域范围。

　　而学者李建国认为,城市社区体育作为一种群众性体育活动,它是由社区居民在社区生活区域内自主进行的社会活动。通过这种社区体育活动能够使社区居民建立起共同意识和良好的相互关系,从而更好地促进地区社会化。

　　吕树庭等人通过研究认为,作为一种体育活动,城市社区体育的目的是为了更好地促进《全民健身计划纲要》的顺利实施,在此前提下,通过以一定的地域空间为基础,充分利用社区自然环境或体育设施,遵循自发性原则来开展的,其契机是社会成员之间的社会感情。

任海等人认为,研究城市社区体育的概念,主要应该注意三个方面的问题:第一,应该重视城市社区体育所具有的区域性特征,并予以突出出来,同时不能用任何一个具体的区划层次来对城市社区体育进行限定;第二,城市社区体育实践与城市社区体育实践管理是不同的,所以在定位城市社区体育时,应该注意将两者相互区别开来;第三,应该对城市社区体育基础目标本质功能进行突出与强调。

通过对以上各个观点进行总结可知,城市社区体育的本质特征主要表现在:城市社区体育是一种区域性体育;城市社区体育的参与对象是全体社区成员;城市社区体育的物质基础是该社区的自然环境及相应的体育设施;城市社区体育是以满足人们追求身体与心理健康的体育需求作为目的。

综上所述我们认为,城市社区体育是指以生活在社区内全体社区成员作为主体,以社区的自然环境及所有体育设施作为物质基础,以增进社区成员的身心健康,满足社区成员的体育需求,同时发展和巩固社区成员之间的社区感情为主要目的,遵循就近就便的原则而开展的区域性群众体育活动。

二、城市社区体育的构成

城市社区体育是由诸多要素共同构成的,对于这些构成要素,很多学者都进行了深入的研究。其中,具有代表性的是王凯珍、李建国、吕树庭等三位学者所进行的研究。通过采用专家评定的方法,王凯珍教授得出城市社区体育主要是由六大要素构成,具体如下。

(1)社区成员,即生活在一定区域范围内的人群。

(2)体育组织,它是为了确保社区体育能够正常开展而建立的。

(3)一定数量的社会体育指导员。

(4)必要的场地设施。

(5)各种具体的体育活动。

(6)经费,它是活动的开展需要有一定的经费来提供保证。

李建国认为,社区的四大要素与体育的五个要素共同构成了城市社区体育的基本结构。所谓社区四大要素,主要是指社区共同意识(即归属感)、社会感情(社会态度)、社会关系(人际关系)、公共设施(服务设施)。所谓体育的五个要素,主要是指:场地设施——开展体育活动必须具备的物质条件;体育活动的主体——社区全体成员;体育保障体系——相应的体育组织;体育指导人员和体育服务管理人员;体育方法学要素——体育活动计划与体育活动方法。

吕树庭等学者认为,构成城市社区体育的要素主要包括四个方面,分别是:体育活动的参与者;体育活动的开展区域;体育活动体系,包括体育行为、体育设施、组织指导等;社区成员的归属感与认同感。

通过以上研究结果可以发现,城市社区体育的结构是通过体育活动的过程要素来进行确定的。总结来说,城市社区体育主要由六大要素共同构成,分别是社区全体成员、社区体育组织、社区体育经费和体育设施、社区体育指导者和管理者,以及各个具体的社区体育活动。

三、城市社区体育的特征

(1)公共性特征。城市社区体育的公共性特征主要是从城市社区体育活动设施方面具体体现出来的,在城市社区体育中通过对社区各个资源进行充分利用来开展社区体育活动。其中,开展社区体育互动所能利用的资源包括社区居民居住区的绿化带、公园、广场以及其他的社会公共设施等。城市社区体育活动设施所表现出来的公共性,进一步反映了城市社区体育具有明显的公益性特征。

(2)服务性特征。由于提供服务是社区体育活动的一项重要特征,因此城市社区体育所能提供的服务主要包括体育组织与管理服务、体育咨询服务和指导服务、体育运动处方服务和体育活动计划服务、体育场地设施服务,以及体育情报和信息服务等内容。

(3)多质性特征。城市社区体育所具有的多质性特征主要表现在全体社区成员方面,即使城市社区成员之间存在不同年龄、不同性别、不同职业、不同的兴趣与爱好以及不同的体质与健康状况,都能找到适合自己参与的社区体育活动,从而参加日常的健身活动。

(4)区域性特征。社区的人员组成,城市社区体育场地设施、社区体育的指导与管理以及社区体育经费的筹措等都是以社区为范围的,这是城市社区体育区域性特征的主要体现。由于城市社区体育具有区域性特点,从而进一步突出了城市社区体育的自治和自主。社区居民可以在自己生活的居住区域范围内,自主开展和参与对身心健康有益的体育活动,并在参与活动的过程中进行情感交流,从而培养共同的社区意识,形成良好的人际关系,使社区活性大大增加。

(5)空闲性特征。城市社区体育是在生产劳动、生活、学习、工作之余,人们通过利用空余时间自由参与的一种休闲和放松的活动,这就表明城市社区体育具有空闲性的特征。

（6）民间性特征。作为独立的社会团体，城市社区体育组织具有非常显著的民间性，它具有相对独立的活动章程与组织机构。

（7）平等性特征。与学校体育、运动训练相比，城市社区体育指导有着非常大的差别，这主要体现在指导者与被指导者之间的关系方面。社区居民不仅是城市社区体育的参与主体，同时也是城市社区体育的主导者。社区体育指导员与被指导者处于相互平等的地位，社区体育指导员在其中扮演着辅导员、服务员的角色，两者之间的平等关系共同决定了城市社区体育指导的方法和人际关系。

（8）灵活性特征。社区成员之间有着各种不同的需求，并且这些需求千差万别，在组织时应该采用灵活多变的工作方式和形式来进行，做到因地、因时、因人而异，采用各种灵活多样的体育活动形式，只有这样才能够让社区各成员的不同体育需求都能得到满足。

四、城市社区体育的功能

（1）整合社会的功能。社会发展至今，城市社区体育已经逐渐成为新的社会调控体系，社区中包含了很多要素，并且这些要素也都发挥着非常重要的社会整合功能。在日常休息中，人们常常会参加各种社区体育活动，社会体育在使社区居民的体育需求得到满足的同时，也能够丰富社区居民的业余文化生活，提高社区居民的身体和心理健康水平，并在对社会进行规范方面发挥重要的作用。这使得社区居民在体育方面归属并依赖于社区，并在城市社区体育中进一步对社区进行整合，提高和增强社区的凝聚力。

（2）愉悦身心。随着人们物质生活水平的不断提升，人们已经不再满足于吃得好、穿得好，他们更加追求生活的质量与层次，越来越重视精神文化生活。在这种情况下，城市社区体育的愉悦身心的功能就得到了极大程度的发挥。所谓城市社区体育愉悦身心的功能就是社区全体居民通过借助与社区中的自然环境和现有的体育场地设施，来开展以体育活动为主的娱乐活动，并通过参与体育活动来陶冶情操、强健体格，促进身心健康发展。

（3）服务体育需求。城市社区体育的体育需求服务功能是指通过城市社区体育的基础性设施能满足社区居民基本的日常体育需求，社区体育服务内容的确定应该首先根据社区的具体实际，以社区所处地区的经济与社会发展情况以及社区体育作为基础，因地、因时制宜，可以先从群众健身领域中的急需项目做起。此外，在社区体育不断发展的过程中，要对其中新的经验进行认真总结，以便使社区体育的服务内容更加充实和完善，从而使社区体育更加趋于完善。

（4）沟通人际关系。当前社会各社区的人员构成较为复杂，并且社区居民在生活习惯、行为方式以及价值观念等方面存在着很大的差异，很难有良好的机会进行交流，这就使得居民之间正常的人际关系出现了问题。社区体育工作通过借助体育这一媒介，在共同参与的过程中使社区内各群体和个人的作用得到充分发挥，来合理地整合和改造社区居民的行为方式和价值观念，使社区中存在的各种矛盾和各种利益关系得到缓解和调整，从而使社区内的各种关系变得更加融洽。在参与社区体育活动的过程中，逐步确立群体的行为准则，进而将社区成员的行为纳入一定的行为模式。社区体育工作不光可以使个人关系得到沟通，同样也可以沟通社区中各种组织和单位的关系。通过社区体育联系到一起的各种组织，在参与体育活动过程中相互了解并相互合作，这为社区体育和整个社区以后的发展奠定了良好的社会基础。

（5）改善社区生活方式。作为一项有益的休闲活动，城市社区体育活动具有很强的吸引力，它能够吸引城市社区居民在空闲时间参与其中，这在一定程度上使城市社区居民的业余文化生活得到了丰富，并使城市社区居民在一定程度上避免了不健康生活方式的侵蚀，能够积极地改善社区居民的生活方式。城市社区居民生活质量的改善和提高依赖于健康、科学、文明的生活方式，同时也能更好地维护社区秩序稳定。

（6）凝聚社区居民意识。城市社区体育的凝聚功能主要体现在社区居民心理要素的培养方面，即培养社区居民的社区意识，促使社区居民积极主动地参与社区活动。为了使社区体育更好地发挥凝聚功能，要使所有社区成员都能认识到社区体育是社区成员相互依存的重要内容。社区体育的目的是要使社区成员的体育需求能够得到更好的满足，社区各成员既有享受社区体育发展成果的权利，同时也要承担与社区体育发展相关的义务。

第二节　城市居民体育健身的特点与方式

一、城市居民体育健身的特点

城市居民健身活动的特点主要在于对活动种类的区分，区分的依据分别为参与运动的人群、组织方式以及运动的内容。

(一)健身人群方面的特点

1. 根据年龄阶段划分

根据不同的年龄阶段可以将城市居民体育健身划分为婴幼儿、儿童少年、青年(又可分为前、中、后期)、中年(又可分为前、中、后期)、老年(又可分为前、中、后期)等时期。不同年龄段居民的生理、心理特点及生活方式存在很大的不同,因此其健身活动也有很大的差别。

(1)婴幼儿健身

婴幼儿一般是指 0—6 岁的低龄幼儿,其中又可分为婴儿(0—1 岁)、幼儿前期(1—3 岁,相当于托儿所时期)、幼儿后期(3—6 岁,相当于幼儿园时期)。

婴幼儿参加健身活动有助于他们养成终身体育的习惯。研究表明,婴儿期进行被动健身活动者要比没有进行身体活动者对参加体育活动有更加浓厚的兴趣,这与健身活动带来的快乐体验存在着很大的关系。婴幼儿时期的健身活动应该以促进身体正常发育、机能协调发展、基本运动能力培养和运动习惯养成为目的,要充分利用阳光、空气、水等自然条件,选择适合婴幼儿身心特点与生活方式的健身活动项目,同时注意健身场地、器材、服装以及活动安排的安全性,对运动的负荷(一般以中等强度的有氧运动为宜)进行适当的安排,应该采取多种有效的组织形式让婴幼儿快乐地参与到健身活动之中。

(2)少年儿童健身

少年儿童通常是指 7—15 岁的低龄孩子,其中又可分为儿童(7—12 岁,相当于小学时期)、少年(13—15 岁,相当于初中时期)。

儿童少年时期参加健身活动对于促进他们生长发育、形成生活体育方式具有非常积极的作用。由于在这一年龄阶段,其学习生涯刚刚开始,学习运动知识与技能是该时期的主要任务。学校通过体育课、课外体育活动、业余训练等形式,配合身体素质发展敏感期,开展儿童少年健身活动。另外还需要特别注意的是,其校外健身活动的开展应该建立学校、家庭、社区体育一体化服务网络,从而为其健身提供良好的环境与指导。

(3)青年健身

青年通常指的是 16—35 岁这一年龄阶段的群体,这是人生长高峰与身强力壮的时期。青年时期又可分为青年前期(16—18 岁,相当于高中时期)、青年中期(19—22 岁,相当于大学时期)、青年后期(23—35 岁)。

青年时期参与健身活动对于充分发挥身体潜能、形成健康生活方式、为职业生涯打好基础等具有重要作用。青年前期是身体发育的高峰时期,健身活动应该与促进生长发育密切联系在一起,从而为今后的身心发展奠定更好的基础。人在青年中期开始进入成熟期,应该注意发挥身体的各种能力,保持旺盛的体能与高度的运动能力。青年后期常常是职业生涯的开始阶段,因此应该做好适应高强度工作的体能储备与身心调节,这样有助于事业与家庭生活的和谐发展。

（4）中年健身

中年人一般指 36—59 岁,处于体能和机能平稳发展时期的人群。中年时期具体又分为中年前期（36—45 岁）、中年中期（46—55 岁）、中年后期（56—59 岁）。

中年时期参加健身活动对于保持充沛精力、防止身体机能退化和体能下降、维持健康生活方式、为职业生涯持续发展创造条件等具有重要作用。中年人特别是中年中、后期的健身应该以消除健康障碍、强化自我实现感、丰富文化生活为主。健身内容具体包括保健体育、康复体育、社交体育、娱乐体育等,需要注意中年人体育的节奏性、针对性、调节性等特点。

（5）老年健身

老年人一般指 60 岁以上,处于体能和机能衰退时期的人群。老年时期具体又可分为老年前期（60—69 岁）、老年中期（70—79 岁）、老年后期（80 岁及以上）。

老年时期参加健身活动对于减缓身体机能退化和体能下降、防病治病、提高生活质量等具有非常重要的作用。老年人群体的健身应该以延缓衰老、防病治病、丰富生活为主要目的,根据自身的健康状况、能力与兴趣安排健身内容,通常以走、跑步、健身操、小强度的球类运动、游泳等运动项目为宜。应该注意健身的循序渐进、持之以恒,同时注意安全与卫生,控制运动负荷,避免进行激烈的对抗,做好相应的医务监督与健康管理工作。

2. 根据性别划分

根据性别的不同可以将社区居民划分为男性健身活动与女性健身活动（一般指成年男子与妇女）,男女性别差异不仅反映在体能上,同时还反映在心理取向及喜好等方面。

（1）男性健身活动

人类社会长期处于男性主导局面,这在体育领域也不例外,男性所选择的绝大部分运动项目都具有明显的男性阳刚特征。男性大多身强力壮,喜好竞争,因此在体能锻炼、对抗性比赛等健身活动方面具有明显的优势,因此其对健身活动的喜好度与参与度也常常要高于女性。

（2）女性健身活动

长期以来,女性在健身活动方面处于劣势与所选健身项目的不适合有很大的关系。女性所选的运动项目大部分没有根据女性的身心特点量身定做,这就导致女性在健身活动中处于不利的状态。因此,开展女性健身活动应该充分考虑发挥女性阴柔唯美的特点。

3.根据健康状况划分

根据不同的健康状况可以将城市居民划分为健康、亚健康以及患病等状况。

（1）健康者健身活动

当前,在社会中普遍存在着重视健康却不参加健身活动的现象,原因与对自己的健康认知度存在很大的关系。大部分人认为自己的健康状况良好(这种情况可从履历表填写上得知),其主要的判断依据是患病与否,他们认为没有患病就不需要健身。事实上,这种思想是十分有害的,人在生涯的各个时期都需要增强体质和促进健康,即使身体状况感觉良好,也有参与健身的必要。健康者应该以"生命在于运动"为座右铭,积极参与到健身活动当中,使自身保持良好的健康状态,不断提高机体功能以及工作能力。

（2）亚健康者健身活动

对于亚健康群体,他们虽然没有患病,但是机体功能的下降很明显,已经处于病患的边缘。这时,本人已经意识到自己有健康问题,但是由于还没有出现严重的状况,常常会对其忽视。亚健康者健身要针对体检发现的问题,选择适合的健身项目进行有效的运动锻炼,同时定期进行复检,及时了解健身的效果。

（3）患病者健身活动

患病者的健身应该以体育医疗为主要目的。患病者应该选择对增强机体免疫力与对疾病有一定疗效的健身项目进行运动锻炼,具体可以采用一些体育康复手段进行健身,从而促进健康的及时恢复。在健身时还应该注意提高对环境变化的适应能力,有效避免病情的恶化。

（二）健身组织方面的特点

1.家庭健身活动

家庭健身活动指的是由家庭成员(含亲友)共同参加的健身活动。在现代社会发展过程中,核心家庭化与老龄化现象的加剧使得家庭成员的健康在家庭生活中的地位愈加重要。家庭健身活动应该以保健、娱乐、社交等与家庭生活密切相关的体育内容为主,以夫妻健身、亲子健身、亲友健身等形式为主,加强体育活动过程中的亲(子)属交流,让每一个家庭成员都可以从体育活动中得到快乐的体验。

2.社区健身活动

社区健身活动是指在社区内,由居民自主地进行的具有促进社区发展作用的群众性健身活动。社区健身具有的丰富生活、便利健身、社会公益等作用而受到众多居民欢迎。社区健身组织的邻里性、设施的公共性、方法的服务性、指导的平等性等体现了现代社区体育的基本特征。

3.单位健身活动

单位健身活动指的是由企事业(含机关)员工自主进行的健身活动。单位健身活动以保健康复、休闲娱乐、人际交往以及改善企业文化为主要目标,以职工体育、体育比赛、节庆活动等为主要内容,以职工体育俱乐部为主要形式,开展丰富多彩的健身活动。很多大型企事业单位通过建立体育设施与组织自主地开展单位健身活动,而中小企事业单位往往与社区互动,采取资源共享的合作模式,开展单位健身活动。

4.社团健身活动

社团健身活动指的是具有共同健身需求、有组织地进行的群体健身活动,俱乐部体育就是典型的社团健身活动。

社团健身活动是体育社会化、市场化的产物,由于它具有相对稳定的人员、设施与活动内容,内部分工也较为明确,强调成员的主体性与服务质量,健身活动的效果要优于其他的组织形式,因此受到了健身爱好者的广泛欢迎。社团健身活动以满足多数成员的健身需求为主,通过优质的服务发展壮大队伍。加强基层社团健身活动与组织建设是扩大体育人口的重要途径。

(三)健身内容方面的特点

1.体育保健

体育保健指的是人们运用体育手段达到调节身心状态与社会适应性、增进健康、增强体质为目的的健身活动。

体育保健具有促进机体正常生长发育,提高机体活动能力,提高人体对外界环境的适应能力,预防和治疗疾病,推迟人体衰老过程,调节人的心理和社会适应能力,丰富人的精神生活和社会生活等作用。体育健身内容包括基本身体运动、体操与舞蹈、球类运动、游泳及民间传统体育活动等。体育养生内容包括健身气功、太极拳等。体育医疗和康复主要是针对各器官系统疾病采用运动或辅助运动手段改善机体功能,提高免疫与环境适应能力,达到治疗与康复的目的。

2.体育休闲

体育休闲指的是利用余暇时间,为恢复和增进健康、丰富和创造生活、完善自我而进行的健身活动。

体育休闲具有恢复和增进健康,文化教养和生活再创造,改善人际关系和激发社会活性,促进个体社会化和自我完善等作用。体育休闲主要包括娱乐体育、自然体育等内容。娱乐体育按其性质的不同可以划分为观赏性体育活动与参与性体育活动。参与性活动又可以划分为游戏类、休闲类两种形式。自然体育按活动接触的自然种类,可分为亲空类、亲水类、亲绿类等。体育休闲对于提高人民的生活质量具有很好的促进作用。

3.体育社交

体育社交指的是为改善人际关系、增进社会交往所进行的体育交流活动。由于在体育活动中,人常常处于适宜的兴奋状态,这时比较容易沟通,加之运动环境较为轻松自然,有助于开展社会交际活动,因此,体育社交受到人们的普遍欢迎。体育社交具有社会交际、融洽感情、丰富生活等作用,体育社交包括俱乐部体育、社区体育、家庭体育和节日体育等内容。

4.体育自我开发

体育自我开发指的是人们为了自我实现所进行的挑战自我、塑造自我的体育活动。在马斯洛的需求层次学说中,最高层次的需求是自我实现,自我实现带给参加者的满足度也最大。体育自我开发的目的就是挑战自我,检验自我。通过体育活动的成功实现既定目标,建立自信,也使个性得到升华。体育自我开发具有建立自信、实现自我、体现个性、追求超越等体现人生价值的作用。体育自我开发包括极限运动、竞技体育、健美运动等内容。

二、城市居民体育健身的方式

当前,城市居民参与体育健身活动的方式越来越多样化,项目也越来越丰富。根据不同的划分标准可以将城市居民体育健身方式进行不同的分类,具体如下。

(一)依据活动组织划分

1.有组织的社会体育活动

企事业单位组织的职工体育活动是我国社会体育的主要形式。在改革开放后,随着"单位制"的逐渐弱化,我国社会体育组织形式发生了很大改变,一些新的组织形式的产生使人们更加便捷地参与到体育活动之中。这些组织形式主要包括商业体育设施组织的健身娱乐活动与体育教学活动,社区体育组织开展的健身锻炼和体育表演活动,地方政府组织的各种运动会与节日体育活动等。

2.自发性社会体育活动

我国城市居民有利用居住地的空地、广场、绿地、公园等场所进行体育活动的传统。如今,随着我国城市发展规划的不断实施,城市的基础设施不断得到改善,人们自发地参加体育活动的现象越来越普及。自发性体育活动在时间上主要表现为晨晚活动,在空间上主要包括房前屋后、社区广场、绿地以及公共设施等场所。在活动方式上,有个人的也有小团体的,团体结构大多数是松散型的非正式组织。

(二)依据活动时间划分

1.周中健身活动

周中健身活动的时间是每周一至周五。由于工作方面的原因,周中健身活动的时间主要为早晨与傍晚。晨晚间外出的人比较少,环境安静,空气清新,有利于体育活动的开展。但是,晨晚间的时间比较有限,因此人们的活动范围也比较小,通常是以社区为主。国外企业有利用午间、工间进行体育活动的惯例,我国也曾推行过工间操等活动。有效利用休息时间来开展体育活动,对于提高学习、工作效率,有效缓解身体的疲劳具有非常重要的意义。

2.周末健身活动

周末健身活动的时间为周六至周日。我国实行双休日制,所以在周末人们会有比较充分的闲暇时间进行体育活动,周末体育活动通常是以休闲娱乐体育为主。由于我国大多数的体育设施都是在白天开放,因此利用上、下午进行体育活动的情况较为普遍。国外也有周末度假的习惯,因此,郊游、登山、海水浴等休闲体育比较盛行。我国周末羽毛球、台球、游泳等体育活动比较流行。由于周末的生活多以调节为主,所以采用积极性休息的方式进行休闲娱乐体育活动对于身体疲劳的恢复、情绪的转换具有非常重要的意义。

3.节假日健身活动

节假日健身活动的时间通常是在我国法定节假日,如春节、"五一"、"十一"等。我国推行长假制度,人们常常会利用长假进行旅游度假活动。因此,节(长)假体育以体育旅游、度假体育为主。我国的旅游资源非常丰富,可供体育活动的山川、森林、湖海以及度假体育设施非常充足,这就为人们实施体育旅游与度假体育创造了有利的条件。国外节假体育盛行自然体育,人们在体育活动过程中与大自然亲密接触,通过深入自然来达到消除疲劳、释放烦恼的效果。我国现阶段节假体育活动还不够普及,但是随着我国旅游市场的不断发展,节假体育将会实现更加迅速的发展。

(三)依据活动空间划分

1.社区健身活动

社区健身活动空间指的是利用住宅附近的体育设施从事健身活动的范围。利用半径在 $100\sim1\,000$ 米,通常划分为三个层次:第一层次是组团,即利用居住楼附近的空地、绿地进行体育活动;第二层次是小区,即利用住宅小区的各种体育设施(含健身路径、体育会所等)进行体育活动;第三层次是社区,就是利用生活社区的公园、公共运动场或者商业体育设施来从事体育活动。由于社区体育空间具有便利性与贴近生活的特征,是日常健身的主要活动空间。

2.城市健身活动

城市健身活动空间指的是利用所在区县、市、地区或省市的体育设施进行健身活动的范围,利用半径在 1 小时车程以内。城市健身活动通常分为三个层次,第一层次是区县,第二层次是城市,第三层次是地区或省(自治区)。对于大城市而言,可以是中心区、边缘区、郊区三个层次。城市健身活动空间的三个层次为人们选择体育活动提供了非常丰富的条件。通常来讲,随着区域级别的提升,体育设施的丰富性也会逐步提升,而对于大城市来说,中心区以商业、服务业为主,边缘区以住宅生活服务为主,郊区以农业、自然设施为主，也为提供不同的健身服务创造了条件。

3.城际健身活动

城际健身活动空间指的是利用城市圈、城市群和城市带的体育设施进行体育旅游活动的范围，利用半径约1小时至3小时车程。城际健身活动通常分为三个层次：第一层次是城市圈，即利用所在地的卫星城市或乡村体育设施进行体育活动；第二层次是城市群，如长江三角洲地区的体育旅游；第三层次是城市带，如长江流域、黄河流域等。由于城市圈、城市群和城市带具有区域文化相同、生活风俗相近的有利因素，便于进行体育交流，是开展旅游、度假体育的有利空间。随着交通、通信技术以及人们生活水平的不断提升，人们的体育旅游度假空间还将得到更大的扩展，从而创造更大的体育活动范围。

第三节　社区健身器械健身方法指导

一、社区上肢健身器械健身方法指导

在社区健身路径中，上肢的健身器械有很多，这里主要对上肢牵引器、太极揉推器、臂力训练器以及鞍马训练器的健身使用方法进行阐述。

（一）上肢牵引器健身方法

1.器械结构

上肢牵引器在社区健身中的应用非常广泛。上肢牵引器一般是由立杆、挑杆、滑轮和牵引绳索等部件构成，绳索两端装有手柄，通过滑轮可供练习者自由牵拉（图6-1）。

2.健身方法

准备姿势：锻炼者背对器械双脚开立，双手分别握住两个手柄。

练习方法：锻炼者左、右手交替向下牵拉绳索，通过手臂的上下交替屈伸运动，锻炼肩关节及相关部位的肌肉力量。

量与强度：每组1～2分钟，2～3组，组间间隔时间为30～60秒。锻炼者可根据自身的具体情况合理安排运动负荷。

动作要领：将身体的重心落在两腿之间，两臂同时对抗性均衡用力，有控制地屈伸手臂，要避免斜拉用力。

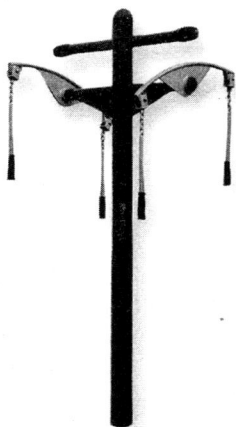

图 6-1

（二）太极揉推器健身方法

1.器械结构

太极揉推器以太极拳的推手动作作为基本的锻炼形式，是一种设计新颖的能达到强身健体作用的健身器材。太极揉推器的基本构造包括支架和转盘。转盘以斜向约 60°角成对安装，以配合推手动作的完成（图 6-2）。

图 6-2

2.健身方法

(1)太极推手

准备姿势:锻炼者面向器械双脚开立,屈膝下蹲、腰背自然放松。双手按压住转盘的盘面,双臂微屈。

练习方法:腰臂用力,按顺时针方向转动转盘,重心随手的方向及时移动;然后向逆时针方向转动转盘。

量与强度的控制:每个方向连续转动 10～15 次为 1 组,进行 2～3 组。组间间隔时间为 15～30 秒。锻炼者可根据自身的具体情况合理安排运动负荷。

动作要领:身随手动,身体的重心随手适时进行转换。

(2)太极双盘推手

准备姿势:锻炼者面向转盘,双脚左右开立,稍宽于肩,双腿微屈,双手分别按压住转盘盘面,双臂微屈。

练习方法:练习时,两手同时向内或向外转动转盘。

量与强度的控制:每组 15～20 次,2～3 组,组间间隔时间为 15～20 秒。锻炼者可根据自身的具体实际合理安排运动负荷。

动作要领:练习时手臂协调发力,将身体的重心控制在两腿之间。

(三)臂力训练器健身方法

1.器械结构

臂力训练器是一种需要两个人配合使用的锻炼器械。臂力训练器由用拱形横梁链接的两根立柱、转轮等组成。锻炼部件是对称的两个转轮,它置于器械的两边,并装在同一根轴上(图 6-3)。

图 6-3

2.健身方法

准备姿势：两名锻炼者分别面对转轮站立，双手握住转轮的边缘，双脚开立与肩同宽。

练习方法：练习时，两人同时向左对抗用力，再同时向右对抗用力转动转轮，往返 4~6 次。然后，同时向左、向右来回转动转轮。左右转动相结合，使双臂的肌肉得到均衡锻炼和发展。

量与强度的控制：锻炼时往返转动 10~15 次，共做 2~3 组。组间间隔时间为 20~30 秒。锻炼者可根据自身的具体情况合理安排运动负荷。

动作要领：两人用力配合协调一致。对抗用力时，一方不可突然停止用力或者撤离。

(四)鞍马训练器健身方法

1.器械结构

鞍马训练器外形看类似于体操比赛中使用的鞍马，主要由扶手、鞍马座组成（图 6-4）。

图 6-4

2.健身方法

(1)斜卧撑

准备姿势：锻炼者面向器械站立。

练习方法：练习时，双手握住扶手，身体展直成斜面俯撑姿势。然后做俯卧撑练习，锻炼者腰腹肌配合用力，以保持躯干平直；锻炼者也可屈臂，然后推手、快速击掌，再还原成斜面俯撑姿势。

量与强度的控制:斜面支撑控制1～2个8拍为1组,完成2～3组。推撑击掌动作连续完成5～10个为一组,做2～3组。锻炼者可根据自身的具体情况合理安排运动负荷。

动作要领:腰腹控制用力,躯干保持平直。

(2)直臂侧撑

准备姿势:锻炼者面向器械站立,双手握住扶手,身体展直成斜面俯撑姿势。

练习方法:身体向左翻转90°,成右臂支撑,左臂上举的侧撑姿势,控制1个8拍后,还原成斜面俯撑姿势,换另一方向完成练习。

量与强度的控制:左、右方向各做1个8拍为1组,做2～3组。组间间隔时间30～60秒。锻炼者可根据自身的具体情况合理安排运动负荷。

动作要领:支撑姿势转换时需顶肩、收腹、展髋,身体控制稳定。

(3)俯撑平衡举腿

准备姿势:锻炼者面向器械站立,双手握住扶手,身体展直成斜面俯撑姿势。

练习方法:锻炼者保持俯撑姿势,右手、左腿同时抬起,与身体成一平面。控制1个8拍后还原成俯撑姿势,然后换另一侧肢体完成练习。

量与强度的控制:左、右各做1个8拍为1组,做2～3组。组间间隔时间30～60秒。锻炼者可根据自身的具体情况合理安排运动负荷。

动作要领:腰腹用力维持身体平衡,支撑臂直臂顶肩。

(4)直臂仰撑

准备姿势:锻炼者背对器械站立,双手扶住扶手,身体展直成仰撑姿势。

练习方法:练习时,腰腹肌配合用力,进行手臂屈撑、推直动作,保持身体躯干的平直。

量与强度的控制:连续完成6～10个为1组,做2～3组。锻炼者可根据自己的具体情况逐渐增加次数和组数。

动作要领:手臂屈撑,腰腹控制用力,躯干保持平直。

(5)仰撑下蹲

准备姿势:锻炼者背对器械站立,双手扶住扶手,身体展直成仰撑姿势。

练习方法:练习时,锻炼者屈膝下蹲,同时顺势屈臂,保持片刻后还原。

量与强度的控制:连续完成10～15个为一组,做2～3组。锻炼者可根据自身的具体情况合理安排运动负荷。

动作要领:下蹲时腰背挺直,收腹用力。

(6)直角支撑

准备姿势:锻炼者面向器械,两手握住扶手。

练习方法:练习时,锻炼者直臂支撑,同时收腹举腿成直角支撑姿势。

量与强度的控制:控制 4～8 秒为 1 组,做 2～3 组。锻炼者可根据自身的具体情况合理安排运动负荷。

动作要领:直臂支撑、顶肩、收腹,双腿并拢伸直。

(7)支撑跳跃

准备姿势:锻炼者面向器械蹲立,两手握住扶手。

练习方法:练习时,蹬地、提臀、屈膝收腿,两腿从两手之间穿过。体力较好的锻炼者,两脚落地后迅速屈腿收腹,从两手之间穿回到原地。

量与强度的控制:连续完成 6～10 次为 1 组,做 1～2 组。该练习对于锻炼者的肩带、上肢以及腹部力量有着较高的要求,锻炼者可根据自身的具体情况合理安排适宜的运动负荷。

动作要领:屈腿迅速,腰腹用力,顶肩提臀、穿腿。落地后身体保持平衡。

二、社区下肢健身器械健身方法指导

(一)健骑机健身方法

1.器械结构

健骑机又称"骑马器",因其造型及使用时人机整体上下起伏的姿态,犹如健儿跨骑骏马而得名。健骑机主要由底座、座鞍、脚蹬及把手等部件组成(图 6-5)。

图 6-5

2.健身方法

准备姿势：锻炼者侧立于器械旁，双手正握把手，双脚分别踏住脚蹬，坐于器械上，保持挺胸立腰的姿势。

练习方法：练习时，双腿向下用力蹬伸，同时双臂用力将把手拉至腹前，直至双腿蹬直、身体展直，然后腿、臂放松，在自身重量的作用下，使健骑机回到初始位置，多次重复。

量与强度的控制：每组 20～25 次，2～3 组。锻炼者可根据自身的具体情况合理安排运动负荷。

动作要领：握紧把手，上下肢协调用力，身体充分伸展。

(二)漫步机健身方法

1.器械结构

漫步机也称"太空漫步机"。漫步机主要由底座、斜型支撑、把杆、悬臂及踏板等部件组成（图 6-6）。通常来讲，构成底座的槽钢通常是焊接成一体的，并固定于地面，此结构增大了器械的基面，提高了安全性。根据不同的锻炼形式，漫步机又分为锻炼下肢的漫步机与锻炼上下肢的漫步机两种。这两种漫步机在我国很多社区中都能够见到。

图 6-6

2.健身方法

准备姿势：锻炼者双手握住横杠，双脚分别踩在踏板上，人体保持自然站立姿势。

练习方法:练习时,两腿伸直、左、右腿同时向前、后相反方向用力分腿迈步,迈开至一定角度(约 60°)时,顺重力作用自然下行,至垂直线时转换为右腿前迈,左腿向后运动。两腿以自然协调的姿态交替迈步。

量与强度的控制:漫步幅度由 4 至 11 大,每组 30~60 次,1~2 组。锻炼者可以根据自己的情况安排相应的运动负荷。

动作要领:握紧把手,以髋关节为轴心、顺重力作用运动,使两腿以自然协调的姿态交替迈步。

(三)双柱四位蹬力器健身方法

1.器械结构

双柱四位蹬力器主要是由座椅、把手、挡板等部件构成(图 6-7)。

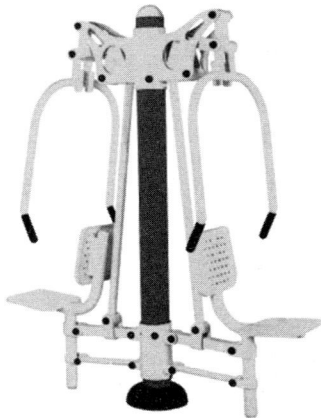

图 6-7

2.健身方法

(1)小幅度快节奏练习

准备姿势:锻炼者坐于座板上,背部靠实,双腿弯曲,双脚蹬住踏板。

练习方法:练习时,双腿做小幅度、快频率的蹬伸练习。屈伸节奏控制在 1 拍 1 动。

量与强度的控制:每组 30~60 次,1~2 组。锻炼者可根据自身的具体情况合理安排运动负荷。

动作要领:大腿肌群和腰腹同时用力,下肢快速小幅度地屈伸。

（2）大幅度慢节奏练习

准备姿势：锻炼者坐于座板上，背部靠实，双腿弯曲，双脚蹬住踏板。

练习方法：练习时，双腿做大幅度、较慢节奏的蹬伸练习，两拍一次。

量与强度的控制：每组 30～60 次，1～2 组。锻炼者可根据自身的具体情况合理安排运动负荷。

动作要领：下肢大幅度慢节奏地屈伸，双腿不用完全伸直。蹬踏时速度稍快，再较慢速度有控制地收回，可增加锻炼的效果。

（3）提踵练习

准备姿势：锻炼者坐于座板上，背部靠实，双腿弯曲，双脚蹬住踏板。

练习方法：练习时，双腿伸直，脚掌蹬紧踏板做提踵练习。

量与强度的控制：每组 10～15 个，2～3 组。锻炼者可根据自身的具体情况合理安排运动负荷。

动作要领：脚踝尽力上提，并有控制地还原。

（四）斜躺健身车健身方法

1. 器械结构

斜躺健身车主要由座椅、转轮、脚蹬、把手、靠背等构件组成（图 6-8）。

图 6-8

2. 健身方法

准备姿势：锻炼者坐靠于座板上，上体稍向后仰，双手握住两旁的扶手，双脚踩在踏板上。

练习方法：练习时，双腿像蹬自行车一样踩住踏板做向前或向后的骑行运动。

量与强度的控制：每组 2～3 分钟，1～2 组。锻炼者可根据自身的具体情况合理安排运动负荷。

动作要领：躯干贴紧背板，腰腹发力，匀速做蹬伸腿练习，不可突然发力。

（五）直立健身车健身方法

1.器械结构

直立健身车主要由座椅、转轮、脚蹬、把手、靠背等构件组成（图 6-9）。

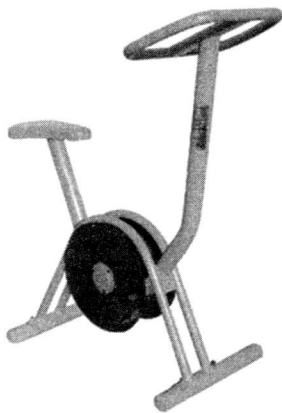

图 6-9

2.健身方法

准备姿势：锻炼者坐于座板上，双手握紧扶手，双脚分别踩蹬在左右踏板上，上体立直。

练习方法：练习时，双腿像蹬自行车一样踩住踏板做向前或向后的骑行运动。

量与强度的控制：每组 2～3 分钟，1～2 组。锻炼者可根据自身的具体情况安排相应的运动负荷。

动作要领：匀速完成蹬伸腿练习，不可突然发力。

三、社区腰腹健身器械健身方法指导

(一)仰卧起坐器健身方法

1.器械结构

仰卧起坐器的主要功能是供人们进行仰卧起坐锻炼,但也可以进行一些腰腹肌肉力量的练习。器械的结构比较简单,主要包括支架、挡管、腹肌架(图 6-10)。

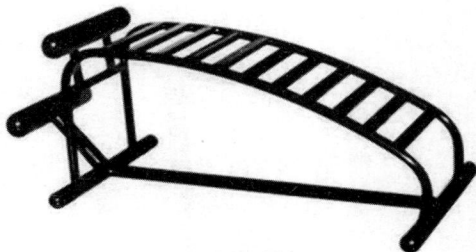

图 6-10

2.健身方法

(1)仰卧起坐

准备姿势:锻炼者坐于器械上,双脚勾住挡管,双手扶住头后部,躺在器械上。

练习方法:练习时,腰腹发力,上体抬起成坐立姿势,然后还原。

量与强度的控制:每组 10~15 个,2~3 组。锻炼者可根据自身的具体情况合理安排运动负荷。

动作要领:双手扶住头后部,腰腹发力,上体有控制地抬起和躺下。

(2)仰卧起坐转体

准备姿势:锻炼者坐于器械上,双脚勾住挡管,双手扶住头后部,躺在器械上。

练习方法:上体抬起时,向右(左)侧转体,然后还原。

量与强度的控制:每组 10~15 个,2~3 组。锻炼者可根据自身的具体情况合理安排运动负荷。

动作要领:双手扶住头后部,腰腹发力控制上体,腰和肩带动上体转动。

(二)转腰器健身方法

1.器械结构

转腰器主要由底座、底盘、转盘、立柱和把手组成(图 6-11)。底座安装于地面,转盘与底盘之间的连接通常是用滚珠环,它使得转盘活动自如。

图 6-11

2.健身方法

准备姿势:锻炼者双手扶住把手,两脚自然地站在转盘中央,两侧保持均衡。

练习方法:练习时,上体保持不动,髋部和腰部用力,使身体向左、向右来回转动。

量与强度的控制:每组 2～3 分钟,2～3 组。锻炼者可根据自身的具体情况合理安排运动负荷。

动作要领:双肩与上体尽可能保持不动,髋与腰带动身体转动,速度均匀、缓慢,逐渐加大转动幅度。

(三)伸背器健身方法

1.器械结构

伸背器主要由立柱、扶手环、圆柱形曲面等部件构成(图 6-12)。

图 6-12

2.健身方法

准备姿势:锻炼者双脚开立站在器械前,双手分别握住扶手管。

练习方法:练习时,下肢自然放松,躯干依托器械弧度向后充分伸展,颈椎放松。

量与强度的控制:伸展 2～4 个 8 拍为 1 组,2～3 组。锻炼者可根据自身的具体情况合理安排运动负荷。

动作要领:伸展时,颈与腿保持放松,背部依托器械弧度向后完全伸展。

(四)腰背按摩器健身方法

1.器械结构

腰背按摩器主要由立柱、扶手、座板、按摩柱组成(图 6-13)。

图 6-13

2.健身方法

（1）腰部

坐式：锻炼者坐于座板上，腰部紧靠按摩柱，双手握住扶手，上下拉动按摩柱，通过按摩柱的上下滚动，对背部肌群进行纵向按摩。

立式：锻炼者双脚开立，双腿下蹲成马步状，背靠按摩柱，双手握扶手，身体左右运动，滚柱会随背部的运动而滚动，对背部肌群进行横向按摩。

量与强度的控制：锻炼者根据自身的身体状况调整腰背部按摩时间，每次不宜超过 2～3 分钟。

动作要领：背部贴紧按摩柱，被按摩部位稍用力，移动速度均匀、缓慢。

（2）肩部

准备姿势：锻炼者双脚开立，稍屈膝下蹲，肩部紧靠按摩柱。

练习方法：练习时，肩部左右运动，滚柱会随肩部的运动对肩部肌群进行按摩。左、右肩交替进行。

量与强度的控制：锻炼者可以根据自身的具体情况调整肩部按摩的时间，每次不宜超过 1～2 分钟。

动作要领：肩部紧靠按摩柱，被按摩部位稍用力，移动速度均匀、缓慢。

四、社区综合健身器械健身方法指导

（一）划船器健身方法

1.器械结构

划船器是模拟划船运动的健身器材，它主要由固定座垫、脚蹬、桨把，以及阻力构件等部件组成（图 6-14）。

图 6-14

2.健身方法

（1）大幅度屈伸运动

准备姿势：锻炼者于座板中部坐定，手握扶手，脚踩踏板。

练习方法：练习时，双臂、双腿同时用力，做大幅度的屈、伸运动。

量与强度的控制：每组 2～3 分钟，2～3 组。锻炼者可根据自身的实际情况安排相应的运动负荷。

动作要领：练习时手拉、脚蹬，手脚协调配合用力，还原时稍放松手臂和双腿。

（2）小幅度屈伸运动

准备姿势：锻炼者坐于座板中部，手握扶手，脚踩踏板。

练习方法：练习时，手臂主动用力，双臂、双腿做小幅度的屈、伸运动。

量与强度的控制：每组 1～2 分钟，2～3 组。锻炼者可根据自身的实际情况安排相应的运动负荷。

动作要领：手臂要主动用力，上下肢屈伸幅度小、节奏较快。

（二）椭圆机健身方法

1.器械结构

椭圆机的基本结构包括支架、脚踏板和扶手（图 6-15）。器械通过支架固定于地面，脚踏板前端与扶手下端相连，运动时扶手与踏板连动，其后端通过一小段曲柄固定于器械的后轴上，使踏板的运动轨迹近似椭圆形。

图 6-15

2.健身方法

准备姿势:锻炼者双手紧握手柄,双臂保持微屈,双脚踩在踏板上,身体控制稳定。

练习方法:练习时,通过腿的推力,使踏板转动、手柄摆动,两腿做向前的循环运动。

量与强度的控制:每组 1～2 分钟,2～3 组。锻炼者可根据自身的具体情况合理安排运动负荷。

动作要领:身体控制稳定,上、下肢协调用力运动。

(三)单杠健身方法

1.器械结构

单杠是一种非常常见的健身器材,它主要由支架和把手组成(图6-16)。单杠的构造虽然比较简单,但是有着多样的锻炼方法。

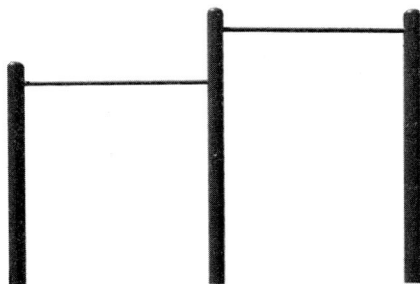

图 6-16

2.健身方法

(1)单杠悬垂

练习方法:直体悬垂,锻炼者跳起正握(反握)单杠,身体成直体悬垂状态,控制几秒钟后,也可进行身体小幅度的摆动练习。

量与强度的控制:每组 20～30 秒钟,2～3 组,感觉上肢酸胀,难握住杠为止,主动松手跳下。锻炼者可根据自身的实际情况合理安排运动负荷。

动作要领:双手握紧杠,颈部放松,身体向下充分伸展。

(2)引体向上

准备姿势:锻炼者跳起正握(反握)单杠,身体成悬垂状态。

练习方法:上肢用力上拉身体至下额越过杠面,然后还原。

量与强度的控制：练习次数和组数根据锻炼者自身能力而定。

动作要领：手臂用力屈臂、向上引体，有控制地伸臂还原。

（3）收腹举腿

准备姿势：锻炼者跳起正握单杠，身体成悬垂。

练习方法：腹肌用力，双腿伸直并拢、缓慢抬起至水平位置，控制片刻，然后还原。

量与强度的控制：每组 5～10 个，2～3 组。锻炼者可根据自身的具体情况合理安排运动负荷。

动作要领：肩背和腰腹发力，抬腿时脚背膝盖尽量伸直。身体能力较强的锻炼者，双腿可抬至上举的位置。

（四）双杠健身方法

1.器械结构

双杠也是一种非常常见的健身器械，与单杠不同的是，双杠由四个支架和两个把手组成（图 6-17）。

图 6-17

2.健身方法

（1）杠上前行

准备姿势：锻炼者站在杠端的两杠之间，双手分别握杠，跳起成杠上支撑。

练习方法：练习时，左、右手交替向前支撑，带动身体向前移动。

量与强度的控制：做 2～3 次往返行进。锻炼者可根据自身的具体情况合理安排运动负荷。

动作要领：直臂支撑，顶肩，重心稍左右移动，同时两手抓握前行。

（2）手臂屈伸

准备姿势：锻炼者站在两杠之间，双手分别握杠，跳起成杠上支撑。

练习方法:练习时,锻炼者在杠上做手臂的屈伸练习。

量与强度的控制:每组 5～10 个、2～3 组,组间间隔时间为 60～90 秒。锻炼者可根据自身的具体情况合理安排运动负荷。

动作要领:前臂控制不动,上臂和肩背肌群用力,完成屈臂、推撑动作,手臂屈伸时身体绷紧。

(五)天梯健身方法

1. 器械结构

天梯这种健身器械就像横挂在空中的一把梯子,装有十多个横杠。天梯的构造比较简单,主要包括立柱、支架、横杠等部件(图 6-18)。

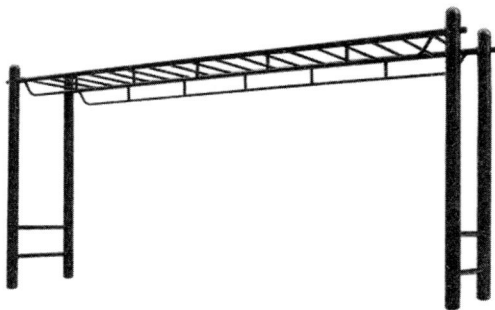

图 6-18

2. 健身方法

(1)屈膝悬垂

准备姿势:锻炼者双手抓握住天梯横杠,身体成悬垂。

练习方法:练习时,两腿屈膝、收腹,大腿抬起至水平以上位置,然后还原,2 拍一次。

量与强度的控制:每组 15～20 次,1～2 组。锻炼者可根据自身的具体情况合理安排运动负荷。

动作要领:双手紧握横杠,肩臂用力,提膝、收腹、抬腿。有控制地展体还原。

(2)收腹举腿

准备姿势:锻炼者双脚踩在起点的台阶上,或者跳起双手紧握天梯的横杠,身体成悬垂。

练习方法:练习时,腹肌用力,双腿伸直并拢,缓慢抬起至水平位置,控制片刻,然后还原。

量与强度的控制:每组 5～10 个,2～3 组。锻炼者可根据自身的具体情况灵活、合理地安排运动负荷。

动作要领:肩背与腰腹发力举腿,抬腿时脚背、膝盖尽量伸直。身体能力较强的锻炼者,双腿可抬至上举的位置。

(3)正(反)手抓握前行

准备姿势:锻炼者双脚踩在起点的台阶上,双手紧握天梯的横杠。

练习方法:练习时,掌心向前,左、右两手依次脱杠。向前抓握横杠,交替前行。

量与强度的控制:锻炼者根据自身的力量素质选择性练习,建议练习强度控制在 1～2 个往返。

动作要领:一手紧握杠,另一手脱杠瞬间,应借助身体前摆的惯性,向前伸臂抓握横杠。两臂连贯用力前行。

(六)肋木架健身方法

1.器械结构

肋木架的外形像一组大梯子,它是一种综合性的锻炼器材,在肋木架上可以进行多种形式的健身练习(图 6-19)。

图 6-19

2.健身方法

(1)肩部伸拉

准备姿势:锻炼者背对肋木站立,双脚并拢,双手握横杆。

练习方法:练习时,屈腿下蹲,同时腰背挺直,伸拉肩胸,然后还原。

量与强度的控制:每组 4～8 次,1～2 组。锻炼者可根据自身的具体情况灵活、合理地安排运动负荷。

动作要领:有控制地进行屈膝下蹲,被拉伸的肩胸部位有较明显的酸胀感。

(2)蹬拉练习

准备姿势:锻炼者面向肋木,双脚蹬住最低的一根横杆,双手握住肩前横杆,身体立直。

练习方法:练习时,双手依次下移,同时双脚依次上移至手脚接近位置,然后屈膝下蹲,伸展腰背肌肉韧带。

量与强度的控制:每组 4～6 次,2～3 组。锻炼者可根据自身的具体情况灵活、合理地安排运动负荷。

动作要领:手握脚蹬,手脚移动配合协调,伸展腰背时尽可能含胸低头。

(3)扶肋木架左右转髋

准备姿势:锻炼者面向肋木,两脚大于肩开立,双手握杆。

练习方法:练习时,髋关节用力左右转动。右转时,右脚脚跟着地支撑,左脚前脚掌着地支撑,左转时则反之。

量与强度的控制:每组 15～20 次,1～2 组。锻炼者可根据自身的具体情况灵活、合理地安排运动负荷。

动作要领:以髋带动,脚跟、脚尖转换及时,上体自然直立。

(4)收腹举腿

准备姿势:锻炼者背对肋木架站立,双手上举抓握横杠。

练习方法:练习时,腹肌用力,双腿伸直并拢、缓慢抬起至水平位置,控制片刻,然后还原。

量与强度的控制:每组 10～15 个,2～3 组,组间间隔时间为 60～90 秒。锻炼者可根据自身的具体情况灵活、合理地安排运动负荷。

动作要领:肩背与腰腹发力举腿,同时有控制地还原。对于身体素质较强的锻炼者,双腿可抬至上举的位置。

第七章 社会不同群体的健身方法研究

社会上不同的群体由于对于运动健身有不同的需求,而且适宜参与的运动项目也各有差异,因此对不同群体的运动健身,要按照区别对待的原则对其进行个别性指导,这样才能确保不同群体都能够在运动中取得良好的健身效果。本章就社会不同群体的健身方法进行研究,主要包括不同年龄群体、不同性别群体、不同社会阶层及社会弱势群体的健身指导。

第一节 不同年龄群体的健身方法指导

一、青少年儿童健身

(一)青少年儿童身体发展特征

1.儿童的身体发展特征

生长发育是儿童身体的主要特点,儿童的骨骼弹性大而硬度小,柔韧性较好,因而不易完全骨折,但易弯曲变形,需要引起关注。

由于儿童时期关节的灵活性与柔韧性较易发展,因此可适当安排有益关节活动和柔韧性发展的健身活动,但需要注意的是,儿童的关节牢固性较差,易脱位。肌肉方面,肌肉中含水量较高,蛋白质、脂肪以及无机盐类较少,肌肉细嫩。相较于成人来说,儿童期肌肉的收缩能力较弱,耐力差,易疲劳,但恢复速度相对较快。身高的发育要比体重的发育速度快,多呈现细长型。除此之外,神经系统已基本发育成熟,并且已经基本具备了从事各种复杂运动的身体能力,智力水平通常也较高。

2.青少年的身体发展特征

从儿童期进入青少年期,青少年的身体形态的各种指标增长速度会突然变快。整体来看,少年期的发育过程中是身体长度发育在前,横向发育在后。从手脚与躯干、四肢的发育状况上来说,是手脚和四肢的发育在前,躯干的发育在后。男女少年的身体发育有一定的差异性。

（二）青少年儿童健身指导

运动健身能有效促进青少年儿童的身体发育，因此，青少年儿童的运动内容、运动形式、运动量以及运动强度的安排都应该考虑到是否对青少年儿童的生长发育有非常积极的影响，要注重培养他们参加体育运动健身的兴趣和习惯，全面提高其各项身体素质。

1.青少年儿童健身运动的主要内容

对于儿童与青少年而言，参加体育运动健身时要注意多样化，同时要以自身爱好、身体条件和家庭条件为依据来选择所要参加的项目，参加体育运动健身主要以增强体质为目的，跑、跳、投、游泳、球类、体操、武术等形式多样的体育活动都适合儿童与青少年参加，在运动内容上没有太多的限制。

运动健身过程中，注意要对儿童与青少年良好的站、立、跑、跳等姿势进行有意识地培养，当发现存在身体姿势不正确或发育缺陷的问题时，需要在体育健身练习中及时加入矫正姿势和克服发育缺陷的练习。对少数在发育或健康上经常或暂时有显著异常现象的儿童与青少年，视其情况，可减免体育活动，并进行针对性医疗体操的练习，促进其身体康复。

2.青少年儿童运动的形式

由于受年龄因素的影响，青少年儿童的神经系统的特点是兴奋过程占优势并容易扩散，活泼好动，注意力不易集中是主要表现特征。所以，儿童青少年在运动的过程中，每种活动都不要持续太长的时间，青少年儿童要通过多种形式的体育活动来进行锻炼，防止只参与单一的体育项目。在更换体育项目的过程中要有适当的间歇，家长或教师可以采用直观和示范性的手段引导和组织青少年儿童参与运动健身，同时注意培养他们的思维、分析能力。随着青少年儿童年龄的增长，其神经系统的抑制过程逐渐发展，最后兴奋和抑制之间的关系会达到均衡。

3.青少年儿童的运动量

与成年人相比而言，青少年儿童的心脏的每搏输出量和每分输出量的绝对值要小，但其相对值（以每千克体重计算）大于成年人，年龄越小相对值越大。这个特点说明了青少年儿童的心脏能适应短时期紧张的体育活动。因此，对于他们的运动量要进行合理安排，13—14岁以后，心血管系统机能与成人逐步接近，可以承受较大的运动量训练，但也应注意遵循循序渐进和个别对待的原则。同年龄个子高大的少年,性成熟迟缓,心脏发育也较迟缓,心脏的负担量相对较大,在安排运动量时应注意区别对待。

4.青少年儿童的运动强度

对于 12 岁以下的青少年儿童,运动强度一定不要太大,运动时间也不要过长;对于 12 岁以上的青少年儿童,在运动强度上可以稍大一些,但密度要小一些,间歇次数要多一些,对负荷过大的力量性练习和消耗过大的耐力性练习则不宜过多安排。一般青少年儿童多以心率控制运动强度,120 次/分钟以下为小强度,120～150 次/分钟为中强度,150～180 次/分钟为大强度,180 次/分钟以上为超大强度。

需要注意的是,儿童的肌肉较易疲劳,但恢复较快,因此,每周运动健身的次数可多次安排,一般以每日 1 次或一周 4～5 次为宜。

二、青壮年健身

(一)青壮年生理发展特征

青壮年时期是一个人的黄金时期。在这一时期,人各器官组织的生长发育都已基本完成,各方面的身体素质也处于较高的水平。适合青壮年参与的体育运动健身项目众多,可以自由地进行选择。这一阶段,青壮年在进行相应的体育运动健身项目选择时,会依据自身的身体条件、运动兴趣以及生活习惯等做出相应的判断。由于各项身体素质大都处于一生中的巅峰,因此,能够承受较大的运动负荷量。

(二)运动健身对青壮年的作用

运动健身是青壮年生活的重要组成部分,对青壮年有着重要作用,这种作用不仅体现在健身健心方面,还体现在社会交往方面。青年人已走入社会,在社会中扮演着不同的角色,在社会中,青年人需要和各种人打交道,人际交往成为青年人融入社会、适应社会的关键。体育健身运动在很多情况下充当了青年人人际交往的手段。青年人经常走出家门,参加体育健身活动,如以武会友、以棋会友,在丰富多彩的健身运动中,社会交往范围不断拓宽,与他人建立了深厚的友谊,情感交流需求得以满足,良好的人际关系逐渐建立,使其在生活和工作中保持更加愉快与活力的状态。

青年人的心理素质处于较高水平,感知、记忆、想象能力均达成熟水平,心智活动的效率达到最高水平,理解能力、分析能力、推理能力以及创造思维能力也比较强。一些休闲娱乐而又发展智力的健身项目成为青年人运动健身的主要内容,如象棋、围棋、桥牌和扑克等,从事这些体育健身运动,不仅可以达到健身与娱乐消遣的目的,还可以起到锻炼思维和智力的效果。但是,需注意的是,参与这些健身活动要有度,否则,便达不到健身的目的。

青壮年人由于自身的特点,往往缺乏良好的自控能力,情绪稳定性较差,容易过度痴迷感兴趣的事物,因此在运动健身中,需要遵循相关准则和道德,养成良好的体育健身习惯,保证顺利参与运动健身,并促进理想健身效果的获得。随着年龄的增长,社会角色和生活环境也会不断变化,青壮年人要养成进行运动健身的好习惯,为中年时期的健康打下基础。

(三)适宜青壮年健身的项目

青壮年的肌肉、骨骼和各器官系统等都已发育完善,体格健壮,运动能力强,处于进行体育运动健身的最佳时期。因此,青壮年具备了从事运动健身的良好的身体条件,基本上可以参加任何形式的运动健身项目。

青壮年进行运动健身大都会有明确的规则,竞赛意识较强,运动的强度也是中等偏上,内容多为一些篮球、足球、羽毛球、网球、拳击、散打等对抗性和竞技性强的运动,这与其体力充沛、精力旺盛等特点密切相关。

由于青壮年身心发展的特点,一些新颖的运动健身项目备受其青睐,如登山、攀岩、徒步穿越、驾车远游、赛车、山地自行车、轮滑、高山滑雪、潜水、冲浪、江河漂流、空中滑翔、溪降、溜索、蹦极等。这些体育运动较为新颖,而且对人的冒险精神与极限挑战能力有较高的要求,能够满足青壮年追求刺激、挑战极限、征服自然的需求,参加这些运动的青壮年大都兴趣广泛、爱好多样,有较强的自我意识,探新求异的需求旺盛,展示个人魅力的欲望强烈,良好的身体基础和独立的经济为青壮年从事这些运动提供了基础。当然,这些新兴的体育运动对人的身体素质要求较高,并且花费较大。因此,在进行这些项目的运动健身时,青年人们不能仅凭一时激情就盲目选择健身的项目,一定要根据自我的条件,慎重考虑,选择适合自己的运动健身项目。

青年时期,人们一般对自己的外在形象格外在意,青年期也是人一生中体型、肌肤、容貌最完美的时期,青壮年具有保持优美体型、健美肌肤和青春容貌的强烈愿望。因此,在运动健身内容方面,一些健美健身运动也是比较受青壮年欢迎的项目,如青壮年会定期去健身房、健美馆或者体操房跳舞、跑步,游泳也是其保持优美体型的一个重要健身项目。

三、中年人健身

(一)中年人身体发展特点

中年人的身心发展具有显著的年龄特点,此类人群具有丰富的工作和生活经验,事业上也取得了一定的成就,并且很多人成为工作单位的重要支撑。人到中年之后,身体的各项机能以及各方面的素质逐渐开始下降。具体表现在以下两个方面。

(1)中年人各方面的身体机能不断下滑,在工作和生活的巨大压力下,很多人进入到疾病多发的困难时期。

(2)物质生活条件的改善也容易造成中年人的营养过剩,再加上中年人的精力开始减退,很多人开始发胖,体力也明显衰退,运动之后产生的运动疲劳也不容易恢复。

(二)适宜中年人健身的项目

步入中年,人的身体机能会出现一定的下降,运动观念也会发生一定程度的变化,与青年人追求刺激、追求时尚相比,中年人更倾向于树立健康理念和追求运动品质,更注重体育的内涵及运动养生与健身价值。因此,散步、慢跑、自行车骑游、爬山、游泳、跳操、跳舞等有氧运动和对体能要求不高的小球运动颇受中年人的偏爱,象棋、扑克、麻将、垂钓等一些修身养性和愉悦身心的非运动性体育项目也颇受欢迎。

从中年时期开始,人体的运动能力和运动素质会不断地下降。青年人喜爱的那些运动负荷大、对抗强烈、高速度、高强度的运动项目,尤其是一些冒险运动和极限运动项目对于中年人来说,因为身体条件的限制已无法适应。而健身、娱乐为目的的休闲体育运动与中年人的身体特点相适应,因此负荷适宜的健身类、健美类、娱乐类、保健康复类等运动项目,受到广大中年人的喜爱。

经过多年的奋斗,相对青年人来说,中年人有了更加雄厚的经济基础,这使得他们的体育运动与健身观念也发生了一定程度的改变,中年人的体育健身一般有着高档消费的特点。中年人一般家庭稳定,事业有成,喜欢出入高档体育活动场所,如高档体育俱乐部,享受俱乐部提供的优美的环境设施和高品质的服务。高尔夫球、保龄球、网球、赛车、射击等高品质的健身项目深受这一阶段人群的欢迎和喜爱。

随着年龄的增长,中年人的人生阅历和经验越来越丰富,与此同时他们对体育运动的兴趣越来越窄,但更为持久稳定。在青年时代热衷的体育项目,中年时代对其的热度已降低,而体育兴趣的稳定持久主要体现在,中年人一旦确定了喜爱的某一项目,便很少再为其他兴趣所干扰。这种特点对中年人养成良好的体育健身习惯、理解体育运动的内涵、享受体育健身的乐趣非常有利;但是一旦因各种条件导致此项运动无法正常进行,中年人便会中断参与这项运动,从而影响其生活质量。因此,中年人参与运动健身可以从自己的兴趣出发,但也要多选择几项运动项目,注意在选择具体的健身项目时在活动性质、内容结构和时间结构上的合理搭配,以便良好体育健身习惯的养成。合理选择健身活动不但能够丰富健身者的业余生活,还能使其充分享受体育健身带来的益处。

球类运动深受人们的喜爱,也是中年人运动健身的重要选择。在球类运动中,传统的乒乓球、羽毛球、网球、门球自不用说,一些小群体的球类运动,如3人篮球、5人制足球、沙滩排球等,因其趣味性、娱乐性强,也成为中年人选择健身项目的热衷对象。一般来说,中年人的探新求异欲望已减退,但这并不妨碍一些新兴体育项目在中年人中的流行,如溜索、潜水、冲浪、滑水、赛艇、漂流、飞伞、热气球、卡丁车等,但毫无疑问,中年人在精力与体力方面已不如青年时期,因此在参与这些运动健身项目时,不会持续很久。

中年人已经具备了休闲体育的基本知识和体育运动的基本技能,但是由于客观条件的限制,如工作繁忙等,往往缺乏休闲体育的主动性和积极性,因此要增强中年人的休闲体育意识,多组织休闲体育活动,让中年人参与其中,形成休闲体育的习惯,使休闲体育成为他们丰富文化生活和组成生活方式的主要内容之一,为他们的终身体育打下坚实的基础。

(三)中年人运动健身的注意事项

中年人在进行运动健身时需要注意以下几方面。

1.运动负荷安排要科学、合理

运动量的选择要以自己的健康状况和运动经历等具体情况为根据,并要逐渐加大运动量,但是每周增幅不宜超过10%。为避免使肌肉骤然紧张,发生运动损伤,不能突然进行剧烈运动。从心率方面说,运动时中年人心率最低应达到110次/分,但不要超过160次/分。

2.注意坚持

在运动健身过程中,准备活动和整理活动必不可少,中年人在每次健身时,要有5～10分钟的准备活动(可采取静力性伸展,加强腹部、髋部和腿部力量的运动)和 5～10 分钟的整理活动(多采用静力性伸展运动,以促进有效的恢复)。运动的频率则为每周至少 3 次,要坚持运动,只有如此才能达到预期的健身效果。

3.灵活安排运动时间和地点

中年人工作繁忙,一般无法确定固定的时间和地点,因此可以根据实际情况选择时间和地点,以便顺利进行健身运动。

四、老年人健身

(一)老年人身体发展特点

1.心血管系统

老年时期,人的心肌组织发生退变,主要表现在心肌纤维萎缩、数量减少,结缔组织增生,脂肪沉着等方面,因而心肌收缩力量也会逐渐减弱,心脏排血量少,对体力活动负荷的适应能力下降。老年人动脉血管壁的硬化使其弹性降低,管腔变窄,血流阻力增大,血液循环减慢,血压升高。

适当的体育活动可使身体对血液循环系统功能的要求大大提高,促进心脏工作能力的加强。经过一段时间的锻炼,可使心肌的收缩力加强,心脏每搏输出量增加,心搏频率减慢。据观察,经常进行身体锻炼的男子,60 岁时的心脏排血量可相当于 40 岁不锻炼者的数值。此外,体育健身活动还可增加心脏冠状动脉的血液循环量,促进参与血液循环的毛细血管的增加,从而使对心肌的氧气和营养物质的供应得到改善。通过健身运动,老年人的冠状动脉的循环机能得到代偿,血管的弹性得以增强,脂质代谢不断改善,血脂得以降低,这对防止冠心病,推迟动脉硬化的速度十分有利。同时,健身又能锻炼外周血管的收缩和舒张机能,加强血管壁细胞的氧供应,促进代谢酶的活力,防止脂肪沉着。因此,能保证血管壁的弹性,预防血管硬化和狭窄的出现。

2.中枢神经系统

老年人大脑细胞随年龄增加而逐渐减少。因大脑细胞的减少,脑的功能便随之减弱,表现为对外界刺激的反应迟缓,记忆力降低,神经系统易出现疲劳且恢复缓慢,大脑对身体各器官系统的调节功能减退。

坚持参加体育活动能延缓老年人脑动脉硬化的过程,使脑动脉血中的氧含量增加,从而改善脑细胞的供氧状况,减轻脑血管和脑细胞的萎缩,维持其正常的功能。此外,通过肌肉骨骼系统的活动,可刺激和调整老年人大脑皮层的兴奋和抑制功能,提高大脑对身体各部位和各器官系统的神经支配调节能力,从而使整个集体的功能处于良好的状态。事实证明,适当参加体育活动的老年人大多精神饱满、耳聪目明、判断力强,对周围事物的反应较快。

3. 呼吸系统

老年人肺组织逐渐纤维化,肺泡壁的弹性降低,胸廓活动的范围逐渐缩小,因而,肺功能逐渐减退,进而影响全身的氧气供应。

参加体育健身活动,特别是坚持以中国传统的医疗体育方法以及专门的呼吸操为锻炼手段,可缓解老年人肺组织的纤维化过程。气功和专门的呼吸操等还可增强呼吸肌力量,扩大胸廓和横膈的活动限度,使新鲜氧气的吸入量和二氧化碳的排出量大大增加。良好的肺通气和换气功能有助于促进氧气对身体各个部位的供应的增加,从而使肺部和整个人体的衰老过程延缓。从事体育活动和健身锻炼,对防治老年支气管炎、肺气肿十分有利。

4. 运动系统

老年人的运动器官会随年龄的增长而发生一系列的退行性变化,如骨质疏松、椎关节僵硬、关节活动幅度缩小、韧带的弹性退化、肌肉逐渐萎缩、肌肉力量和弹性降低等。因而,老年人中容易发生骨折、劳损以及颈、肩、腰、背等病症。

体育锻炼和适当的健身活动能有效地增强肌肉力量,促进韧带弹性和关节的灵活性的改善,使肌肉萎缩的概率降低,提高动作的协调性和灵活性,预防由这些组织退行性变化而引起的运动器官劳损等常见病的出现。

5. 消化系统

老年人的腹壁肌肉常常出现松弛无力的现象。由于胃肠道运动变弱,消化能力减退,因而易引起内脏下垂和便秘等疾患。

坚持锻炼身体并经常活动能够防止老年人腹肌无力,使其保持良好的胃肠张力和蠕动力。同时,体育活动可促进对食物的快速消化和吸收,可消除因食物消化不良引起的胃部不适现象。同时能防止老年人胃肠功能紊乱,保持其大便通畅。

6. 新陈代谢系统

老年人身体内部整个新陈代谢缓慢,能量转换不畅,脂肪和糖代谢障碍更为明显和突出,因而常引起体质变弱、肥胖和糖尿病等。

参加体育活动可活跃体内新陈代谢,加强体内氧化过程,增加细胞的物质能量储备,维持机体工作能力的正常进行。此外,肌肉活动可提高血液内脂肪酸和葡萄糖的利用,这对于防治体内脂肪积聚过多或糖代谢障碍等所引起的各种老年人常见病具有一定的积极作用。

(二)适宜老年人健身的项目

1.太极拳

人的体能是有限的,但人的知识能力则是无限的,在特定条件下,精神力量可以变成物质力量。太极拳就是把精神和思想的锻炼放在重要位置的一个健身项目,通过意识指导,来锻炼自身对外界环境的适应性。这样,身体必然得到有效的练习,使肢体的运动听从思想的支配,精神、思想和意图能够通过肢体的运动来良好地体现出来。太极拳这一健身项目要求老年人要对有限的体力合理地运用,并注重效果。

太极拳练习对许多慢性疾病,特别是对诸如高血压、心脏病、慢性肠胃炎、慢性肾炎、糖尿病、慢性肝炎、肺结核、气管炎、哮喘、关节炎和神经衰弱等病症有明显的治疗效果。当然,对不同的疾病患者,在锻炼方法上应有所区别。因此,在医生或有关人员的指导下,老年人针对个人的身体状况和病情制定锻炼方法,这样效果会更好。太极拳对于老年人来说,可起到无病防病、强身健体、有病治病、帮助康复的作用。太极拳又是一种有趣味的运动,练拳时周身感觉舒服;练推手时感觉到活泼,可使精神焕发,是很适合老年人参加且实用性强的健身活动。

2.门球

门球是一项健康、高雅、实用的体育项目。据估计,在我国离退休人员和老年人群体中,参加门球活动的人数已达百万。由于门球的休闲娱乐性较强,这一项目非常适合老年人,因而在老年人中极为流行。

门球具有一定的竞技性,对身体条件的要求不高,活动量不大,动作无太大难度,技术易被掌握,是一项集娱乐、休闲、健身、智慧为一体的体育项目。门球具有户外性、集体性、自娱性、简便性等特点。从门球的特点看,这是一项情调健康、趣味高雅、活动量较小、有一定技巧、方便易学的"轻体育"项目。因此,门球对于老年人而言具有强身健体、悦心寄情、锻炼智力等功能与意义。

3.甩手运动健身法

甩手健身,动作简单易行,不需要场地和器材,其中以晨练时段为最佳,不宜在空腹、饥饿、饱餐时锻炼。甩手前,身体站直放松,两眼平视前方,两脚分开,与肩同宽,两臂自然下垂,两掌心向内。甩手时,两臂与身体的垂线之间角度不要超过 60°,后摆时与身体的垂线不要超过 30°,一般每回练习可摆动 100～150 次。甩手时要全身放松,心平气和,呼吸自然,愉悦轻松。动作结束后,要做粘弹、放松运动,如伸展活动、原地踏步等。

4. 广场舞

广场舞不是具体的舞种,它是一种舞蹈表演形式,是人们为娱乐和锻炼身体而自发参加的一种群体性舞蹈活动。广场舞历史悠久,可追溯到远古时代宗教祭祀活动。如今,广场舞作为一种独特的文化现象,已经成为越来越多的人进行运动健身的形式,并且逐渐受到了人们的重视。尤其是对于中老年人而言,广场舞动作节奏相对较为缓慢,能够使得其机体得到有效的锻炼,能够促进其健康体适能水平的提高。

广场舞内容丰富、形式多样,不必拘泥于固定的动作练习,具体的舞蹈动作及曲目练习这里不再赘述。需要注意的一点是,进一步规范广场舞的练习,减少广场舞健身的负面影响(如扰民)。引导广场舞的规范化发展既需要参与者的自觉,也需要社会各方面的理解和提供场地设施等便利条件。

5. 散步

如果老年人不经常进行运动健身,就会使肌肉得不到充足的氧供应,缺氧的肌肉感到酸痛,没有力气,这就会影响老年人的精神状态,影响其身心健康。老年人患有糖尿病、动脉硬化及高血压等疾病都与没有长期进行运动锻炼有关。

"散步"对老年人来说是一项十分有益健康的健身活动,散步主要是通过下肢关节肌肉来发力发成的活动。一定程度上而言,根据腿的灵活性可以对一个人的年龄及老年人的身体状况做出大致的判断。由此可见,对老年人来说,下肢灵活是十分重要的。老年人散步的时间通常选择在饭后,这样也有利于促进食物的消化,注意散步时要控制步子的大小与速度,不要疾走。

(三)老年人运动健身的注意事项

老年人参与运动健身要依据自己的心理与身体特征来进行,同时还应注意以下几方面的要点。

1.运动前做体格检查

受生理特点的影响,老年人在进行体育健身前,一定要做好体格检查,及时了解自己的身体健康状况,并结合检查结果和医生的建议合理安排运动,以免意外的发生。

老年人是多种疾病易发的高危人群,如果运动不当,很可能造成不必要的运动损伤和引发运动性疾病。实践证明,老年人在从事体育运动锻炼时容易发生的心血管疾病,大部分都是在旧有病变的基础上引起的。因此,老年人参加系统性的运动前和运动期间定期地进行身体检查是十分有必要的。这有利于老年人了解自己心血管系统功能、呼吸系统以及肌肉、骨骼运动系统的功能状况,有利于老年人科学健身。

2.循序渐进,坚持不懈

老年人进行体育健身一定要遵循循序渐进、坚持不懈的原则。循序渐进体现在老年人对健身项目的选择上和健身活动的方式上。坚持不懈是老年人参与体育运动的关键,老年人可以每天有规律地进行体育运动,或者每周进行不少于两次的运动,否则便难以达到良好的健身效果。在体育健身过程中,老年人要注意活动量的安排。根据人体机能的适应规律和人体生理机能活动能力的变化规律,随着年龄的增加,老年人的身体机能减退,因此老年人的活动量也应减少。

3.合理安排运动负荷

老年人参与运动健身,一定要把握好运动负荷,预防过度疲劳。这就要求老年人在运动中遵守科学锻炼的基本原则,量力而行,循序渐进。

如果不能合理安排运动负荷,在运动中麻痹大意,在增加运动量和运动强度或改变运动方式时就很有可能引发运动意外,即使是训练有素的人,如果违背了科学健身的原则,也容易造成过度劳累,会出现心血管意外。如在停止系统健身较久后骤然参加运动,可能造成过度劳累,出现急性心肌梗死;长期从事耐力健身的人突然参加速度健身项目,如跑步,可能在跑后即刻出现急性心肌梗死;饭后即刻参加剧烈运动,可能诱发心肌绞痛,导致急性心肌梗死。因此,老年人运动健身的负荷安排一定要合理,并因人而异,以免导致不必要的运动损伤和意外事故的产生。

4.重视运动卫生要求

老年人进行体育运动健身的卫生原则包括饭后至少间隔 1 小时才锻

炼;健身跑后不要马上大量喝水、洗热水澡等;夏天健身时间宜选择在清晨或傍晚,以避免中暑等。

5.加强运动中的医务监督

一般情况下,老年人在负荷较大的运动过后可能产生身体不适,如大多数老年人在跑后会出现膝关节痛的毛病,这属于正常的现象,主要是由于老年人随着年龄的增长,其骨关节会发生退行性改变。

这里主要以老年人运动中的膝关节疼痛为例来说明老年人在运动健身中如何科学地进行医务监督。当老年人的运动量安排过大时,就会出现过量负荷的各种症状,膝关节痛就是最早出现的一个症状。

老年人在跑后出现膝关节的疼痛症状具有一定的差异性,有的表现为锐利的痛,有的是钝痛或酸痛;有时在运动时出现钝痛或酸痛,有时则在长跑后才表现出来。除疼痛外,一般还出现膝打软、腿无力等症状。引起膝关节锐痛与长跑密切相关,除了急性肌肉拉伤外,一般是膝部外侧痛,它是膝外侧韧带上下的滑囊、软组织和腘肌腱损伤的总称,是一种参加长跑后逐渐引起的慢性损伤。其表现是向前摆腿伸膝时疼痛,疼痛剧烈时走路也困难,甚至被迫停止长跑才行。这是老年人长跑时膝痛的一个重要原因。

当老年人在长跑后发生膝钝痛或酸痛时,应先想到老年人的骨关节病、髌骨软骨病、伸膝筋膜炎和脂肪垫损伤。一般情况下,在运动量安排合适时,老年人参加长跑是不会引起已有的但无症状的骨关节病或髌骨软骨病的复发。如果排除上述原因,可以初步判断是老年人运动中跑的量过多或强度太大,再加上跑时步幅较大,半蹲姿势下的跳动过多而引起的这些病的疼痛症状。因此,老年人在运动期间,一定要遵守循序渐进的原则,不要突然加大运动量(跑得过快或距离太长),以避免运动膝痛的发生;如果是疾病引起,老年人应及时停止运动并就医治疗。

第二节　不同性别群体的健身方法指导

一、男性运动健身

(一)适宜男性健身的项目

男性大多喜欢身体碰撞、集体对抗、力量角逐和冒险性的运动,尤其喜欢刺激、新颖、时尚的新兴体育项目。男性经常参加的健身项目有篮球、足球、散打、拳击、登山、攀岩、野营、徒步穿越、驾车远游、赛车、轮滑、极限自行车、高山滑雪、溜索、滑冰、冲浪、潜水、赛艇、滑水、漂流、溪降、溯溪、悬崖跳水、空中滑翔、跳伞、热气球等。这是由男性的身体和心理特征影响的,男性大都拥有发达的肌肉、粗壮的骨骼和顽强的意志,为了彰显个性,将自己的"阳刚"魅力展现出来,促进生活阅历的丰富,他们大多偏好上述健身项目。

男性群体比女性群体具有更大的活动空间和选择余地。男女在参与跑步、自行车、游泳、乒乓球、羽毛球等传统项目方面无明显差异,但足球、拳击、散打、跆拳道和多数的极限运动与冒险运动以及围棋、象棋、垂钓、高尔夫球等都是偏男性化的项目。

(二)男性运动健身指导——以散打为例

上面阐述了适宜男性健身的项目,下面以散打为例,对其基本动作方法进行分析,以从实践方面指导男性参与运动健身。

1.基本姿势

(1)头部姿势

向内部收下颌,眼睛的视线集中在对方的面部上,通过眼睛的余光来对对方全身的活动进行观察,合拢牙齿,口与鼻呼吸相互要协调。

(2)上肢姿势

左手握拳并向上抬,左肘部弯曲约 90°～120°,左拳的高度与左肩齐平,向下沉左肘,向下倾斜拳心,轻握右手成拳势并放在下颌的右侧,右肘部弯曲约 80°～90°,与身体轻贴。

(3)躯干姿势

头颈部与前方正对,含胸、收腹、收臀,放松肩部,气沉丹田,将身体重心置于两脚中间。

(4)下肢姿势

双脚前后分开站立,两脚间距离比肩微宽(约 10～15 厘米),稍向内扣左脚尖,脚尖对准前方,身体重心置于脚前掌,抬起右足跟大约 2 厘米高,前脚掌斜向前方触地,微屈两膝,稍向内扣右膝,保持下肢肌肉处于一定的紧张状态,但不要过分紧张。

2.步法

(1)滑步

前滑步:做好基本准备姿势,用右脚掌蹬地,左脚顺势向前移动半步,左脚着地,右脚随左脚移动而跟进,跟进距离同样为半步,基本姿势保持不变。

后滑步:做好基本准备姿势,用左脚掌蹬地,右脚顺势向后移动半步,右脚着地,左脚随右脚移动而跟进,跟进距离同样为半步,基本姿势保持不变。

左滑步:做好基本准备姿势,用右脚掌蹬地,左脚顺势向左移动半步,左脚着地,右脚随左脚移动而跟进,跟进距离同样为半步,基本姿势保持不变。

右滑步:做好基本准备姿势,用左脚掌蹬地,右脚顺势向右移动半步,右脚着地,左脚随右脚移动而跟进,跟进距离同样为半步,基本姿势保持不变。

（2）垫步

散打运动中经常会用到垫步,垫步的方向有前、后两种。垫步的方法与滑步是相反的,想要往哪个方向移动,就首先移动相反方向的那只脚,另一只脚随之跟进,而且跟进速度要快,基本姿势保持不变。如后垫步,做好基本准备姿势,左脚掌蹬地向后方移动一步,右脚随之向前移动一步,基本姿势保持不变。前垫步则相反。

（3）环绕步

散打运动中,环绕步也是一种基本步法。环绕步的动作是,做好基本准备姿势,用右脚前脚掌蹬离地面,左脚顺势向左滑动,滑动一小步即可,右脚随左脚的移动而同样向左滑动,右脚需要滑动一大步,基本姿势保持不变,向左滑动右脚时不能超过左脚。

（4）弹跳步

弹跳步同样是散打运动的基本步法。弹跳步的动作方法是:双脚前掌用力蹬地腾空,在基本姿势保持不变的情况下向任何方向跳动,双脚落地,落地可以同时也可以分开。蹬地腾空时不能与地面距离过远,而且步法要轻快。

3.拳法

（1）冲拳

左冲拳:左脚在前,实战步。前脚掌蹬地,身体稍左转,重心稍前移,左拳向前击出,右拳放于下颌外侧待发,随即,拳顺原路收回成实战步。

右冲拳:右冲拳与左冲拳大致相同,只是发拳时身体要倾向左侧,为了击得远,后脚跟可提起向体外转动。出拳路线要直,出冲拳速度要快,攻击对方中、上盘。

（2）摆拳

左摆拳:左脚在前,实战步。上体微向右转,同时左拳向外、向前、向里横掼,臂微屈,拳心朝下,力达拳面或偏于拳眼侧,右拳护于右腮,目视前方。

右摆拳:预备势开始,右脚微蹬地并向内扣转,合胯并向左转腰,同时右拳向外(约 45°)、向前、向里横掼,力达拳面或偏于拳眼侧;左拳回收至左腮前。

(3)勾拳

左抄拳:左脚在前,实战步。身体右转,重心略下沉,同时左脚掌蹬地,脚跟外转,向右上挺髋,左拳借此力向右上出击,肘弯曲 90°~110°左右,拳心朝里,力达拳面,目视前方。

右抄拳:打右抄拳略同左抄拳,右脚蹬地,扣膝合胯,微向左转腰的同时,右拳由下向前、向上抄起,上臂与前臂夹角在 90°~110°之间,拳心朝里,力达拳面;左拳回收至右肩内侧。

4.腿法

(1)蹬腿

蹬腿的动作与直拳的动作道理是相同的,它是用脚底部位向前直线蹬出来完成的,蹬腿技术的杀伤力较大,在比赛中具有重要的实用意义。蹬腿主要有以下两种方法。

左正蹬:左脚在前,实战步,右腿直立或稍屈,左腿提膝抬起,大腿尽量靠近胸腹部位,脚尖勾起,脚底向前蹬出,同时上体稍后仰,力达脚前掌。

右正蹬:身体重心前移,左腿直立或稍屈,身体稍左转,右腿屈膝前抬,勾脚,以脚跟领先向前蹬出,力达脚跟;亦可送髋,脚掌下压,力达脚前掌。

(2)踹腿

在众多腿法中,踹腿的使用率是比较高的。踹腿这一腿法很容易对步法进行调整,所以,踹腿动作千变万化,通常踹腿是直线方向的运动,有较快的速度和较大的力量,使用踹腿这一腿法时对方难以对其进行防守,踹腿通常要与步法配合运用,踹腿有以下两种方法。

左踹腿:左脚在前,实战步,右腿直立或稍屈支撑,左腿屈膝抬起,小腿外摆,脚尖勾起,脚掌正对攻击目标,展髋,挺膝向前踹出,力达脚掌,上体可侧倾。

右踹腿:左腿直立或稍屈支撑,身体向左转 180°,同时右腿屈膝前抬,小腿外摆,脚尖勾起,脚掌正对攻击目标,用力向前踹出,力达脚掌,上体可侧倾。

(3)鞭腿

鞭腿又可以被称为"边腿",因为它是从旁边对对方进行攻击的。采用鞭腿向对方进攻时,要提起膝关节,伸脚与收脚会产生一种弹射的力量,所以鞭腿又可以称为"侧弹腿"。在散打实战中,边腿的实用意义很大,腿的"出"与"收"动作都很快,而且产生较大进攻力量,腿的高低也没有限制,可以根据具体情况随意调整,鞭腿有以下两种方法。

左鞭腿:左腿在前,实战步。右腿直立或稍屈支撑,上体稍向右侧倾;同时左腿屈膝向左侧摆起,扣膝,绷脚背,随即挺膝向前弹踢小腿,力达脚背至小腿下端。

右鞭腿:左腿直立或稍屈支撑,上体左转180°,稍向左侧倾,同时右腿屈膝前摆,扣膝,绷脚背,随即挺膝向前弹踢小腿,力达脚背至小腿下端。

5.肘击法

散打运动中的肘击法主要有如下几种。

(1)顶肘

顶肘是通过使用肘尖向对手进行顶击来完成的,顶肘分三个层次,即上、中、下,"上"层次是顶面、"中"层次是顶胸、"下"层次是顶腹,顶肘的技术在前、后、左、右四个方位都可以运用。

以平顶肘为例来说明其动作方法:做好基本的准备姿势,将左脚向前一步移动,左肘同时向前方向平顶,右掌将左拳猛推,使其到达肘尖的位置,两眼直视攻击目标。

(2)盘肘

盘肘是从侧面对对手进行攻击,盘肘进攻的路线呈弧线型。使用盘肘进攻能够产生较大的力,通常运用盘肘来对对方的肋和腹部进行攻击。盘肘的动作方法是,做好基本准备姿势,左脚向前一步,同时左前臂内旋,上体向右猛转体,屈肘时用前臂外侧向前横打,目视对方,也可以向左右侧上部,同时使用盘肘。

6.摔法

摔法也被称为"跌法",在散打比赛中,任何一方采用摔法将对手摔倒的时间不能超过2秒,否则不能得分,因此人们也将摔法称为"快摔"。如果运动员能够合理使用快摔技术,就能够增加得分的机会,常见的摔法有以下几种。

(1)抱腿别腿摔

对方用左腿对上体进行攻击时,迅速与对方靠近,从上面用右手将对方的左脚腕抓住,左臂弯曲用肘窝将对方的左膝窝夹住。然后身体弯曲用左手从裆下穿过,用左手掌将对方的右膝窝扣住,用右手将其左脚腕扳拉到右后方。身体向右后方向转动,同时身体重心下降,右手继续向右后方向扳拉,形成力偶,使对方快速失去重心,从而致使对方倒地。

（2）接腿勾腿摔

对方用右侧弹腿进行攻击时，左手将其小腿抱住，右手穿过对方右肩，将其颈部向下压，与此同时上抬左手，右脚向前上方踢对方的支撑腿，使其失去支撑而摔倒。

（3）接腿上托摔

对方用右正蹬腿进行攻击时，两手将其小腿下端抓住，然后弯曲手臂并向上抬起，两手从后面将对方的脚挟托，同时右脚向前迈步，将对方向前上方推展，使其摔倒。

（4）接腿涮摔

对方用右侧弹腿进行攻击时，双手将对方的右脚抓住，用双手将右脚向左拉，然后再向下拉，最后朝右上方成弧形摆荡把对方摔出。

（5）格挡搂推摔

对方左脚在前，用左冲拳或贯拳对头部进行攻击时。用右手臂上架来拳，并弯曲臂部顺势向右后经由对方左臂外侧从上到下滑动，用力将其左臂卡住。上左腿，右手下滑到对方左大腿时，向回按扒，同时用左手对对方左胸部进行猛推，使对方失去重心而倒地。

二、女性运动健身

与男性相比，女性的运动健身更具有特殊性。女性对健美操、健身操、体育舞蹈等具有较强节奏感、韵律感强的室内外健身健美体育项目较为热衷。这主要是因为，与男性相比，女性拥有纤细的骨骼、肌肉，韧带、关节的弹性和柔韧性也比较好，但缺乏较强的力量、耐力与意志力，所以对运动量小、轻快柔和、个人参与的体育项目较为偏爱。女性化特征较突出的健身项目有健美操、健身操、体育舞蹈、踢毽、跳绳、跳皮筋、秋千、秧歌等。相比而言，男性比女性从事的体育活动更广泛，可供选择的体育项目更多。女性在个人偏爱和可供选择的体育项目方面，不管是活动形式还是活动内容，都远不如男性。

（一）女性身心发展的特点

1. 生理特点

女性在身体生长发育方面有着自身的特点。在体型上，女性的肩部较窄，上身较长，下肢相对较短，骨盆较大。因此，女性的身体重心较低，从而具有较强的平衡力。女性的韧带、关节囊的弹性较强，腰部及其他一些部位的关节活动范围较大。女性的皮下脂肪较厚,体内的脂肪含量也较多,约占体重的30%,但是骨骼和肌肉的发育较差。女性的胸腔、肺和心脏的容积较小,导致了肺通气功能和换气功能较低。与男性相比,女性的心输出量小10%,而且血压较低,心率略快于男性,这都表明女性的心肺功能的潜力较小。由于女性具有平衡性强、韧带弹性好的特点,所以一些协调性强的体育项目比较符合女性的生理特征,适宜女性选择。同样由于女性的骨骼和肌肉承受力较差,胸腔及心脏的容积较男性小,一些对力量和耐力素质要求较高、运动量较大的体育项目不适宜作为女性的健身方法。

2.心理特点

人的心理比较复杂,一般来说心理过程主要包含认识、情感和意志。在女性的心理过程中,认识特征主要体现在女性的认识多为感性的认识,较为表浅;在情感中,女性主要体现为温和、均衡;在意志方面,女性主要表现为薄弱、松散。这种心理特征直接会对女性运动健身项目的选择产生影响,对女性来说,一些轻快柔和的、对意志要求不高的、个人参与形式的体育运动项目比较适合其健身。

女性的生理和心理特征都体现出了不同的特点,这是女性体育运动健身方法选择的主要影响因素。除此之外,社会环境的变化和发展也对女性健身方法的选择起着较大的影响作用。在我国古代,封建文化要求女性"三从四德""足不出户",女性体育运动只能拘禁地开展,因此女性参与运动健身的项目多为秋千、踢毽子、扔沙包、跳皮筋等适合在屋内、院内开展的项目。而我国现代女性的体育活动项目,健美色彩十分浓厚,尤其是青年、产妇、老年、肥胖型等各种类型的健美操普遍受到广大女性的青睐。可见影响女性体育运动选择的因素有很多,主要有女性的生理、心理特征和社会环境的变化等。

(二)适宜女性健身的项目

可供女性选择的体育运动项目有很多。具体来说,可分为两大类:传统民间的体育项目和现代健身的体育项目。

1.传统民间的体育项目

传统民间体育项目有很多都适合女性健身,如荡秋千、扔沙袋、踢毽子、跳绳、跳皮筋、跳板等,在这里,我们只对跳绳和踢毽子作简要阐述。

(1)跳绳

跳绳是一种在环摆的绳索中做各种跳跃动作的体育游戏。这种游戏十分受女性的欢迎。跳绳有单脚跳、单脚换跳、双脚并跳等多种方法。跳时，摆绳与跳跃的动作要合拍，可一摇一跳、一摇二跳、一摇三跳。摇绳的方法可前可后，用长绳可两人同时摇，集体轮流或同时跳。跳跃时还可按不同情况对各种各样的动作花样进行编排。

（2）踢毽子

踢毽子是民间女子最喜爱的体育游戏之一。毽子有鸡毛毽、纸条毽、绒线毽等。踢毽子的基本动作有盘、磕、拐、绷四种踢法。盘，主要指用两脚的内侧交替踢。磕，主要指用两腿膝部互换踢。拐，主要指用脚的外侧反踢。绷，主要指用脚尖踢。踢毽子的花样繁多，如旋转踢、脚尖和膝盖交替踢。远吊、近吊、高吊、前踢和后勾，还可以用头、肩、背、胸、腹代足接毽等。踢毽子是一项良好的全身运动，对培养和锻炼女性的灵敏性和协调性有重要作用。

2. 现代运动健身项目

（1）女性体操

女性体操的内容很多，包括有女青年健美操、女子哑铃操、女性减肥操、产妇健美操、母子体操等内容。女性体操已逐渐成为我国女性主要的体育健身项目之一。主要原因有以下几点：首先，女性的身体特征比较适合体操运动，女性四肢较短，上身较长，脊柱弹性好，适合练习各种体操；其次，徒手体操不受场地、器械、时间等条件的限制，运动量的大小也可由参加者本人进行调整，适合于不同身体情况的女性参加；再则，近年来，女性们的健美意识愈发鲜明、强烈，健美成为女性追求的目标，因此有健美功能的体操受到了女性的青睐。

（2）球类项目

一些球类项目也是女性所喜爱的体育健身运动。与男性相比，女性喜欢的常是一些小球类项目，如板羽球、羽毛球、地滚球等项目。这些小球类项目，运动量较适宜，动作或运动技术的难度较小，对小肌肉群和协调能力要求较高，因此适合作为女性的健身方法。

（3）散步和慢跑

散步和慢跑对女性而言是十分有益的健身方法。女性可以采用散步、慢跑、走跑交替以及退步走等形式进行健身与锻炼。

（三）女性特殊时期健身指导

1. 女性经期健身指导

在经期，女性的身体素质和内分泌等都会发生较大的变化，因此，在经期运动特别要注意一些要点,以避免不必要的不良反应和损伤的出现,女性在经期健身需要注意以下几方面的事项。

(1)经期避免过冷、过热的刺激,特别是下腹部不宜受凉,健身过程中要尽量穿棉织运动长裤做练习,而不宜穿保暖牲和透气性均不良的服装,以免痛经或月经失调的现象发生。

(2)经期的头两天应适当减小运动量及强度,不要持续运动过长的时间,特别是月经初潮不久,周期尚不稳定的女性更需要注意对运动量和运动强度的合理安排。

(3)经期不宜游泳和进行冷水浴。因为经期子宫内膜脱落后,子宫内形成较大的创面,子宫颈口略为开大,宫腔与阴道口位置对直,此时,人体全身与局部对病菌侵袭的抵抗力下降,游泳时病菌可能侵入内生殖器官,进而引起炎症。

(4)经期运动量的安排要适当减少,活动时间不宜过长。这是因为月经期间身体的反应能力、适应能力和肌肉力量会有所降低,神经调节的准备性及灵活性也有所下降,活动强度较大,精神过于紧张,身体及神经系统都不能适应,易导致卵巢功能失调引起经血过多或月经紊乱。对于月经初潮的女性,由于性腺内分泌周期尚不稳定,更要谨慎运动。

(5)经期加强医务监督。身体健康、月经正常、无特殊反应又有一定运动水平的女性,经期可以进行正常的健身与训练,但要坚持循序渐进的原则,在运动训练的开始阶段运动量要小,随着身体的适应逐步增加运动量。

(6)运动期间,如果出现月经不调和身体不适,应适当调整运动量和运动负荷,改善运动健身的环境,仍不能恢复正常的女性,应停止运动健身,并及时就诊。

2.女性孕期健身指导

女性孕期可以进行体育健身运动,而且这一时期健身对孕妇有着积极的影响。适当的、合理的运动健身可以促进孕妇消化、吸收功能的增强,加快胃肠蠕动的速度,可以为胎儿提供更充足的营养。怀孕期间适当参与健身运动,可以促进血液循环,使血液中氧的含量提高,身体的疲劳和不适会因此而得到一定的缓解,精神振奋状态能够得到一定时间的保持,这些对胎儿的顺利发育是有好处的。运动可以促进母体及胎儿的新陈代谢,既促进了孕妇体质的增强,又能提高胎儿的免疫力。孕妇在运动健身中,肌肉和骨盆关节得到锻炼,可以保持和发展良好的肌肉力量和韧带弹性,为日后顺利生产创造有利条件。孕期运动健身对刺激胎儿的大脑、感觉器官、平衡器官以及呼吸系统的发育也是十分有利的。孕期健身可帮助孕妇保持舒畅的心情和良好的睡眠。鉴于孕期健身的功能,女性在怀孕期间要注意适量地参与运动健身,并注意运动的科学性,具体需要注意以下几方面的事项。

(1)注意适宜健身的时期

孕妇在怀孕的早期即前3个月不宜进行较大幅度的运动,在怀孕的后期,即7个月以后运动也要适当减量。为保证女性的安全,一般最适宜孕妇的健身时间段是怀孕第4个月到第7个月,第4个月开始,第7个月结束。

(2)注意运动的环境和时间

女性在孕期尽可能选择花草茂盛、绿树成荫的地方来健身,这些地方空气清新,有较高的氧气浓度,尘土和噪音污染相对较小,有利于母体和胎儿的身心健康。孕妇运动可以选择早晨,或者黄昏时候的绿地和公园,尽量选择远离交通拥挤车辆较多的地区健身。

(3)注意运动的方式选择

一般情况下,步行、慢跑、游泳、健美操等运动方式是比较适宜孕妇健身的方法。散步不但可以促进孕妇神经系统和心肺等脏器功能的增强,而且能够促进腿肌、腹壁肌、胸廓肌、心肌等肌群活动的加强。游泳是目前国外比较流行的孕期健身方式。但要注意,游泳的水温要适合,不要在很冷的水中游,游完之后要赶快上岸,注意保温。

第三节　不同社会阶层的健身方法指导

一、社会阶层的分类

(一)社会阶层分类的一般标准

根据我国国情,在进行社会阶层划分时,人们常用的标准有以下几种。

1. 收入

人们的消费水平、生活方式、积极性与安全感等都会受到其个人收入的影响,社会安定会在很大程度上受到各阶层收入差距的影响。

2. 职业

现阶段,人们在社会中所处的地位主要通过其职业地位体现出来,个人进行社会活动的主要场所之一就是工作单位。一个人的社会表现会受到其职业的影响,具体受职业性质、职业声望、职业环境及职业活动范围等的影响。同时,社会流动的方向也会受到职业的根本影响。

3.教育程度

人的知识、能力、价值观、人生观、技术、修养等都会受到教育程度的直接影响。教育程度是决定社会地位和职业的重要因素,它往往与个人经济收入相匹配,能全面持续地影响人的一生。

4.权力

在群体与社会中,一个人施加影响的能力可以从其所拥有的权力中体现出来,所以,一个人的性格、态度和行为意向往往会受到其权力大小的影响,权力是人们社会地位的重要外显特征之一。

以上标准各自标明了社会地位某一方面的状况,只能作为分层的单项指标,不能作为社会阶层划分的依据,也不可能准确地反映社会阶层存在的客观状况,更不能作为阶级划分的标准。同样收入的人,不一定来自同一个阶层,因为收入可能来自工资,也可能来自雇工经营,也可能来自投资营利,也可能来自利息,甚至还可能来自赠予或继承。因此,仅靠收入不能反映人们社会地位的高低。只有在收入、权力、教育与职业诸方面具有同一性的人们,才有条件构成一个阶层。

(二)社会阶层的具体类型

为便于对不同职业社会群体的体育健身活动进行广泛的探讨,采用中国社会科学院社会学研究所《当代中国社会结构变迁》课题组的结论,对社会阶层的划分主要以职业分类为基础,以组织资源、经济资源和文化资源的占有状况为标准,按照这一方式可以将社会成员分为十大阶层,即国家与社会管理者阶层、经理人员阶层、私营企业主阶层、专业技术人员阶层、办事人员阶层、个体工商户阶层、商业服务业员工阶层、产业工人阶层、农业劳动者阶层和城乡无业、失业、半失业者阶层。[①]

二、社会不同阶层人群的健身

(一)国家与社会管理者阶层

在政府、事业单位和社会团体机关中具有实际行政管理职权的领导干

---

① 　卢锋.休闲体育学[M].北京:人民体育出版社,2005.

部是国家与社会管理者阶层的主要代表。对这一阶层的人来说,他们在业余时间参加体育活动的目的主要是放松身心,缓解工作压力。这一阶层的人在参与体育健身活动时,对活动环境一般都有较高的要求,并且对自己的身份与地位较为关注与重视,会特别谨慎地选择健身场所或健身伙伴。这一阶层属于社会上层,拥有较高的社会地位和较大的权力,但是他们也有很强的平等意识,没有严重的等级观念,不会将等级作为其选择健身伙伴的主要依据。与其他阶层的人相比而言,国家和社会管理阶层参与体育运动时,拥有非常便利的运动设施条件和优美的运动环境。在选择活动内容时,他们对游泳、网球、乒乓球等具有健身、娱乐、休闲价值的运动项目较为青睐,益智类棋牌类活动也是他们经常选择的活动内容。

(二)经理人员阶层

大中型企业的中层与高层管理人员是经理人员阶层的主要代表,他们积极推动了市场化改革,并且在工作中面临着巨大的压力,这是由市场竞争的激烈程度所决定的。所以,他们在参与体育健身活动时,不仅有与上一阶层相同的价值取向,而且还有突出的个性化取向,如促进自我的不断完善,对个人人格魅力的彰显,提高自己的社会影响,对企业形象进行宣传等。这一阶层的人一般学历都比较高,专业知识丰富,也有较高的社会地位,所以在社会阶层系统中属于主导阶层。上一阶层对体育健身服务可以免费享用,但经理人员阶层不可以。不过,这一阶层可以对大量的经济资源进行支配,经济条件较好,参与高消费水平的健身项目也比较容易。职业经理人在余暇时间通常对极限类的运动比较青睐,他们喜欢将大量的资金投入到赛车、赛马、登山旅游中;他们一般会选择档次较高的体育健身场所进行运动,从而对高质量的健身服务加以享受。他们喜欢的健身项目主要有保龄球、高尔夫球和网球等。因为这一阶层的人大都是中年人和老年人,所以不是很喜欢负荷大、对抗强的健身活动。

(三)私营企业主和个体工商户阶层

虽然私营企业主和个人工商户在社会阶层中属于不同的位序,但他们有相似的生活方式、休闲时间及消费水平。这两个阶层都是改革开放的重要获益阶层,传统意识形态对其影响较大,所以他们在政治与经济上的地位很难匹配。这两个阶层人群参加体育健身的价值取向主要体现在显示身份和提高社会地位。所以,他们经常通过健身娱乐活动来扩大自己的交友圈,与他人建立良好的人际关系,增加自己的人脉,有时候他们也会在健身与娱乐活动中融入业务工作。实际上,这与"请人吃一顿饭,不如请人流一身汗"

的当代社会新时尚也是相符合的。因为这两个阶层人群的经济资源丰富，所以他们在选择健身内容时通常不会受到资金因素的影响，他们对高档的健身场所比较热衷。受职业特征的影响，他们健身的时间并不固定，表现出明显的随意性特征。

（四）专业技术人员和办事员阶层

在现代社会阶层结构中，专业技术人员和办事员阶层属于中等阶层，而且在中等阶层中是主干，这两个阶层的人员数量较为庞大，而且不同人的经济水平、消费意识、生活方式及态度等各有不同，差异明显。因此在进行运动健身时在内容选择和价值取向方面也有明显的不同，职业特征较为突出。具体分析如下。

（1）这两个阶层中，有的经济水平一般，所以会选择操作简便、具有较强锻炼价值的项目进行健身，他们通常通过有氧运动和器械运动来达到健美的目的，如健美操、跑步等。

（2）有的经济条件良好，拥有超前的消费意识，所以会通过参加时尚、新颖、冒险与极限等类型的运动来促进生活阅历的丰富，体验多姿多彩的人生。

（3）有的消费意识比较传统，在健身方面不会投入较多的资金，所以垂钓、棋牌等花钱少、负荷小、有趣的休闲项目是他们通常会选择的健身手段。

综上，商业服务人员和产业工人阶层会根据自己的喜好与实际情况选择适合自己的运动项目来作为健身与娱乐的手段。

（五）商业服务业员工和产业工人阶层

在社会地位、经济实力、时间结构以及价值认同方面，商业服务业员工和产业工人阶层之间的差异并不大。这两个阶层人群谋生的主要手段就是付出自己的劳力和简单技能，他们一般有较长的工作时间，业余时间身心处于疲惫状态，所以参与体育活动的目的主要是健身、娱乐、放松、缓解压力。与上述几个阶层相比，这一阶层并不具备充足的组织资源和经济资源，所以只选择简单的体育消费方式，注重价格低、消耗时间少的实惠健身手段，对高档次的健身场所一般不会光顾。散步、慢跑、乒乓球、篮球、游泳等大众化运动是他们通常采取的主要健身手段。

（六）农业劳动者阶层

处于农业劳动者阶层的人的主要收入来源或唯一的收入来源是农业。虽然在社会不断进步与发展的过程中，城乡居民的收入在不断靠近，但与以上几个阶层相比,农村居民所占有的经济资源还是较少。农业劳动者普遍都没有较高的文化水平,而且背负着家庭的重担,长期的生产劳动和家务劳动消耗了他们大量的体力,所以他们参与健身活动主要是为了消遣,恢复身体机能。他们因为受自身经济条件所限,所以对一些消费较高的健身项目无法付诸实践,只能从电视上欣赏。对场地、器材要求较低的项目是他们普遍采用的健身方法,如棋牌、钓鱼、游泳、太极等。对于乡镇社区组织的各种体育活动,他们会积极地参加,以达到娱乐与消遣的目的。

(七)城乡无业、失业、半失业者阶层(离退休者除外)

城乡无业、失业、半失业者阶层属于贫困阶层,被认为是弱势群体。影响这一阶层人参与健身活动的因素主要是收入与时间。对这一阶层中的富有群体而言,时间是其参与健身活动的主要障碍,而收入是影响贫困群体健身的主要因素。虽然这一阶层的人总体上经济条件差,但他们拥有富裕的时间,为了不白白消耗空余时间,他们会通过参加有趣且有较强娱乐性的体育活动来消磨时间。他们大都是以个人的形式参与体育活动,也有一些人加入自发形成的体育群体,到免费的公共场所跑步、跳舞、练气功、做器械练习,以此来达到健身、娱乐与消遣的目的。

第四节 社会弱势群体的健身方法指导

社会弱势群体是指处于经济、文化、自然、社会方面的低下状态,无法依靠自己的能力使个人及家庭成员最基本的生活水平得到保障,需要国家和社会予以帮助的社会群体。一般所说的弱势群体主要有残障人士、农民工、下岗职工等,本章就前两种社会弱势群体健身进行研究。

一、残障群体健身

(一)适宜残障群体健身的项目

1.周期性运动

(1)田径

残障人群的田径锻炼可分为站立组和轮椅组。其中,站立组适合痉挛或失明人参与;轮椅组适合下肢瘫痪、小儿麻痹、截肢等残障人。残障人群参与田径运动,都应根据个人自身的情况及爱好来选择学习项目,大部分项目皆需要改装器材来进行。

残疾人奥运会田径项目始于 1960 年的罗马残奥会,此后一直拥有最多的选手和观众。近 50 年来的技术发展使残障人运动员在竞技场上不断创造出令人难以想象的成绩。田径比赛对所有残障类别的运动员开放,包括使用轮椅、假肢等的各种比赛,并在以周期性运动为主的径赛项目基础上增加了田赛项目,包括跳高、跳远、三级跳远、铅球、铁饼、标枪等。

(2)自行车

自行车运动进入伤残人奥运会是近几届才开始的。20 世纪 80 年代初,视力残障的运动员最先开始了自行车比赛,脑瘫和截肢运动员则在 1984 年进入此项比赛。1992 年前,这三种不同残障类型人员参与的自行车比赛是分开举行的。从巴塞罗那伤残人奥运会比赛开始,所有的自行车运动员则在一起进行比赛。自行车的比赛项目分为个人和团体(各参赛国派出 3 名选手)两种。脑瘫运动员参赛时一般用普通的竞技自行车,个别比赛中则用三轮车;失明和视力残障的运动员参赛时和一名明眼运动员共骑一辆双人车,而截肢运动员则使用专门为他们改装的特殊赛车。

(3)游泳

残障人游泳起源于理疗和康复,特别是截瘫和脊髓灰质炎患者,可以借助水中的浮力,克服肢体的受限,重享自由。游泳是伤残人奥运会中规模最大的几个项目之一,向各类级别残障人开放。为适应运动员的不同残障情况,伤残人运动会中的游泳规则和国际泳联的有所不同。譬如,下肢残疾的运动员,预备的时候可以采用坐式,或者人在水中;如果上肢残缺,转身时不需要用残肢接触池壁,而可以用上身任何一部分。在盲人和其他视力残障运动员的比赛中,在运动员将游到泳池一端前,专门人员会发出声音信号,提醒他们需要准备转身。游泳适合一般肢体伤残和弱视人士。按个人能力可采用不同的泳姿,需要的话可依靠辅助器材。这项运动受到残障人的普遍欢迎。

2.球类运动

(1)轮椅网球

轮椅网球于 20 世纪 70 年代起源于美国,其后在国际上迅速发展,1992 年巴塞罗那伤残人奥运会上,轮椅网球成为正式比赛项目。轮椅网球沿用一般网球的规则,唯一不同的是容许网球在自己场区内两次反弹。伤残人奥运会网球比赛包括单打和双打。除伤残人奥运会外,轮椅网球运动员可以参加世界各地的其他网球比赛。每年底,国际网球协会决定国际和各国的选手排名。参加者要学会灵活及快捷地控制轮椅的方法,利用灵敏度特强的运动轮椅在网球场上灵活运动。

（2）轮椅篮球

技术和体力的挑战,闪电般的速度,这些是轮椅篮球和普通篮球所共有的特点和魅力,这些特征使其成为伤残人奥运会中最引人注目的竞赛项目之一。轮椅篮球对场地、球篮高度的要求和普通篮球一样,使得残障朋友更易于参与到此项活动当中。游戏规则上唯一的不同是每次传球前可以推两下轮椅。参加轮椅篮球比赛的残障人中的每名成员依据残障情况有 1～4.5 分的不同积分,残障越严重,分数越低。每队的最高残障分数总和是 14 分。举例来说,胸椎截瘫为 1 分;腰椎截瘫或是双下肢膝关节以上截肢为 3 分;单下肢膝关节下截肢为 4.5 分。所有参与者坐在灵敏度较高的篮球轮椅上活动,比赛规则与一般篮球运动相同。此项目很适合对团队活动有兴趣的残障人参加。

（3）沙壶球

沙壶球运动是一项集技巧、速度、力量、变化性及竞争性于一体的健身运动,分为技巧性和趣味性两种类型。随着全民健身运动的发展,这项趣味性很强的休闲运动在我国很多城市蓬勃发展起来。沙壶球球桌比较低矮,发球区就在球桌边缘,用力无须过猛,玩起来不会太吃力,也不会对身体造成任何的伤害。只需要把球推出,残障人即使坐在轮椅上也不会感觉到有任何的不便。因此,有条件的残障人可将此项目作为健身娱乐的最佳选择。

（4）地滚球

地滚球是西方国家根据残障人的特点开发出来的体育健身项目。可分为站立组和轮椅组两种。前者可供上身截肢、痉挛及失明人士参与,后者适合下身截股、瘫痪或小儿麻痹等残障人参加,此项运动在草地或室内运动场上进行。此项目十分讲究耐性及智力,特别适合严重痉挛人士。在一个 12 米×6 米的范围内,坐在轮椅上向着指定目标抛掷软皮圆球或木制球,争取接近目标而获取胜利。而手部活动困难的残障人可利用辅助器材进行运动。

（5）台球

台球运动高雅清净,运动量小,很适合残障人参与,它不仅能起到锻炼身体的作用,还能陶冶情操,平衡心理。打台球时应神情宁静,聚精会神对准目标球,击球的一瞬间精神高度集中,脑子里没有任何杂念。当球被击中落袋后,会产生欣慰感,真是执杆凝神似乐游,其乐融融。

最近我国还专门为四肢不全的残障人设计了一项台球运动,其技术要点是,在台球桌面的每个角上,装有击球器和定位器。击球时,将击球器抬至与桌面齐平时,用定位器将击球器固定后,射枪可在 90°的扇面内水平移动,能将桌面上任何方向的球击中。击完球后,按动定位器,可将击球器放下,向下翻转,该角的球筐露出,供其他三人使用。该台球与正常台球有同样乐趣,极适合残障人健身。

(6)乒乓球

作为我国的国球,乒乓球在我国群众体育开展过程中拥有良好的群众基础。在残障人乒乓球比赛中分为站式比赛分级、坐式比赛分级以及公开级。乒乓球的魅力在于能锻炼人机警果断的品质和顽强的意志,能培养残疾人勇敢的作风,能满足他们永不服输的心理。

(7)桌上足球

足球被称为"世界和平的使者"。它没有国界、体制、贫富之分,现在的足球运动已经演变为足球经济。桌上足球便是其中最有代表性的"间接足球运动"。由于桌上足球把激烈的足球运动凝固在方寸之间,下身截肢、瘫痪或小儿麻痹等残障人在有限的活动空间内就可以感受到真正足球比赛的刺激和乐趣,尤其是在把足球踢进对方大门的一刹那,成就感油然而生。

3. 其他活动

(1)钓鱼

钓鱼是一项充满趣味、智能与活力,格调高雅,有益身心健康的文体活动。垂钓有静有动有乐,集动静乐于一身,其乐无穷。钓鱼不仅仅是一种休闲,更是一种体育运动,对于残障人的体力和脑力的恢复有其独特的功效。钓鱼的主要工具有竿、线、漂子、坠子、钓钩以及其他附属工具如鱼护(装鱼用)、抄网(钓到大鱼时为防止提出水面时脱钩,可用抄网将鱼抄起)等。

(2)盲人柔道

柔道运动是更适合失明及弱视人作为健身锻炼的项目。盲人可完全按照健全人的运动方式参与这项运动。此项接触性运动有助失明或弱视人提高灵敏性及活动技巧,并且可强身健体。需要注意的是,游戏或比赛场地必须设在有弹性的地板或台上。

(3)射击

射击运动对于下身轻微残障的人来说是非常适宜的一项静态健身活动。很多残障人在此项运动中甚至可与健全人同场比赛、切磋。射击有汽步枪及汽手枪两类,分站立组和轮椅组。按个人能力及爱好选择汽莱福枪或手枪,在符合规格的室内靶场进行活动。除轮椅组在器材规定上有所不同外,其他都与健全人射击活动相同。此项目是讲求心、神合一的静态活动。

（4）射箭

由于射箭运动讲究内省、静、定等功夫，可以对人刚强、坚忍不拔的精神进行培养，而且它不受体型和力量因素的制约，非常适合残障人参加。

（5）轮椅击剑

患有小儿麻痹、下肢瘫痪或截肢的残障人皆可参加轮椅击剑运动，这项运动对头脑及身手灵活的人更具挑战性。运动时，残疾者要坐在一张被固定的轮椅上进行，其他器材和规则与击剑运动相同。

（6）飞镖运动

飞镖运动是一项文明、高雅、时尚的体育健身运动。飞镖运动在欧美及亚洲的许多国家和地区已经十分普及，每年都有多种不同的赛事。国家体育总局于1999年5月将飞镖运动列为我国正式开展的体育竞赛项目。我们在推动飞镖运动发展的同时，也应关注到社会上那部分特殊人群——残障人是否适合参与这项活动。虽然他们的身体有残疾，但他们和正常人一样有享受生活、拥有健康的权利和愿望。飞镖运动对体能、技能无特殊要求，大多数由于身体等条件不适宜从事其他健身活动的残障人，哪怕只有一只手或是坐在轮椅上，都可以参与到飞镖运动中来。我国举办过残障人飞镖比赛，残联主席也出席了大赛。飞镖运动推崇的是"快乐体育"，即运动、快乐、健康的最新理念，将运动健身与休闲娱乐完美地结合在一起，可以使残障人在运动中感受快乐，在快乐中获得健康。

（二）不同残障群体健身指导

1.聋人群体健身指导

聋人可以参与的体育健身活动有很多，但由于这类群体自身的特点，应避免强烈的旋转。特别要注意尽量避免参加增大头颅内压的健身项目。针对聋人群体的健身指导如下。

（1）协调性练习

第一，原地拍球，转身拍球。

第二，直臂拍球，用手接球，跳起接球。

第三，用单手拍球。

第四，各种"耍球"练习。

第五，左手或右手将静止的球拍起来。

第六，抛起球坐下后接住，或抛起球起立接住。

第七，坐姿双脚夹球，抛球自己用手接住。

（2）反应动作练习

第一，看不同颜色的卡片做出相应的动作。

第二，看教师的手势做向各方向移动的动作。

第三，看对方手势后，做出相反动作。

第四，双人"影人跑"，学前面正常人的动作。

（3）平衡练习

第一，单腿站立。

第二，前滚翻。

第三，用球拍托球走或跑。

第四，蹦床上跳跃等。

第五，平衡木上走或单腿站立等。

2. 盲人群体健身指导

（1）一般性体育活动

盲人可以参加游泳、田径、舞蹈、体操、骑马（双人，一人有视力）、双人自行车、摔跤等多项健身活动。

（2）功能性体育活动训练

①听觉训练。盲人对外界事物进行感知最重要的器官就是双耳，听觉对盲人的视觉具有极大的补偿作用。听觉训练主要通过声音信号来对盲人的体育活动进行引导。从效果看，采用连续的声音进行引导要比间歇的声音效果好，声源在正前方的效果好于在后方，最好不要在侧方进行听觉引导。听觉训练的具体方法有如下几种。

第一，跟着正前方声音向前走或跑。

第二，跟随铃声或其他声音在水中行走、游泳等。

第三，对球在地上滚动的方向进行辨别，通过此项训练对左、右侧或正面滚过来的球进行拦截。

②触觉训练。触觉是盲人感知周围世界的重要途径，触觉训练的方法如下。

第一，用手触摸他人的身体或某个部分，了解做某个动作时的身体姿势。

第二，用手触摸各种体育器材和设备，对其形状、硬度及用途等加以了解。

第三，用脚触碰地面，对地面的光滑度和硬度加以感知，这样方便运动，如跑到转弯的地方时，脚对地面凸起和变硬的位置进行感知，从而意识到应该转弯。身体各个部位的触觉对视盲的缺陷都能够产生一定的弥补作用。

③定向行走训练。对盲人来说,对自己所处的空间位置进行了解,学会对空间的占有与合理使用非常重要。方法如下。

第一,盲人在他人陪同下,在安全的场所进行短距离散步,熟悉场所的环境以后独立散步。

第二,陪同盲人训练的人站在某处,拍一下手,引导盲人靠近其身边。

第三,以长绳为引导线,盲人直线走或跑。

第四,盲人将带音响的球踢出,球停止滚动后,盲人找球。

3.脑瘫人群体健身指导

脑瘫分为身体和精神上的障碍,轻者经过一段时间的康复训练后,可以拥有基本的生活能力。严重的人难以恢复,需要有人对其进行终身的监护。体育健身与锻炼对脑瘫人群的康复具有重要的促进作用。用于脑瘫治疗的健身方法主要有:被动活动,按摩,助力活动,抗阻活动,主动活动,条件活动,技能练习,复合活动,混合活动,握、取、放物品等动作。

脑瘫群体的健身练习内容与方法如下。

第一,走、跑练习。沿直线行走,逐渐增加行走的距离,然后从行走过渡到跑步,以促进踝关节肌肉韧带力量的加强。

第二,协调练习。练习时不要有心理压力。

第三,协调性和准确性练习,如向一定方向投球、踢球、滚球;对积木和插板进行摆放的练习;按照口令将手足同时指向一定方向,或将手和脚放在一定的位置;与医务人员练接球、玩球、传球等。

第四,骑三轮车。脑瘫患者手将车把握住,脚在脚蹬子上固定,按照直线或曲线路线蹬车行进。

第五,不能步行的患者可集体进行某些游戏性动作的训练,如在地板上滚圈。此外,还可以做"水浴"(用特制的浴盆,在他人的照料下做各种肢体活动)和"球浴"(堆积各种颜色的小塑料球,在他人的帮助下,在球堆中做爬行或站立的动作)。

二、农民工群体健身

农民工指的是身份属于农民而职业属于工人的部分劳动者,这是人们对进城务工农民的称呼。

(一)农民工健身的意义

农民工健身指的是进城务工人员在余暇时间以强身健体、娱乐消遣、缓解压力、社会交往等为目的而进行的各种体育锻炼和竞赛活动。现阶段,我国农民工因为受经济因素的限制而体育生活匮乏,而且社会各界也没有对其体育健身需求予以高度的关注与重视,虽然他们的经济权益被政府及有关部门重视,但是其健身权益却没有得到相应的关注。所以,我们现在需要努力的重点在于,对农民工的体育权利进行维护,使他们的健身需求得到满足,从而获得身心的健康。关注农民工的健身与健康对促进我国小康社会的全面建设具有积极的影响。农民工参与体育健身活动具有如下几方面的意义。

(1)农民工参与体育健身活动是构建社会主义和谐社会、体现社会公平公正的基本要求。

(2)农民工参与体育健身活动有利于维持城市社会稳定。

(3)农民工参与体育健身活动可以达到强身健体的目的,从而促进自身就业竞争力的不断加强。

(二)农民工健身指导

(1)农民工普遍具有工作量大、收入少、文化水平不高、体育素质较低等共性,依据这些特征,需要对体育健身发展多样化目标进行制定,选择投资少、场地器材与体育技能要求较低的健身娱乐项目,鼓励农民工对体育健身活动的积极参与,使其生活与工作的压力得以缓解,保持愉悦的心情与情绪,促进身心健康水平的提高。

(2)帮助农民工组织与建立体育兴趣小组、健身协会,将便利的健身场所、专业的健身指导服务提供给农民工,举办农民工喜闻乐见的各种运动会、小型比赛等,以此激发其健身热情,使其工余时间变得活跃起来,提高他们的信心,这有利于提高其劳动效率。

第八章 常见休闲体育健身与运动方法研究

休闲体育运动集休闲、娱乐、健身于一体，其内容丰富、形式多样、便于开展，因其独特的运动魅力而成为全民健身运动的首选。健身走跑运动量较小，受限制因素较小，老少皆宜，是参与人群最多的健身运动形式之一；游泳运动充分利用了水对人体的滋养和水动力作用，具有良好的健身效果和塑身价值而深受运动者的喜爱；球类运动是全球范围内群众基础最为广泛的运动，充分说明了其在体育健身运动中的重要地位和作用；形体类运动不仅具有良好的健身效果，同时还具有美体塑身的重要功能，尤其受到女性健身爱好者的喜爱。无论从运动特点还是群众基础来看，上述几项体育运动项目是最为常见也最受欢迎的休闲体育健身运动。这里就主要对其健身运动方法进行系统研究，为健身者提供科学健身指导。

第一节 健身走与健身跑

一、健身走

(一)健身走动作技术

1. 身体姿势

健身走时身体应保持自然，不能太过僵硬，头部和躯干正直，小腹微收。在快速行进的过程中，要使身体略微向前倾斜。在健身走中，保持良好的身体姿势不仅可以获得良好的健身效果，还有助于体现挺拔的身姿和自信的形象。

2. 摆臂

摆臂时，要注意使肩关节得到充分放松，肘关节弯曲约 90°。摆臂的作用主要是使身体在运动的过程中保持平衡，并使肩部肌群得到更好的锻炼，加快人体血液循环，以保证在运动中人体各种生理活动的正常进行。此外，摆臂与步频也有着非常紧密的联系,摆臂的速度越快,步频越快,走速也越快。

3.步幅

在健身走中,人体踝关节以上的部位要稍向前倾,在相对轻松的情况下自然地确定步幅。正确的步幅应自然而舒适,不能过大而使动作的协调性降低,以免造成机体过早疲劳。

4.步行速度

一般来说,轻快而稳健的步伐可以充分发挥其健身效果。以普通锻炼者为例,采用每分钟80~110米速度行走较为理想。如果用步频来对步行速度进行推测,那么每分钟走120步是比较合适的基础频率。需要注意的是,健身走的速度应该根据练习者的身体条件和兴趣爱好确定。

(二)健身走练习方法

1.散步

散步是一种悠闲轻松的健身走方法,是一种十分有效的锻炼方法,既有利于身体的锻炼,也有利于紧张心理的缓解和情绪的改善,主要适合中老年人和体弱多病者,以及关节炎、心脏病和糖尿病患者。

散步要达到良好的锻炼效果必须保持身体姿势的正确,散步时,正确的身体姿势为自然正直,抬头挺胸,收腹收臀,两肩放松,手臂自然下垂协同两腿迈步;动作自然前后摆动,两腿交替屈膝前摆;足跟着地滚动至脚尖时,另一腿屈膝前摆足着地。

常见散步健身方法主要有以下几种。

(1)普通散步法:步速为每分钟60~90步,每次应走20~40分钟。

(2)快速行走法:步速为每分钟90~120步,每次应走30~60分钟。

(3)摆臂散步法:步速为每分钟60~90步。行步时两臂前后大幅度摆动。

(4)摩腹散步法:步速为每分钟行走30~60步,每走一步按摩一周,本法是传统中医养生法,行走时两手旋转按摩腹部。

2.倒走

倒退行走锻炼法可以分为摆臂式和叉腰式两种。摆臂式倒行时,上体正直,腰部放松,目平视,右腿支撑,左腿屈膝后摆下落,以左前脚掌先着地,然后滚动到全脚掌着地,左右脚交替后退,两臂自然前后摆动。叉腰式倒行时,双手叉腰,拇指在后按"肾俞"穴(第 2 腰椎两侧,离开脊柱 2 横指宽处,上下位置与脐相平),四指在前,腿部动作同摆臂式。每后退一步,用两手拇指按摩"肾俞"穴一次,缓步倒退行走 100 步,然后再正向前走 100 步。反复走 5～10 次。

健身者应尽量选择平坦、不滑、无障碍物的地方,在早晨或自感空气最清新的时间进行倒走练习,每天练习的次数不限,锻炼时间基本上为 20 分钟左右,可逐渐增至每次 30～40 分钟。倒退走时,步速不要太快,步子不要太大。运动负荷量依个人身体情况酌情定量。

3. 踏步走

踏步走时,步频(踏步走两腿交换频率)因人而异,脚落地时最好用前脚掌先着地,然后滚动全脚着地,注意脚的缓冲,身体重量落在前脚掌上。健身者可用脉搏控制运动负荷,健康者一分钟踏步走脉搏达到 180 次/分钟可达到健身最佳效果;一般练习者一分钟踏步走脉搏达到 120～150 次/分钟可达到健身最佳效果;身体不适者一分钟原地踏步走脉搏应控制在 120 次/分钟以下。

踏步走的锻炼时间应选择在每天早晚进行。

4. 快步走

和其他健身走方法相比,快步走步幅适中、步频加快、步速较快(130～250 米/分钟)、运动负荷较大。研究表明,快走能比慢跑消耗更多的热量,而且快走不易对人体的足部、踝关节部造成伤害,更为安全可靠。快步走的健身效果要胜过慢跑。

快步走时,身体适度前倾 3°～5°角,抬头、垂肩、挺胸、收腹、收臀。两臂配合两腿协同摆动,前摆时肘部成 90°角,臂部随向前迈步着地完成后蹬动作而稍有前后左右的转动,但不宜过大。双脚交换频率加快的同时,尽量保持步幅稳定,步幅不要过分加大;两脚以脚内侧为准,踩成一条较直的线。

快步走时,脉搏控制在 120～150 次/分钟这样的运动负荷较为适宜。

5. 登楼梯健身走

上下往返走楼梯,是一项很好的室内健身项目。研究显示,一个人登楼梯每登高 1 米所消耗的热量,相当于散步 28 米;上 6 层楼,相当于慢跑 500 米;往返 6 层高的楼上下 2～3 趟,相当于慢跑 800～1 500 米的运动量。登楼梯的人每分钟消耗热量 14 千卡,一个体重 40 千克的人,登楼梯 10 分钟消耗的热量为 200 千卡,比步行多 4 倍,比跑步多 3 倍,比游泳多 2.5 倍。

运动实践表明,登楼梯时,除了下肢肌肉、韧带、关节的活动能力增强外,腰、背、颈部、上肢的关节、肌肉也都参与活动,这不仅可以增强肢体肌肉的力量,还可使肺活量增大,血液循环加速,促进能量代谢,有助于改善和提高心肺功能,提高血液中高密度脂蛋白的含量。因此,登楼梯是一种很好的、有利于锻炼人体肌群和全身耐力的有氧运动。

二、健身跑

(一)健身跑动作技术

(1)头部动作。在跑步过程中,应尽量保持头部的平衡。不要习惯性地往下看,以免导致关节承受整个头部的重量而使得脊骨的排列不整齐。

(2)面部表情。目视前方 10～20 米的位置,不随头部来回摆动,放松脸部,尽力微笑。一旦下巴得到了放松,那么它会向全身其他部分发送正确的信号来保持全身的放松。

(3)肩膀动作。肩膀放松,保持肩膀牵缩肌和牵引肌之间的平衡,跑进过程中,肩膀不要紧张地绷着(在跑步时拳头紧握或疲劳导致的肌肉的不平衡引起),以免使肩膀牵缩肌变得脆弱,让肩膀牵引肌变短且过分紧张。

(4)上体姿势。跑进时,上体应稍前倾 5°或几乎正直(前倾过大会影响步子长度、增加背部肌肉的负担;后仰会影响后蹬效果,跑步吃力),上坡时适当增加前倾角度,下坡时有一定的后仰,躯干不要左右摇摆,与头部成一直线。

(5)背部动作。跑进时,身体应该与地面保持垂直,背部挺直。尽力保持不要向后仰或向前倾,否则会使身体不在一条直线上而抑制呼吸。

(6)双手动作。跑进时,双手拳头握紧在健身跑中并不利于放松。但是没有控制地甩手也同样不利于跑步。正确的方法是"放松的控制",即假想在每个拇指和食指之间拿着块饼干——捏得足够紧不会掉下,但也不至于太紧而捏碎它。

(7)肘臂动作。跑进时,练习者的肘部不要太用力,自然向前弯曲接近90°。当向后摆动胳膊时适当用力,然后随着跑动自然地前后摆动。摆动手臂的速度越快就会让大腿迈动的速度越快,因此快速跑过程中机体更多是利用来自胳膊的力量。此外,跑步时两臂应自然地做前后摆动,以肩为轴在向前摆动时应稍向内,向后摆动时稍向外。摆动幅度随跑的速度变化而变化。

(8)膝盖动作。尽力把膝盖抬到合理的高度,双脚不要有任何擦地动作。

(9)腿部动作。腿部动作舒展,充分伸直髋、膝、踝三个关节。以大腿发力向前抬来带动小腿的迈进。小腿前伸时,支撑腿的各个关节迅速伸直。大腿前摆时,小腿要保持放松和自然下垂。大腿向前抬出的时间不要太长,应快速下压,小腿应做前摆动作。后蹬不要用全力,步长不要过大,步频不应过快,以防受伤。

(10)脚踝动作。放松脚踝的前部肌肉,以使身体更加放松和平稳。

(11)着地动作。由前脚掌着地,然后过渡到全脚着地,以缓冲脚落地时产生的冲击力,使着地富有弹性,并为下次后蹬创造条件。

(二)健身跑练习方法

1.原地跑

原地跑可在室内进行,也可在室外开展,时间可长可短,根据需要而定。原地跑适用于普通健康人及有较好锻炼基础的慢性病患者。逐渐加快原地跑的速度或加长原地跑的动作以增加运动强度和运动量,也可以根据跑步的速度结合音乐伴奏以提高练习兴趣,发挥健身功效。

2.慢速放松跑

慢速放松跑是以匀速跑的方式完成一定距离的健身跑,健身者可根据自己的体质情况具体安排运动时间和运动负荷。一般来说,锻炼初期,就运动强度来讲,以每分钟跑 90～100 步为宜,脉搏每分钟不超过 110～120 次最好或心跳的频率以每分钟不超过 180 减去自己的年龄数,然后逐渐增到每分钟 110～120 步、120～130 步。就运动时间来讲,以每天 20～30 分钟为宜,距离 2.5～3 千米。适应后,每月或每两周可增加 1 千米,一般增至3～5 千米即可。

3.变速跑

变速跑是指快跑和慢跑交替进行的一种健身运动方法。跑进过程中,健身者可以根据自己的情况改变速度、提高速度、增加运动量。变速跑时,速度不同,机体对氧的吸收率不同,机体代谢特点也不同。具体来说,慢跑过程中,机体的肌肉活动不很激烈,吸入的氧气可以满足肌肉活动需要,属有氧代谢;快速跑过程中,肌肉活动激烈,需氧量多,吸入的氧气不能满足运动对氧的需求,属于无氧代谢。因此,变速跑有助于发展人的一般耐力,提高机体的速度耐力素质。

4.倒着跑

倒着跑是指背部指向正常跑步方向的健身运动方法。倒跑时,抬头挺胸,两眼平视,上体正直稍向后,双手半握拳置于腰间,一条腿向后抬起迈出,脚尖着地,身体重心后移,另一腿做同样动作,两腿交替向后跑。两臂自然前后摆动,保持身体平衡。

5.楼梯跑

楼梯跑是一种简便易行的跑步健身方法,健身者可以灵活掌握运动量,无须投资,适用人群广,跑楼梯要求腰、背、颈部和肢体不间歇地活动,是增强心肺功能的全身性需氧运动,它可以有节奏地收缩和放松肌肉,可延缓肢体肌群萎缩、韧带僵硬、骨质疏松脆弱的健身作用,同时,还可以达到健美的效果。

第二节　游泳健身

游泳运动是现代时尚健身运动之一,其特殊的水环境使其具有一般体育健身运动所没有的滋养皮肤、调节体温等作用。作为健身的一种重要手段,它对增进人的身心健康具有独特的、其他体育活动无法替代的作用。

一、蛙泳健身

蛙泳是古老的游泳姿势之一,因其动作结构模仿青蛙而得名。蛙泳时,呼吸方便、省力、持久、声响小、易观察、能负重,是一种实用性很强的泳式。

(一)身体姿势练习

身体俯卧,自然伸直,收腹成流线型。身体纵轴与水平面的夹角变化区间为 $5°\sim15°$(图 8-1)。臂划水快结束时,头和两肩均抬出水面,臂前伸。蹬腿进入滑行阶段时,低头压胸,头和身体均潜入水下。游进时,身体上下起伏。

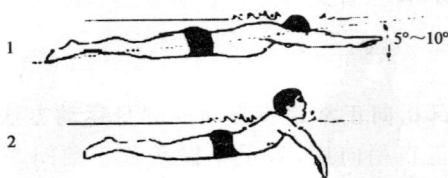

图 8-1

(二)腿部动作练习

蛙泳的蹬腿动作可分为收腿、翻脚、蹬腿和滑行四个部分。两腿动作要求对称进行,收腿为蹬腿作准备,翻脚是收腿的结束和蹬腿的开始(图 8-2)。

图 8-2

(1)收腿。先是由大腿带动小腿前收,边收边分,两脚和小腿在大腿正面投影截面内,两脚后跟尽量靠近臀部,此时,大腿与躯干约成 30°～150°,两膝分开最大时与肩同宽。

(2)翻脚。翻脚是腿部动作的关键,蹬水效果的好坏,很大程度取决于翻脚的质量。当收腿将完成时,脚仍向臀部靠近,两膝稍向内合,两脚外转勾脚尖,脚尖向外,小腿离开大腿的投影截面。

(3)蹬腿。翻脚后,以大腿发力向后弧形蹬腿,伸髋、伸膝做快而有力的鞭打蹬腿动作。蹬腿是获得推进力的主要来源。

(4)滑行。蹬腿结束后,两腿并拢伸展,脚踝伸直。

(三)臂部动作练习

蛙泳的臂部动作可分为抓水、划水、收手和伸臂四个部分。手的划水路线近似于两个相对的"桃心形"(图 8-3)。

(1)抓水。抓水是划水的准备阶段,抓水动作紧接滑行,肩前伸,两臂内旋滑下,稍勾手,两臂分开向侧下方压水。抓水结束时,两臂分成约 30°～40°,两臂与水平面约 15°～20°。

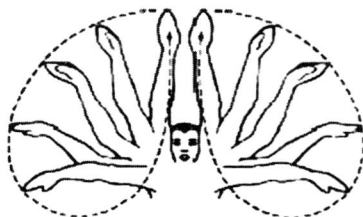

图 8-3

（2）划水。当两臂分成 40°～45°时，逐渐屈臂形成高肘，向两侧、后下划水，至两臂之间为 120°时，肘屈约成 90°。

（3）收手。当两臂划至最宽处，开始向内划水，转腕使手掌和前臂始终对准水，直至两前臂和手掌心相对，此时肘下降低于手。

（4）伸臂。伸臂是由伸直肘关节和肩前伸来完成的，掌心由收手时的向内逐渐向下方，两臂同时向前伸出，两手拇指并拢。

（四）完整动作配合

蛙泳完整配合通常采用 1 次腿、1 次臂、1 次呼吸（1∶1∶1）完整配合。游蛙泳时，两腿自然伸直，手滑下时开始收腿，收手时抬头吸气，两臂前移时，两脚向后蹬夹水。

二、爬泳健身

爬泳，又称自由泳，是不限姿势的一个游泳运动。在所有游泳姿势中，爬泳的速度最快。

（一）身体姿势练习

身体水平俯卧于水中，脸没入水，淹至发际与头顶之间，略收腹。游进时，因臂划水和转头吸气，身体沿纵轴自然转动，不应有起伏和左右摇摆（图 8-4）。

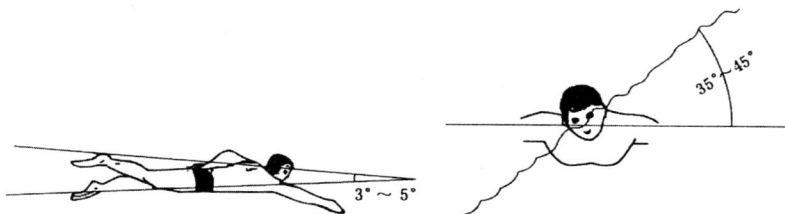

图 8-4

(二)腿部动作练习

爬泳的腿部动作的作用是维持身体平衡、抬高下肢和产生推进力。两腿做上下打水动作,向下时用力,踝关节内转,向上时放松。动作以大腿发力带动小腿,膝关节适度紧张,屈度最大约150°,成一鞭打动作。踝关节的灵活性与放松程度对打腿的效果至关重要。

(三)臂部动作练习

臂划水是爬泳推进力的主要来源。臂部动作具体如下。

(1)入水。手掌入水点一般在肩延长线与身体中线之间,手指自然并拢,指先触水,此时肘关节弯曲为150°～160°。入水动作自然,手掌、前臂、上臂依次入水至臂伸直。

(2)抱水。抱水动作似用臂去抱一个大圆球,抱水时,手掌从向斜外下方转向斜内后方并开始屈腕、屈肘,保持高抬肘姿势。抱水结束,手掌已经接近垂直对水,肘关节屈成150°左右,整个手臂像抱着个圆球似的为划水做准备。

(3)划水。划水是指手臂在划水前与水平面成40°角起,至划水后与水平面成15°～20°角止的这一动作过程。整个划水过程,肩之前称为拉水,肩之后称为推水。拉水是由直臂到屈臂的过程,推水是由屈臂到直臂的过程。从拉水到推水是连贯加速完成的。在划水过程中要注意手掌始终与水平保持垂直,划水时手的轨迹呈"S"形。

(4)移臂。由上臂带动,肘部向外上,屈臂向前上转肩移动。先是掌心向后上方,手落后于肘;后是掌心转向前下方,手超过肘前伸准备入水。移臂过程应肘高于手,做到放松、协调、自然。

(四)完整动作配合

爬泳采用转头吸气,一般两臂各划一次做一次完整的呼吸,即呼气、吸气和闭气。以向右边吸气为例:右手入水后,嘴和鼻开始慢慢呼气。右臂划水至肩下,开始向后侧转头和增大呼气量。右臂推水即将结束,则用力呼气。右臂出水时,张嘴吸气,至空中移臂的前半部为止,并开始转头还原。然后,直到臂入水结束,有一个短暂的闭气过程,脸部转向前下。头部稳定时,右臂入水,再开始下一个慢慢呼气的过程。

三、仰泳健身

仰泳是呈仰卧姿势的泳式。仰泳的实用性很强,适宜在水中拖运物体,救护溺水者。常用的仰泳有反蛙泳和反爬泳,其中,反爬泳的速度较快。

(一)身体姿势练习

身体自然伸展仰卧,头部适中,腰和腿部保持水平,身体纵轴与水平面约成 5°～7°角。头的"舵"性作用要求头部稳定,不能摇动。上体的左右转动至与水面成 40°角,以保证划水力量和效果(图 8-5)。

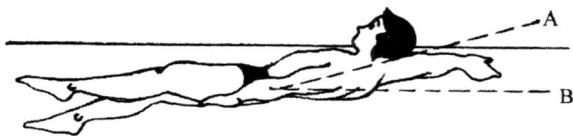

图 8-5

(二)腿部动作练习

腿部动作是保持身体高平卧姿、控制身体摇摆和产生推力的决定因素。动作与爬泳相似,其不同处在于仰泳以上踢为主,即"上踢下压"——"屈腿上踢、直腿下压"的鞭水动作,膝关节最大屈度为 135°,打腿幅度大约 45 厘米。

初学者易犯的错误是膝关节露出水面和脚背对不准水,不是踢水,而是向上挑水。

(三)臂部动作练习

仰泳采用垂直高移臂,具体臂部动作可分为以下几个环节。

(1)入水。臂部自然放松,入水点应在身体纵轴与肩的延长线之间,或在肩的延长线上。臂入水时应保持直臂,肘部不要弯曲,入水时小指向下,拇指向上,掌心向侧后方。手掌与小臂成 150°～160°角。

(2)抱水。手臂入水后,臂下滑到一定深度时直臂向内,往深水处积极抓水,并转腕和肩带内旋,同时屈臂,使手掌、上臂和前臂处在最有利的划水位置。完成抱水动作时臂与身体纵轴构成约 40°角,肘关节弯曲,手掌距水面约 30 厘米。

(3)拉水。前臂内旋,手掌上移,肘部下降,使曲肘程度加大,手掌和小臂要保持与前进方向垂直。当手掌划至肩侧时,曲臂程度最大,为 70°～

110°角,手掌接近水面。

(4)划水。划水动作包括拉水和推水两个部分,整个动作是由屈臂抱水开始,以肩为中心,划至大腿侧下方为止。整个划水手掌走的路线从侧面看是先向下,再向上,再向下,成"S"型。这种积极变换手掌的划水技术,能使手掌始终保持较大的划水面,从而增加推进力。

(5)出水。推水结束后,借助于手掌压水的反弹力迅速提臂出水。

(四)完整动作配合

两臂配合技术:仰泳两臂的配合是"连接式"的,即当一臂划水结束时,另一臂已入水并开始划水;一臂处于划水的中部,另一臂正处于移臂的一半。

臂和呼吸的配合:一般是两次划水一次呼吸,即一臂移臂时开始吸气,其他时候都在慢慢地呼气。在高速游进时也有一次划水一次呼吸的技术,但是呼吸不能过于频繁,以免因呼吸不充分造成动作紊乱。

臂腿配合技术:现代仰泳技术采用 6 次打腿、2 次划臂的配合,也有人采用 4 次打腿的配合。

四、蝶泳健身

蝶泳时,游泳者在游进过程中两臂经空中前移形成的臂像蝴蝶展翅,因此得名。蝶泳的速度仅次于爬泳,其特点是身体姿势高平,小波浪、快频率、晚呼吸。

(一)身体姿势练习

头和躯干不断地在水平面上下移动,这种身体的上下起伏是自然形成的。但身体姿势力求稳定,身体有节奏地起伏,为臂和腿部动作提供有利的条件。

(二)腿部动作练习

蝶泳的腿部打水时,由腰部发力,大腿带动小腿做鞭状打水形成的。动作呈连贯、协调的波浪形。当两腿处于最低点时,髋关节屈成 160°,臀部上升至水面,然后两小腿伸直向上,髋关节展开,当膝关节弯曲成 110°~130°时,髋至最低点,两脚移至水面,紧接着两脚向下打水,踝关节放松,脚内旋打水。

(三)臂部动作练习

蝶泳时两臂伸直与肩同宽入水,此时面向下,头低于臂,接着直臂开始划水,臂和手掌向斜外抱水,用口鼻呼气且逐渐屈肘,两臂尽量呈高肘划开至90～95厘米宽。当两臂向后内划至肩垂直部位时,两臂屈肘最大为90°,两手距离最近约10～15厘米。这时,头向上抬出水面用力呼气,两手加速向后外推水,待口一出水即进行吸气。臂划水结束时,两肘开始上提,利用加速划水的惯性力,两臂屈肘侧甩,直臂经体侧前移。

高水平的游泳者多用高肘屈臂曲线划水技术。划水时,两手相对于身体的移动路线是先向外,再向内,又向外。划臂路线有"杯形""钥匙形"和"漏斗形"三种类型。

(四)完整动作配合

两臂入水做第一次打腿;臂抓水时腿向上;两臂划至胸腹下时开始第二次打腿;臂推水结束时两腿打水结束;两臂经空中前移时,两腿向上;臂快入水时屈膝最大。

第三节　球类运动健身

球类运动具有丰富的运动内容和形式和良好的体育健身价值,长期参与能有效提高运动者的身体素质和机能水平。球类运动项目众多,鉴于篇幅所限,这里重点介绍群众基础广泛、受关注程度较高的几项球类运动。

一、足球运动健身

(一)足球技术健身练习

1.颠球技术

(1)脚内侧颠球:以单脚连续颠球为例,身体重心移至支撑脚上,支撑腿的膝关节微屈,用脚的内侧向上摆动,击球的下部。

(2)正脚背颠球:以双脚连续颠球为例,身体重心移至支撑脚上,然后摆腿,双脚交替向前上方用脚背击球,击球瞬间踝关节紧张,击球的下部。

(3)大腿颠球:以单腿连续颠球为例,身体重心移至支撑腿上,支撑腿膝关节微屈,用另一侧大腿的中前部位连续向上击球的下部。

(4)头部颠球:两脚开立,膝盖微屈,头部上仰,两眼注视球,用前额部位连续顶球的下部。注意顶球时用力不要太大。

2.踢球技术

(1)脚内侧踢球:以踢定位球为例,斜线助跑,助跑方向和出球方向约成45°角。支撑脚在球侧后方25厘米左右,脚尖指向出球方向。用脚背内侧踢球的后下方。踢球时脚背要绷直,脚趾扣紧,脚尖指向斜下方(图8-6)。

图 8-6

(2)脚背正面踢球:踢定位球时,直线助跑,两眼看球,支撑脚在球侧后方25厘米左右处,脚尖指向出球方向。踢球脚的脚背绷直,保持头部和膝部在球的上方,用脚的鞋带部位击球的后下部(图8-7)。踢地滚球时,脚趾应对准出球方向,击球部位应准确,以保证击球时能发上力。对速度较快的来球,要通过加大摆踢力量和调整出球方向,消除其初速度对击球方向的影响。

图 8-7

(3)脚背内侧踢球:踢定位球时,斜线助跑,助跑方向和出球方向约成45°角。支撑脚在球侧后方25厘米左右,脚尖指向出球方向。用脚背内侧踢球的后下方。踢球时脚背要绷直,脚趾扣紧,脚尖指向斜下方(图8-8)。

图 8-8

3.运球技术

（1）脚背正面运球：运球过程中，身体保持正常跑动姿势，上体稍前倾，步幅不宜过大，运球脚提起，髋关节前送，膝关节稍屈，提踵，脚尖下指，在运球脚着地前用脚背正面部位触球的后中部，向前进方向推送球。

（2）脚背内侧运球：运球过程中，身体稍侧转并保持自然放松，上体稍前倾，步幅小，运球腿提起并外展，膝微屈外转，提踵，脚尖外转，使脚背内侧正对运球方向，在运球脚落地前用脚背内侧触球，向前进方向推拨球。

（3）运球过人：运球时要逼近防守者，距对方 2 米左右。身体要保护球并用远离防守者的脚控制球。过人时重心要低并落于两脚之间，有利于假动作使对方失去重心，运用拨、拉、扣、挑等技术动作，突然快速地摆脱越过对手。

4.接球技术

（1）脚内侧接球，以接空中球为例，目视来球，及时移动到位，结合临场的实际情况和来球轨迹选择适当的接球点，接球腿抬起，脚内侧对准来球并前迎，触球瞬间脚向后下方撤，将球接至所需位置（图 8-9）。

图 8-9　　　　　　　　　　　　图 8-10

（2）脚背外侧接球，接地滚球时，支撑腿膝关节微屈，接球腿提起、屈膝、脚内翻、小腿与脚背外侧与地面成一锐角，接球脚对着接球后球运行的方向，触球瞬间稍后撤，将球接至所需位置（图 8-10）。接反弹球时，及时移动到位，支撑脚站在来球落点的侧后方，接球动作与脚背外侧接地滚球基本相同，惟触球部位不同。

（3）大腿接低平球：面对来球，及时移动到位，接球腿大腿微屈，送髋前迎来球，触球瞬间大腿收撤，将球接至所需位置。

（4）胸部接球：挺胸式接球时，面对来球，两膝微屈，上体稍后仰，下颌微收，两臂自然张开，维持身体平衡。触球瞬间，膝关节伸直，两脚蹬地，胸部轻托球的下部使球微微弹起，将球接在胸前（图 8-11）。收胸式接球时，面对来球,两臂自然张开,挺胸迎球,触球瞬间收胸、收腹、移臀,将球接在体前(图 8-12)。

图 8-11　　　　　　　　　图 8-12

5.抢断球技术

(1)正面跨步堵抢:抢球者两脚前后开立,迎着运球者站立,两膝微屈,身体重心下降并置于两脚间,抢球者跨一大步即可触到球时,抢球者用后脚用力蹬地并跨步向前,以脚内侧去堵截运球者的球;当抢球者已经堵住球时,另一只脚迅速上步;当抢球者在堵住球的同时,对手也堵住球时,抢球者应将另一只脚迅速前移做支撑脚,抢球脚带球向上提拉,使球从对手脚面滚过(图 8-13)。

图 8-13

(2)合理冲撞抢球:抢球者与对手并肩跑动时,抢球者重心稍下降,靠近对手一侧的手臂紧贴身体,当对方同侧脚离地时,用肘关节以上部位适当冲撞对手同样的部位使对手身体失去平衡,趁机控制住球。

(3)异侧脚铲球:当抢球者与对手都不能用正常的动作触球时,应根据与球的距离,用同侧脚用力蹬地使身体跃出,异侧脚向前沿地面向前用脚底将球铲出。铲球后小腿外侧、大腿外侧、手依此着地,并快速起身(图 8-14)。

图 8-14

(二)足球战术健身练习

1.进攻战术

(1)传球:足球比赛中,传球的目的主要有两个,一是将球传到同伴的脚下,二是向有利于同伴的空当传球。在比赛中要掌握好传球的时机,掌握好传球的力度、落点和旋转,要有利于同伴控制球和处理球,以达到传球的目的。

(2)跑位:跑位是无球队员在场上,通过有意识的跑动,为自己或同伴创造进攻机会的行动。跑位一般有两种方式,即套边跑和身后跑。套边跑指从持球队员身后绕向外侧的跑动(图 8-15)。身后跑是一种插入到防守者身后的跑位,致使防守者很难观察进攻者的行动。❶号防守队员看不到插入身后的进攻队员,此时❷号防守队员必须死盯插入的进攻队员,失去了对❶的保护(图 8-16)。

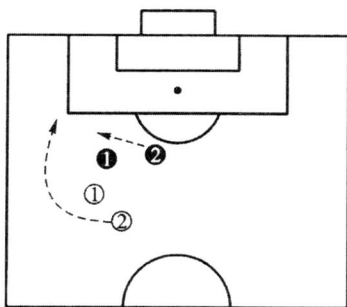

图 8-15

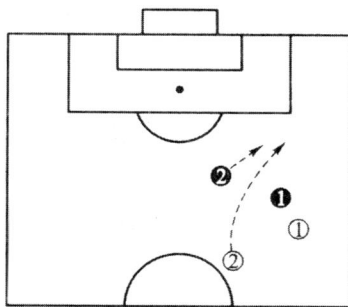

图 8-16

(3)接应:接应持球队员的同时,要考虑到与持球队员的距离、角度与呼应。接应的距离与接应时的场区、对方的防守压力有着密切的关系。接应队员接应角度的选择应根据场上对手的位置而进行调整,一般应是靠内侧与持球队员形成一定的角度。

(4)射门:射门是足球比赛中一切进攻战术配合的最终目的和进攻得分的唯一手段。射门时应注意:①在前场罚球区附近的持球队员首要选择就是射门;②若前场持球者在暂无本队队员接应,且只有一位防守者防守时,应坚决突破射门;③"快""准"是射门战术的主要意义,所以接近球要快,动作衔接要快,判断落点要准,射向目标要准。

2.防守战术

(1)选位与盯人:选位是指防守队员在防守时选择合理的位置进行防守。在选位与盯人时,要在进攻队员之前,及时选位,选择的位置应位于进攻队员、防守队员和本方球门中点三点所成的直线上,并保持适当的距离;选位的主要目的是盯人防守,同时还要兼顾球与空间情况的变化,选择的位置应与同伴组成纵横交错的三角或菱形网络队形;在以多防守或以少防多时,要根据具体的情况和任务目的灵活选位,在选择正确的位置后,应根据不同场区和任务,对进攻队员进行紧逼盯人或松动盯人。

(2)抢球:抢球首先要选择在持球对手与球门中点之间站位,这是对方运球突破的必由之路,当对方运球向两侧扯动时,即为抢球创造条件。通过移动与持球对手保持最适宜的距离。在对手接控球没有稳或控、运球两个触球动作之间的时机,将球抢下来或破坏掉。

(3)断球:断球是将对方的传球从途中拦截下来或破坏掉的战术行为。断球时,一方面,要判断持球队员与接应队员的意图,预测传球的时间和路线;另一方面要合理选择站位,在正确选位的基础上,偏向有球一侧移动。同时抓住恰当时机,对方传出球的瞬间,先于接球队员快速插向传球路线,将球截断下来。

二、篮球运动健身

(一)篮球技术健身练习

1.运球技术

(1)高运球:微屈两腿,稍向前倾斜上体,两眼注视前方,将肘关节作为弯曲轴,自然伸屈前臂,用手腕与手指在球的后上方按拍,拍按时动作要柔和而有力。在运球手臂的同侧脚的外侧控制前方球的落点,这样,球的反弹就会高于胸腹位置。在高运球时,运动员推按球要用力,手脚配合要协调(图 8-17)。

图 8-17

（2）低运球：两腿弯曲，重心下降，上体前倾，球的落点在体侧，用上体和腿保护球，同时，用手腕和手指短促地按拍球的后上方，使球控制在膝关节的高度。在低运球时，运动员应降低重心，目视前方，注意保护球。

（3）胯下运球：以右手运球为例。变向时，左脚在前，右手拍按球的右侧上方，将球从两腿之间运至身体左侧，然后上右脚，换手运球，加速前进。运动员进行胯下运球时，应注意球的击地点和动作的连贯性、协调性（图 8-18）。

图 8-18

（4）背后运球：以右手运球，向左侧变向为例。变换方向时，将右脚置于前方，把球用右手拉到右侧的背后，将手置于球的右后方迅速转腕拍按，拍按的轨迹是身后—身体左侧前方，然后换左手运球，左脚向前，加速前进。运动员进行背后运球时，右手按拍提拉球换手动作要协调，加快速度（图 8-19）。

图 8-19

（5）转身运球：当对手右路堵截时，迅速上左脚，微屈膝，重心移至左脚，并以左脚前脚掌为轴做后转身，右手将球拉至身体的后侧方，并按拍球落在身体的外侧方，然后换左手运球，加速超越防守。

（6）运球急停急起：运球急起时，用力后蹬两脚，快速向前倾斜上体，起动要快速，同时，在球的后上部按拍球，人与球一起迅速向前走。在运球急停急起时，运动员应降低重心，合理控制球，上体前倾。

2.传球技术

（1）单手肩上传球：传球时，肘关节领先，挥臂扣腕动作连贯（图 8-20）。传球重点在于肩关节充分外展。球出手后，右脚随着身体重心前移而向前迈出半步，保持基本站立姿势。

图 8-20

（2）双手胸前传球：传球前，两腿前后分开微屈，上体稍向前倾，重心在两脚之间。双手持球于胸腹间，两肘自然弯曲于体侧，眼要与传球的目标方向平视。传球时，猛蹬后脚发力，前移重心，前伸两臂，旋转两手腕于内侧，用力下压拇指，迅速用食指与中指拨球，快速向前传球。

3.接球技术

（1）单手接球：以右手接球为例。右脚向来球方向迈出，接球时微屈右臂，手掌保持勺形姿势，自然分开手指，向迎球的方向伸出手指，同时左脚迈出一步。当手指与球接触后，顺势后撤手臂，同时收肩，上体微向右后转动。然后用左手帮助将球握于胸前。跳起用单手接高球时，可采用手指尖触球后顺势卷腕的手法，把球引到胸前成双手持球（图 8-21）。

图 8-21

(2)双手接球:接球前,目视来球,双手做接球动作,手指自然分开,保持两拇指成八字形姿势,两手保持半圆形动作。接来球前,伸展双臂主动迎球,放松肩、臂、腕和指。双手接球时,先用指端与球接触,同时随球后引两臂,以缓冲来球力量,并为下一步动作做好准备。

4.持球突破技术

(1)原地持球交叉步突破:以右脚做中枢脚为例。左右两脚分开站立,膝盖稍作弯曲,降低身体重心,在胸腹之间持球。突破时,迅速将左脚前脚掌的内侧蹬地,稍微向右转动上体,向前下压左肩,向右前方移动重心,向右侧前方将左脚蹬地,把球引在身体右侧,蹬地并向前跨出右脚,迅速超越防守。突破时,应注意弯曲膝盖,降低重心,迅速将移动脚蹬地,向前跨出右脚。

(2)原地持球同侧步突破:以左脚为中枢脚为例。突破时,向右前方将右脚跨出一步,身体向右转并探肩,前移重心,用右手运球,迅速将左脚前脚掌蹬地,并向右前方跨出左脚,突破防守。

(3)行进间突破:准确、快速分析与防守队员的位置关系,两膝弯曲,降低重心,保持身体平衡,快速对依据防守队员的位置和具体情况同侧步或交叉步突破做出选择。突破时,注意协调连贯好摆脱移动、伸臂迎球和跨跳的衔接;突破起动要迅速,突破同时注意保护好球。

(4)转身突破:以中枢脚为左脚前转身突破为例,与球篮背对,两脚平行或前后分开站立,保持两膝弯曲,将身体重心放低,双手将球放在腹部前方。突破时,身体重心位于左脚,右脚前脚掌内侧用力蹬地,以左脚为轴碾地,此时右脚随前转身跨向球篮方向,身体上部左转,下压左边肩膀。把右手放在球上,将球推向右脚侧的前方,球与手分开后,左脚蹬地,左脚向前方跨出,突破对手。

5.投篮技术

(1)原地单手投篮:以原地右手投篮为例,双脚在原地分开站立,右脚稍微向前方迈出,运用两脚中间的力量承担身体重心,肘弯曲,手腕向后方向仰,保持掌心是向上的,自然分开五指,用手将球放在右眼前上方,用左手扶住球的侧面,两膝稍稍弯曲,放松上体并稍微向后倾斜,双眼与篮点对视。投篮时,蹬伸下肢,同时顺势伸展腰腹部,肘部上抬将前臂伸直,前屈手腕,手指在手腕的带动下将球弹拨出去,最后运用食指与中指将球用力投出,球与手相离后,右臂要自然跟进投篮动作(图8-22)。

图 8-22

（2）行进间单手肩上高手投篮：以右手投篮为例，球在空中移动的时候，右脚大步幅向投篮方向或来球方向跨出，右脚跨出的同时做接球动作，向前小步跨出左脚，脚跟先着地，稍向后仰上体，迅速蹬地起跳，右腿膝盖弯曲，左脚蹬地与地面分离。双手同时向前上方举球，身体腾空后，向前上方伸展右臂，腕、指动作同原地单手投篮。投篮出手后，两脚同时落地，两腿弯曲，以缓冲落地的力量。在行进间单手肩上高手投篮时，应力求节奏清楚，起跳充分，举球、伸臂、屈腕、拨球动作连贯，用力适度（图 8-23）。

图 8-23

（3）跳投：以右手投篮为例。在胸腹之间用双手持球，两脚前后或左右分开站立，微屈两膝，两脚之间承担身体重心，放松上体，眼睛向篮圈方向注视。起跳时，适当弯曲两膝，然后用脚掌蹬地发力，腹部提起，腰部伸展，迅速向上摆臂举球，同时做起跳动作，在头上或肩上用双手举球，在球的左侧用左手扶球。当身体升至最高点或接近最高点时，左手与球相离，向前上方伸直右臂，同时屈腕、压指，篮球通过指端投出去（图 8-24）。

图 8-24

（4）扣篮：以行进间单脚起跳双手扣篮为例，扣篮前，一脚跨出一大步同时接球,接着另一脚向篮圈方向跨出一小步蹬地尽力高跳,随之在空中充分伸展上体,双手举球至最高点,当球举过篮圈高度时,立即用突发性动作挥动双手前臂接着屈腕、压指,将球自上而下扣入篮圈。

(二)篮球战术健身练习

1.进攻战术

(1)快攻

①抢篮板球后长传快攻:如图 8-25 所示,⑤抢到篮板球后,应仔细观察场上的人、球情况,掌握发动快攻的时机,⑦和⑧及时快攻超越防守。⑤根据情况,长传球给⑦或⑧进行投篮。④⑤⑥应随后插空跟进。

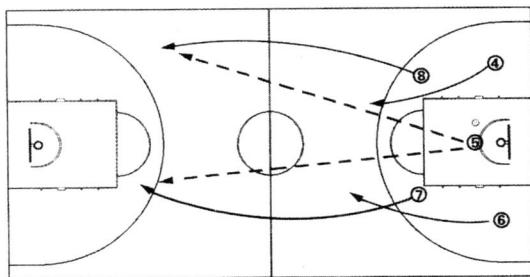

图 8-25

②运球突破快攻:在抢断球或获得篮板球后,抓住进攻时机,快速运球超越对手直攻篮下得分。

(2)进攻人盯人防守

①快速进攻:快速进攻主要用于由守转攻时,通过对快攻战术的运用来进行进攻的一种方法。这种方法能够有效破坏全场紧逼人盯人的防守。

②"逐步"进攻:在篮球比赛中,"逐步"进攻也主要用于守转攻时,如果没有空当,可以在进行快速反击的情况下,队员通过站住位置,从而运用各种方法配合去来撕破对方紧逼人盯人防守。

2.防守战术

(1)堵截快攻的发动与接应:如图 8-26 所示,⊗投篮未中,当防守队员△抢到篮板球时,④立即转攻为守,迅速上前挥臂封其一传,⑥和⑤分别堵截△和△接应一传。

(2)夹击第一传:如图 8-27 所示,当△抢到篮板球时,④和篮下的⑤合作夹击,⑥放弃快下的△,而及时去堵截△的接应,并随时准备断△传出的球。

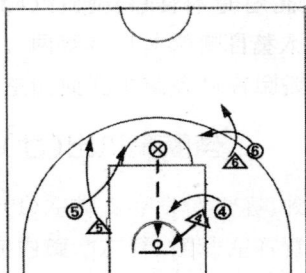

图 8-26

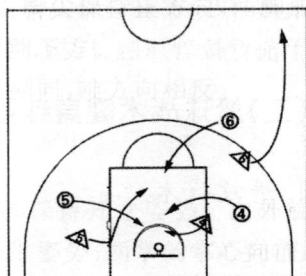

图 8-27

三、网球运动健身

(一)网球技术健身练习

1.发球技术

(1)平击发球:侧对球网站立,前脚与端线大约成 45°,指向右侧网柱,身体重心在左脚上,左手托住球拍的拍颈,手臂放松,稍微弯曲并保持在胸部的高度。双臂同时稍下放,在其最低点抛球手臂与击球手臂分开,但以不同的速度向上摆动;在大约眼睛的高度将球抛出,击球臂向后、向下、向上引拍,身体重心移至右腿上;在手臂伸展到最高点时,身体重心又移到左腿上,通过髋关节前移,降低身体重心;左腿支撑身体向前、向上运动。击球肩膀转向前面,前臂旋内,充分向前、向上伸展击球臂,在最高点击球,击球瞬间,拍面几乎垂直地面。击球后随球上网或站在端线附近准备击球(图 8-28)。

图 8-28

（2）旋转发球：挥拍时，球拍的前半部分与切削球和平击发球基本相似。要求球拍后拉平稳，身体后仰成弓形，重心落在后面，然后两腿蹬地，向上挥拍并猛扣手腕。球拍快速从左下向右上挥动，从下向上擦击球的背面，并向右带出使球产生右侧上旋。球拍向上的力量来自击球时手腕的扣击动作，扣腕要从击球持续到球离开拍面。向前的动作来自挥拍时手臂和身体的向前运动以及两腿蹬地后身体重心的前移。击球后球拍继续向前运动，在身体的一侧或正前方挥下，利用惯性作用随挥至身体的另一侧。

2. 接发球技术

两脚平行站位，比肩略宽，右手持拍者一般右脚稍前，两膝微屈，上体稍前倾，脚跟提起，将球拍置于体前（图 8-29）。

图 8-29

（1）若来球带有较大的下旋或侧旋，弹跳得低而浅，必须迅速上步，以后仰些的拍面积极地向前推出并加以削切，使球既有速度又能落地后弹起较低或变向。

（2）对于平网高度的来球，用正常的打法还击，关键是当球与拍面接触的一瞬间要准确控制拍面角度，针对对手站位情况确定球的飞进方向与落点。

（3）还击高过肩的球时，要积极上步，立足于早打。击球时锁住肩关节，固定手腕，身体重心明显下压，借助于转体，手臂大力挥击。但对于过头又不足为高压的高球，击球时切勿下压，要向高处挥击。

3. 击球技术

（1）正手击球，正手击上旋球时，面对球网，两脚自然开立，重心稍前移，落在前脚掌上，左手扶住拍颈，注意对方来球；当来球时，迅速向后引拍，向来球方向迈出前脚，侧对球网，屈膝降低重心；向前挥拍时，重心移向前脚，在前脚右侧前方击球，拍面稍后仰，球拍从下、向上、向前擦击球的后上部；击球后要有完整随挥动作，重心全部落在前脚上，球拍挥到左前上方。正手平击球时,举起球拍,收身,大幅度后仰上体,在高处扑球,将球拍挥至身体正前方;结束时,将右肘举到头上。

(2)反手击球:以右手握拍为例,从准备姿势开始,以左脚为轴,向左转肩转髋,同时右脚跨出一步,使两脚与肩同宽,身体右侧对球网,重心移至左脚上。转肩同时左手转动拍颈使右手成东方式反手握拍,并带动球拍后引与身体平行,击球肘贴近身体,左手轻持拍颈,拍头略低于来球。击球时身体重心移至右脚,左手放开拍颈,以右脚为轴向右转髋转肩,带动右手臂由下向前上挥拍,击球中部偏下,击球点在右脚侧前方(图8-30)。

图 8-30

4. 截击球技术

(1)正手截击球:左手指向来球,保持身体的平衡,左脚向右前方跨步的同时,右手挥拍迎击来球,拍头高于手腕,拍面对准来球,手腕固定,握紧拍柄。击球时用肩和前臂的动作,击球点在身体的右侧前方,眼始终盯着来球。击球动作微微向下,拍头稍向后斜,一般为下旋切击。

(2)反手截击球:当球飞向反手方向时,立即向左转身,扶拍颈的左手向后拉球拍,右手跟随完成短促的引拍动作。球拍靠近左肩时即停止向后,拍头向上保持高于手腕,眼注视来球,右脚向侧前方跨步,此时左手仍扶拍颈处。击球时手腕固定,手臂自然伸直,拍面稍向前倾,击球点在身体的左侧前方(比正手截击球的击球点更靠前些)。

5. 高压球技术

(1)落地高压球:双脚蹬地,充分伸展手臂,手腕击球时做"旋内"的扣腕动作,争取最高点击球。在击球的瞬间,手臂、手腕和球拍保持在一条直线上,身体稍向前倾。击球之后扣腕动作仍旧继续,手臂顺势向下,在身体的另一侧完成随挥动作。

(2)凌空高压球:凌空球下落的速度比反弹起来再下落的球快很多,击球时机不容易把握,打早了或迟了都会影响击球的效果,所以除了要求准确的判断和熟练的步法以外,拉拍动作应该更加迅速、及时,挥拍击球也应该更加果断。

6.放小球技术

放小球技术动作中的准备姿势和引拍动作同正反手击球动作基本一致,以提高放小球隐蔽性,让对方无法判断,甚至给对方一个打深球的错觉。挥拍时,利用小臂带动手腕使球拍向前下方移动轻轻削击球的中下部,以缓冲来球的冲力。击球时,手腕绷紧,以正反手下旋击球为主,眼睛要盯住球,靠前臂的力量切削,球拍面进入到球的下部减速,用球拍把球向目标送出。击球后,沿球的飞行方向做随挥动作。随挥动作要小,应尽快恢复准备姿势,准备下次接球。

(二)网球战术健身练习

1.发球与接发球战术

(1)定点击球:运动员可用一发和二发的两次发球机会向目标点连续发球。

(2)大角度击球:在接发球时尽量把球回到对方场地深处。

2.上网战术

发上旋球后,借球在空中飞行时间长,对方难于回击之机上网截击。若抽击球后上网,则出球要斜、要深、要重,或接近中央地带。

3.底线战术

(1)对攻战术。利用底线正、反手抽击球具有强大的连续进攻能力,配合速度和落点变化与对方展开阵地战,力争主动,攻击和控制对方。

(2)拉攻战术。以底线正、反手拉上旋球,或正手拉上旋,反手切削球,迫使对方左右跑动,不给对方上网及底线起板反击的机会,伺机突击。

(3)紧逼战术。以快速的节奏对对方进行攻击的一种重要战术。发挥良好的底线正、反手抽击球技术,迎击上升球,准确的落点控制,节节紧逼对手。

第四节　形体类运动健身

一、瑜伽健身

瑜伽是一种古老的健身术，它是一种关乎于身心的健身和健心运动，它尊重个体的同时又使个体向更好的身心状态发展。这里对瑜伽健身健美效果较好的常见健身体位进行重点分析。

(一)树式

瑜伽树式动作健身练习如图 8-31 所示。

（1）站姿，双脚并拢，挺身直立，手心相对合掌于胸前。

（2）重心落在右腿，膝盖伸直，腿部收紧。

（3）吸气，同时将左脚放于右小腿内侧；左膝向外展开，双手合掌于胸前，眼睛看着前方一个固定点，注意力集中，保持平衡；把左脚放在右大腿内侧，腿部收紧，保持平衡。

（4）随着吸气，双手于头顶上方合掌。腹部稍稍往里收，腰部挺直，整个身体要有向上的力量，保持平衡，持续 30～60 秒，均匀地呼吸。

（5）呼气，慢慢还原运动。

图 8-31　　　　　　　　　　图 8-32

(二)船式

瑜伽船式动作健身练习如图 8-32 所示。

（1）呈仰卧姿势，双脚并拢，两臂平放在身体两侧。

（2）吸气，并将上身、双脚与两臂向上抬起，以脊椎骨作为支点臀部着地，使身体保持平衡。

（3）锁紧脚跟，双脚以 45°角撑展蹬直，躯干与双脚形成"V"形。两手向前伸直，并指向脚尖方向。挺直腰背和胸腔，双脚并拢夹紧。屏息保持该姿势 5 秒钟。

（4）吐气，慢慢将身体平放回地面，调整呼吸，全身放松。

（三）弓式

弓式动作健身练习如图 8-33 所示。

（1）以俯卧姿势开始，两臂靠体侧平放，掌心向上，腿、脚全都并拢。

（2）屈膝，将两小腿尽量收回臀部。

（3）把两手向后伸，抓住曲脚或两脚踝。

（4）深吸气，尽量翘起躯干，背部成凹拱形，头部尽量后抬，同时用手把双腿往后拉，尽量把双膝举高。保持姿势 5～10 秒。

（5）还原：一面抓住两脚，一面慢慢把上身放下来，放回地板上；再放开双脚，逐渐将双腿放回地板上；随后，再把头转向侧边，脸颊贴地，彻底放松。

图 8-33

（四）腰转动式

腰转动式动作健身练习如图 8-34 所示。

图 8-34

（1）挺身站立，两脚分开约 50 厘米。

（2）十指相交，吸气，两臂高举过头。

（3）转动手腕，两手掌心向上。

（4）呼气，向前弯身，弯到两腿和背部形成 90°角。

（5）目视两手，先将上身躯干尽量转向右方，跟着又将上身躯干尽量转向左方。

（6）转向右方时吸气,转向左方时呼气。

（7）左右转动的动作重复做 4 次,然后把上身躯干收回原来的中心位置,恢复直身姿势。

（8）放低双臂,放开两手。

（五）弦月式

弦月式动作健身练习如图 8-35 所示。

（1）保持山立功的站姿。双手自胸前合掌,吸气,向上抬起,伸展过头,手指向上,上臂尽量地放在耳后。保持身体的挺拔与伸展。

（2）呼气,注意保证两髋骨骼前上棘,在一个高度上,骨盆垂直于地面,身体向左侧弯曲,眼睛看向右斜上方。不要出现身体侧弯时,一只脚承重,而另一只脚无法保持平衡的状况,也就是不要向一侧顶髋。在头上合掌的双手可以将拇指扣在一起,不要将掌心分开。保持手臂的挺拔与伸展。

（3）吸气时,身体回到向上的伸展。

（4）再次吸气,向右侧弯身体。

（六）拨云式

拨云式动作健身练习如图 8-36 所示。

图 8-35　　　　　　　　　　　　　　图 8-36

（1）可以采取山立功或者任何喜欢的姿势开始。

（2）吸气时掌心向下,双肩伸直外展,至两手在脑后相触。同时尽力地向上伸展。

（3）让左手向前、向右推送,并翻转双手使双手掌心相对合拢。让两上臂尽量地放在耳朵的后面,手指向上伸展。停留 4～6 秒。

（4）打开双手,回到掌背相对姿势。双肩内收,自体侧放下手臂,回到山立功。交换体位练习。吸气,双臂高举过头,上臂置于耳后,右手在前,左手在后,双掌反向合十,稍停留。呼气,回复到任一瑜伽坐姿。

二、健美操健身

健美操运动属于有氧健身运动,能通过对全身各主要部位进行刺激性练习达到良好的健身效果,同时,有益于训练正确的体态和健美的形体。

(一)基本手型练习

(1)并掌:五指并拢伸直,指关节不能弯曲。

(2)开掌:五指用力分开伸直。

(3)立掌:手掌用力上屈,五指指关节自然弯曲。

(4)花掌:在分掌的基础上,从小指依次内旋,形成一个扇面。

(5)一指:拇指与中指、无名指、小指相叠,食指伸直。

(6)剑指:拇指与无名指、小指相叠,中指与食指并拢伸直。

(7)响指:无名指、小指屈,拇指与中指用力摩擦打响。

(8)拳:四长指握拳,拇指第一关节扣在食指与中指第二关节处。

(9)舞蹈手型:引用拉丁、西班牙、芭蕾等手型。

常见健美操手型如图 8-37 所示。

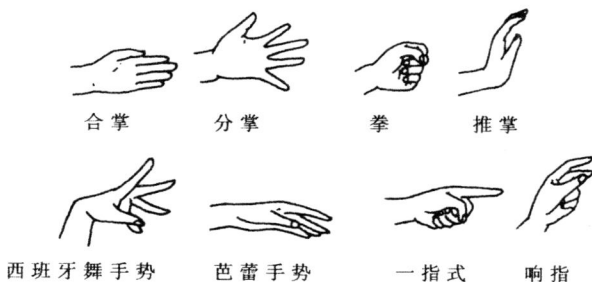

| 合掌 | 分掌 | 拳 | 推掌 |

| 西班牙舞手势 | 芭蕾手势 | 一指式 | 响指 |

图 8-37

(二)手臂动作练习

(1)举:以肩关节为中心,手臂进行活动。注意动作到位,有力度。可前举、后举、侧举、侧上举、侧下举、上举(图 8-38)。

(2)屈:肘关节由弯曲到伸直或由伸直到弯曲的动作。关节做有弹性的屈伸。可肩侧屈、肩侧上屈、胸前上屈、头后屈等(图 8-39)。

(3)绕、绕环:两臂或单臂以肩为轴做弧线运动(两臂或单臂向内、外、前、后绕或环绕)。要求路线清晰,起始和结束动作位置明确(图 8-40)。

图 8-38

图 8-39

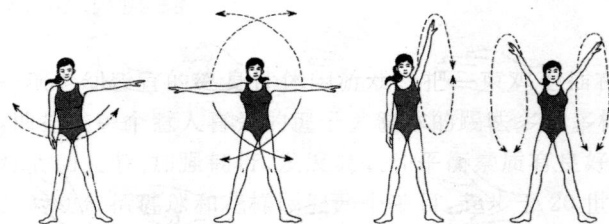

图 8-40

(三)躯干动作练习

1.头颈部动作

(1)屈:身体正直,头部向前、后、左、右四个方向分别做颈部关节弯曲的运动(图 8-41)。做动作时应缓慢,充分伸展颈部肌肉。

(2)转:头保持正直,然后头颈部沿身体垂直轴向左、右转动 90°(图 8-42)。注意下颌平稳地左右转动。

(3)环绕:头保持正直,然后头颈部沿身体垂直轴向左或右转动 360°(图 8-43)。转动时,头部要匀速缓慢,不要过快。

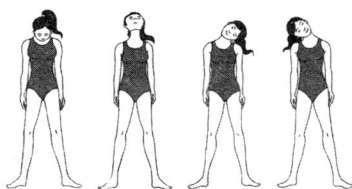

图 8-41

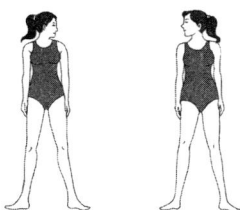

图 8-42

图 8-43

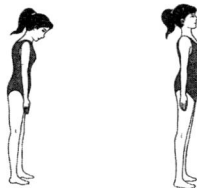

图 8-44

2.胸部动作

(1)移胸:髋部位置固定,腰腹随胸部左右移动。

(2)含胸、挺胸:含胸时低头收腹,收肩,形成背弓,呼气;挺胸时,抬头挺胸,展肩,吸气(图 8-44)。

3.肩部动作

肩部动作主要有提肩、沉肩、绕肩、肩绕环等练习方法,具体如下。

(1)提肩:肩胛骨做向上的运动(图 8-45)。

(2)沉肩:肩胛骨做向下的运动(图 8-46)。

(3)绕肩:以肩关节为轴做小于 360°的运动(图 8-47)。

(4)肩绕环:以肩关节为轴做 360°的圆形运动。

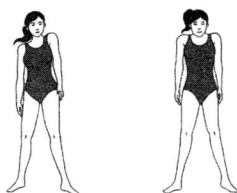

图 8-45

图 8-46

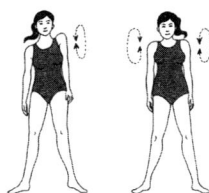

图 8-47

4.背部动作

(1)背部外展:屈臂或直臂做外展动作,通常与臂的内收结合进行。

(2)上举下拉:两臂由侧上举下拉至髋侧。

5.髋部动作

(1)顶髋:两腿开立,一腿伸直支撑,另一腿屈膝内扣,上体保持正直,用力将髋顶出(图8-48)。

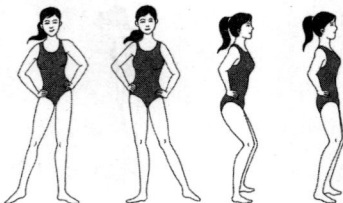

图 8-48

(2)提髋:髋向上左提、上右提(图8-49)。

(3)绕和环绕:髋做弧线或圆周运动,进行绕和环绕动作(图8-50)。

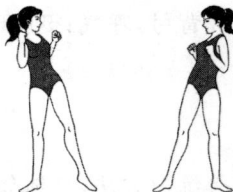
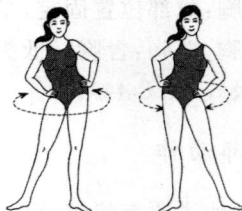

图 8-49   **图 8-50**

(四)腿部动作练习

(1)弓步:两腿前后站立,脚尖向前,一腿屈膝,另一腿伸直。弓步练习一般用于力量练习多些,半蹲练习用于有氧操多些。在练习时,注意身体重心在两腿之间,膝踝关节在一条线上。可采用不同的方向、跳跃、转体等方式进行练习。

(2)并步:以右脚为例,右脚向右侧先迈出一步,左脚前脚掌并与右脚,稍屈膝下蹲;然后接反方向。

(3)滑步:以右脚为例,右脚右侧迈一大步屈膝站立,左脚侧点地滑行至右脚,上体稍侧屈。

（4）"一"字步：两脚依次向前迈一步，并拢，再依次退一步，还原。在练习过程中，需要注意的是：在每次落地下肢关节时，要依次顺势缓冲。

（5）"V"字步：以右脚为例，右脚向右前迈一步，屈膝缓冲，左脚向左前迈一步成屈膝半蹲，两脚运动轨迹成"V"字形，然后从右脚开始依次退回原位。

（6）漫巴步（漫步）：以右脚为例，右脚向前或向侧迈一步，屈膝缓冲，重心前移，左脚稍抬起；重心后移，右脚还原，左脚稍抬起。

（7）交叉步：一腿向侧迈出，另一腿在其后交叉，稍屈膝，随后再向侧一步，另一脚点地并拢，然后可接反方向。

（8）踏步：一脚向前或向侧迈步蹬地跳起，另一腿侧举或后举。

（9）点地：前点地时，一腿稍屈膝站立，另一腿脚跟前点地，然后还原。重心始终在支撑腿上，保持支撑腿的弹动，腰腹保持稳定；后点地时，一腿稍屈膝站立，另一腿脚尖向前点地，然后还原；侧点地时，以左脚为例，右腿稍屈膝站立，左腿脚尖右侧点地，然后还原。

（10）吸腿：一腿支撑地面，另一腿屈膝向上抬起，还原。

（11）踢腿：一腿支撑地面，另一腿向前或向侧弹踢，还原。

（12）开合跳：两腿并拢屈膝向上跳起，落地成开立，然后再向上跳起，两腿并拢还原落地。

第九章 民族传统体育健身与运动方法研究

民族传统体育产生于我国人民的日常生产和生活,对于促进人们的健康、改善人们的生活具有重要的意义。虽然很多人在运动健身时会选择一些现代体育运动,但是民族传统体育运动项目仍然具有强大的生命力,在人民群众中仍然具有广泛的影响力。为了促进民族传统体育健身的科学性,本章对武术健身、气功术健身和民间民俗体育健身进行了分析。

第一节 武术健身

一、武术基础健身

(一)肩功

1.压肩

在进行压肩练习时,面对肋木开步站立,两手抓握肋木,上体前俯并做下振压肩动作(图9-1)。也可两人面对面,相互伏按肩部,做体前屈振动压肩动作。

图 9-1

2.仆步抢拍

两脚开立,上体左转成左弓步,同时右掌向左前下方伸出,左掌心向里,插于右肘关节处;上动不停,上体右转成右弓步,同时右臂由左向上、向右抡至右上方,左掌下落至左下方;上动不停,上体右后转,同时右臂向下、向后抡臂划弧至后下方,左臂向上、向前抡至前上方;上动不停,上体左转成右仆步,同时右臂向上、向右、向下抡臂至右腿内侧拍地,左臂向下、向左抡臂停于左上方。目随右手。注意练习时左右交替进行(图 9-2)。

图 9-2

(二)腿功

1.搬腿

(1)正搬腿

右腿支撑,左腿屈膝提起,右手托握左脚,左手抱膝。然后左腿向前上方举起,挺膝、挺胸、立腰,脚尖勾紧。也可由同伴帮助练习。注意练习时左右交替进行(图 9-3)。

图 9-3

(2)侧搬腿

右腿屈膝提起,右手经小腿内侧托住脚跟,然后将右腿向右上方搬起,左臂上举亮掌。也可由同伴托住脚跟向侧搬腿。注意练习时左右交替进行(图 9-4)。

2.劈腿

(1)竖叉

两手左右扶地或两臂侧平举,两腿前后分开成直线。左腿后侧着地,脚尖勾起;右腿内侧或前侧着地,挺胸、立腰。注意练习时左右交替进行(图9-5)。

图 9-4

(2)横叉

两手在体前扶地或两臂侧平举,两腿左右分开成直线,两腿内侧着地,挺胸、立腰(图 9-6)。

图 9-5

图 9-6

(三)腰功

1. 俯腰

(1)前俯腰

并步站立,两手手指交叉,直臂上举,掌心朝上。上体前俯,两掌心尽量贴地,也可两手松开,分别抱住两腿跟腱处,胸部尽量贴近腿部,两腿挺膝伸直,持续一定时间后再站立(图9-7)。

图 9-7

（2）侧俯腰

并步站立,两手手指交叉,直臂上举,掌心朝上。上体左转向左侧下屈,两手掌心触地,两腿挺膝伸直。持续一定时间后,然后起身做另一侧(图 9-8)。

图 9-8

2.涮腰

开步站立。上体前俯,两臂下垂随之向左前方伸出,以髋关节为轴,向前、向右、向后、向左绕环一周,两腿固定不动。注意练习时左右交替进行(图 9-9)。

图 9-9

(四)桩功

1.马步桩

两脚平行开立,约为脚长的 3 倍,脚尖朝前,屈膝半蹲,大腿接近水平,全脚着地,身体重心落于两腿之间。两臂微屈平举于胸前,掌心向下,眼看前方。也可两手抱拳于腰间,挺胸、直背(图 9-10)。

2.虚步桩

两脚前后开立,右脚外展 45°,屈膝半蹲,左脚脚跟提起,脚面绷直,脚尖稍内扣,虚点地面,膝微屈,重心落于右腿上。两手抱拳于腰间,眼看前方。挺胸、塌腰，虚实分明。注意练习时左右交替进行（图 9-11）。

图 9-10　　　　　　　　　　图 9-11

二、长拳健身

"长拳"一词曾出现在明朝的多部拳论中。例如，戚继光所著的《纪效新书·拳经捷要篇》曾有"宋太祖有三十二势长拳"的记载。程子颐等人所著的《武备要略·长拳说》将"长拳"单独列为一节，并在文中写道："谚云，长拳兼短打，如锦上添花。"新中国成立后，专家学者们对长拳重新进行了整理，以查拳、华拳、花拳、红拳、炮拳以及少林拳等拳种为基础，以四击、八法、十二型为技术和技法标准，选取姿势舒展、翻转腾跃的动作进行了重新组合与编排。如今，长拳已经成为国内外武术比赛的重要内容。

长拳运动健身的基本套路动作如下。

（一）预备动作

1.预备势（图 9-12）

两脚开立，两臂垂于体侧，五指并拢贴靠腿外侧，平视前方。

图 9-12

2.虚步亮掌(图 9-13)

(1)右脚向左右方撤步成左弓步,右掌向右、向上、向前划弧,掌心朝上;左臂屈肘,左掌提至腰侧,掌心朝上。目视右掌。

(2)右腿微屈,重心后移,左掌经胸前以右臂上向前穿出伸直;右臂屈肘,右掌收至腰侧,掌心朝上。目视左掌。

(3)重心继续后移,左脚稍向右移,脚尖点地,成左虚步。左臂内旋向左、向后划弧成勾手,勾尖朝上;右手继续向后、向右、向前上划弧,屈肘抖腕,在头右前上方成亮掌(即横掌),掌心朝前,掌指向左,目视左方。

图 9-13

3.并步对拳(图 9-14)

(1)右腿蹬直,左腿提膝(脚尖内扣),上肢姿势不变。

(2)左脚向前落步,重心前移。左臂屈肘,左勾手变掌经左肋前伸;右臂外旋向前下落于左掌右侧,两掌同高,掌心均朝上,目视两掌。

(3)右脚向前上一步,两臂下垂后摆。

(4)左脚向右脚并步,两臂向外向上经胸前屈肘下按,两掌变拳,拳心朝上,停于小腹前。目视左方。

图 9-14

(二)第一段

1.弓步冲拳（图 9-15）

(1)左脚向左上一步,脚尖向斜前方;右腿微屈成半马步。左臂向上、向左格打,拳眼朝后,拳与肩同高,右拳收至腰侧,拳心朝上。目视左拳。

(2)右腿蹬直成左弓步。左拳收至腰侧,拳心朝上;右拳向前冲出,高与肩平,拳眼朝上。目视右拳。

2.弹腿冲拳（图 9-16）

重心前移至左腿,右腿屈膝提起,脚面绷直,猛力向前弹出伸直,高与腰平。右拳收至腰侧,左拳向前冲出。目视前方。

图 9-15

图 9-16

3.马步冲拳（图 9-17）

右脚向前落步,脚尖内扣,上体左转 90°。左拳收至腰侧,两腿下蹲成马步;右拳向前冲出。目视右拳。

图 9-17

4.弓步冲拳（图 9-18）

(1)上体右转 90°,右脚尖外撇向斜前方,成半马步。右臂屈肘向右格打,拳眼朝后。目视右拳。

（2）左腿蹬直成右弓步。右拳收至腰侧；左拳向前冲出。目视左拳。

5.弹腿冲拳（图 9-19）

重心前移至右腿，左腿屈膝提起，脚面绷直，猛力向前弹出伸直，高与腰平。左拳收至腰侧，右拳向前冲出。目视前方。

图 9-18   图 9-19

6.大跃步前穿（图 9-20）

（1）左腿屈膝。右拳变掌内旋，以手背向下挂至左膝外侧，上体前倾。目视右手。

（2）左脚向前落步，两腿微屈。右掌继续向后挂，左拳变掌，向后向下伸直。目视右掌。

（3）右腿屈膝向前提起，左腿猛力蹬地向前跃出。两掌向前向上划弧摆起。目视左掌。

（4）右腿落地全蹲，左腿随即落地向前铲出成仆步。右掌变拳抱于腰间，左掌由上向右、向下划弧成立掌，停于右胸前。目视左脚。

图 9-20

7.弓步击掌（图 9-21）

右腿猛力蹬直成左弓步。左掌经左脚面向后划弧至身后成勾手，左臂伸直，勾尖朝上；右拳由腰间变掌向前推出，掌指朝上，掌外侧向前。目视右掌。

8.马步架掌（图 9-22）

（1）重心移至两腿之间,左脚脚尖内扣成马步,上体右转。右臂向左侧平摆,稍屈肘;同时左勾手变掌由后经左腰侧右臂内向前上穿出,掌心均朝上。目视左手。

（2）右掌立于左胸前;左臂向左上屈肘抖腕立掌于头部左上方,掌心朝前。目向右转视。

图 9-21　　　　　　　　　　　　　　　　　图 9-22

（三）第二段

1.虚步栽拳（图 9-23）

（1）右脚蹬地,屈膝提起,左腿伸直,以前脚掌为轴向右后转体 180°。右掌由左胸前向下经右腿外侧向后划弧成勾手;左臂随体转动并外旋,使掌心朝右。目视右手。

（2）右腿向右落步,重心移至右腿上,下蹲成左虚步。左掌变拳下落于左膝上,拳眼向里,拳心向后;右勾手变拳,屈肘向上架于头的右上方,拳心朝前。目视左方。

2.提膝穿掌（图 9-24）

（1）右腿稍伸直。右拳变掌收至腰侧,掌心朝上;左拳变掌由下向左、向上划弧盖压于头上方,掌心朝前。

（2）右腿蹬直,左腿屈膝提起,脚尖内扣。右掌从腰侧经左臂内向右前上方穿出,掌心朝上;左掌收至右胸前成立掌。目视右掌。

3.仆步穿掌（图 9-25）

右腿全蹲,左腿向左后方铲出成左仆步。右臂不动,左掌由右胸前向下经左腿内侧,向左脚面穿出。目随左掌转视。

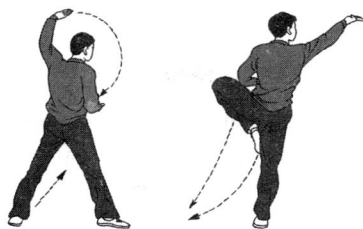

图 9-23   图 9-24

4.虚步挑掌（图 9-26）

（1）右腿蹬直,重心前移至左腿,成左弓步。右掌稍下降,左掌随重心前移向前挑起。

（2）右脚向左前上步,左腿半蹲,成右虚步。身体随上步左转 180°。同时左掌由前向上、向后划弧成立掌,右掌由后向下、向前上挑起成立掌,指尖与眼平。目视右掌。

图 9-25   图 9-26

5.马步击掌（图 9-27）

（1）右脚踏实,脚尖外撇,重心稍升高并右移,左掌变拳收至腰间;右掌俯掌向外捋手。

（2）左脚向前上一步,以右脚为轴向右后转体 180°,两腿下蹲成马步。左拳变掌从右臂上成立掌向左侧击出,右掌变拳收至腰间。目视左掌。

6.叉步双摆掌（图 9-28）

（1）重心稍右移,同时两掌向下向右摆,掌指均朝上。目视右掌。

（2）右脚向左腿后插步,前脚掌着地。两臂继续由右向上、向左摆,停于身体左侧,均成立掌,右掌停于左肘窝处。目随双掌转视。

图 9-27

图 9-28

7. 弓步击掌（图 9-29）

（1）两腿不动。左掌收至腰侧，掌心朝上；右掌向上、向右划弧，掌心朝下。

（2）左腿后撤一步，成右弓步。右掌向下、向后伸直摆动，成勾手，勾尖朝上；左掌成立掌向前推出。目视左掌。

图 9-29

8. 转身踢腿马步盘肘（图 9-30）

（1）两脚以前脚掌为轴向左后转体 180°。同时，左臂向上、向前划半立圆，右臂向下、向后划半圆。

（2）上动不停，两脚不动，右臂由后向上、向前划半立圆，左臂由前向下、向后划半立圆。

（3）上动不停，右臂向下成反臂勾手，勾尖朝上；左臂向上亮掌，掌心朝前上方。右腿伸直，脚尖勾起，向额前踢。

（4）右脚向前落步，脚尖内扣。右手不动，左臂屈肘下落于胸前，左掌心朝下。目视左掌。

（5）上体左转 90°，两腿下蹲成马步。同时左掌向前、向左平捋变拳收至腰间，右勾手变拳，右臂伸直，由体后向右、向前平摆，至体前屈肘，肘尖向前，高与肩平，拳心朝下。目视肘尖。

图 9-30

(四)第三段

1.歇步抡砸拳(图 9-31)

(1)重心稍升高,右脚尖外撇。右臂由胸前向上、向右抡直;左拳向下、向左,使臂抡直。目视右拳。

(2)上动不停,两脚以前脚掌为轴,向右后转体 180°。右臂向下、向后抡摆,左臂向上、向前随身体转动。

(3)紧接上动,两腿全蹲成歇步。左臂随身体下蹲向下平砸,拳心朝上,臂部微屈;右臂伸直向上举起。目视左拳。

2.仆步亮掌(图 9-32)

(1)左脚由右腿后抽出上前一步,左腿蹬直,右腿半蹲,成右弓步。上体微向右转。左拳收至腰间,右拳变掌向下经胸前向右横击掌。目视右掌。

(2)右脚蹬地屈膝提起,上体右转。左拳变掌从右掌上向前穿出,掌心朝上;右掌平收至左肘下。

(3)右脚向右落步,屈膝全蹲,左腿伸直,成仆步。左掌向下、向后划弧成勾手,勾尖朝上;右掌向右、向上划弧微屈,抖腕成亮掌,掌心朝前。头随右手转动,至亮掌时,目视左方。

图 9-31

图 9-32

3.弓步劈拳（图 9-33）

（1）右腿蹬地立起，左腿收回并向左前方上步。右掌变拳收至腰间，左勾手变掌由下向前上经胸前向左做搂手。

（2）右腿经左腿前方向左绕上一步，左腿蹬直成右弓步。左手向左平搂后再向前挥，虎口朝前。

（3）在左手平搂的同时，右拳向后平摆，然后再向前、向上做抢劈拳，拳高与耳平，拳心朝上，左掌外旋接扶右前臂。目视右拳。

图 9-33

4.换跳步弓步冲拳（图 9-34）

（1）重心后移，右脚稍向后移动。右拳变掌，臂内旋以掌背向下划弧挂至右膝内侧；左掌背贴靠右肘外侧，掌指朝前。目视右掌。

（2）右腿自然上抬，上体稍向左扭转。右掌挂至体左侧，左掌伸向右腋下。目随右掌转视。

（3）右脚以全脚掌用力向下震踩。与此同时，左脚急速离地抬起。右手由左向上、向前搂盖而后变拳收至腰间；左掌伸直向下、向上、向前屈肘下按，掌心朝下。上体右转，目视左掌。

（4）左脚向前落步，右腿蹬直成左弓步。右拳向前冲出，拳高与肩平；左掌藏于右腋下，掌背贴靠腋窝。目视右拳。

图 9-34

5.马步冲拳（图 9-35）

上体右转 90°，重心移至两腿中间，成马步。右拳收至腰间，左掌变拳向左冲出，拳眼朝上。目视左拳。

6.弓步下冲拳(图 9-36)

右腿蹬直,左腿弯曲,上体稍向左转,成左弓步。左拳变掌向下经体前向上架于头左上方,掌心朝上,右拳自腰间向左前斜下方冲出。目视右拳。

图 9-35　　　　　　　　　　　图 9-36

7.叉步亮掌侧踹腿(图 9-37)

(1)上体稍右转。左掌由头上下落于右手腕上,右拳变掌,两手交叉成十字。目视双手。

(2)右脚蹬地并向左腿后插步,以前脚掌着地。左掌由体前向下、向后划弧成勾手,勾尖朝上;右掌由前向右、向上划弧抖腕亮掌,掌心朝前。目视左侧。

(3)重心移至右腿,左腿屈膝提起,向左上方猛力踹出。上肢姿势不变。目视左侧。

图 9-37

8.虚步挑拳(图 9-38)

(1)左脚在左侧落地。右掌变拳稍后移,左勾手变拳由体后向左上挑,拳背向上。

(2)上体左转 180°,微含胸前俯。左拳继续向前、向上划弧上挑,右拳向下、向前划弧挂至右膝外侧,同时右膝提起。目视右拳。

（3）右脚向左前方上步，脚尖点地成右虚步。左拳向后划弧收至腰间，拳心朝上；右拳向前屈臂挑出，拳眼斜向上，拳高与肩平，目视右拳。

图 9-38

（五）第四段

1. 弓步顶肘（图 9-39）

（1）重心升高，右脚踏实。右臂内旋向下直臂划弧以拳背下挂至右膝内侧，左拳不变。目视前下方。

（2）左腿蹬直，右腿屈膝上抬。左拳变掌，右拳不变，两臂向前、向上划弧摆起。目随右拳转视。

（3）左脚蹬地起跳，身体腾空，两臂继续划弧摆至头上方。

（4）右脚先落地屈膝，然后左脚向前落步，以前脚掌着地。同时两臂向右、向下屈肘停于右胸前，右拳变掌，左掌变拳。右掌心贴靠左拳面。

（5）左脚向左上步屈膝，右腿蹬直成左弓步。右掌推左拳，以左肘尖向左顶出，高与肩平。目视前方。

图 9-39

2. 转身左拍脚（图 9-40）

（1）以两脚前脚掌为轴向右后转体 180°。随着转体，右臂向上、向右、向下划弧抡摆，同时左拳变掌向下、向后、向前上抢摆。

（2）左腿伸直向前上踢起，脚面绷直。左掌变拳收至腰间，右掌由体后向上、向前拍击左脚面。

3.右拍脚（图 9-41）

（1）左脚向前落步，左拳变掌向下、向后摆，右掌变拳收至腰间。

（2）右腿伸直向前上踢起，脚面绷直。左拳变掌由后向上、向前拍击右脚面。

图 9-40　　　　　　　　　　　　图 9-41

4.腾空飞脚（图 9-42）

（1）右脚落地。

（2）左脚向前摆起，右脚猛力蹬地跳起，左腿屈膝继续前上摆，同时右拳变掌向前上摆起，左掌先上摆而后下降拍击右掌背。

（3）右腿继续上摆，脚面绷直。右手拍击右脚面，左掌由体前向后上举。

5.歇步下冲拳（图 9-43）

（1）左、右脚先后相继落地。左掌变拳收至腰间。

（2）身体右转 90°，两腿全蹲成歇步。右掌变拳收至腰间；左拳由腰间向前下方冲出，拳心向下。目视左拳。

图 9-42　　　　　　　　　　　　图 9-43

6.仆步抡劈拳（图 9-44）

（1）左臂随重心升高向上摆起，右臂由腰间向体后伸直。

（2）以右脚前脚掌为轴,左腿屈膝提起,上体左转270°。左拳由前向后划立圆一周;右拳由后向下、向前上划立圆一周。

（3）左脚向后落一步,屈膝全蹲,右腿伸直,脚尖内扣,成右仆步。右拳由上向下抢劈,拳眼朝上;左拳向上举,拳眼朝上。目视右拳。

7. 提膝挑掌（图 9-45）

（1）重心前移成右弓步。同时右拳变掌由下向上抢摆,左拳变掌稍下落,右掌心朝左、左掌心朝右。

（2）左、右臂在垂直面上由前向后各划立圆一周。右臂伸直停于头上,掌心朝左,掌指向上;左臂伸直停于身后成反勾手。同时,右腿屈膝提起,左腿挺膝直立。目视前方。

图 9-44　　　　　　　　　　　图 9-45

8. 提膝劈掌弓步冲拳（图 9-46）

（1）下肢不动。右掌由上向下猛劈伸直,停于右小腿内侧,用力点在小指一侧;左勾手变掌,屈臂向前停于右上臂内侧,掌心朝左。目视右掌。

（2）右脚向右后落步;身体右转90°。同时,左掌变拳收至腰间,右臂内旋向右划弧做劈掌。

（3）上动不停,左腿蹬直成右弓步。右手抓握变拳收至腰间,左拳由腰间向左前方冲出。目视左拳。

图 9-46

（六）结束动作

1.虚步亮掌（图 9-47）

（1）右脚蹬地提起扣于左膝后，两拳变掌，两臂右上左下屈肘交叉于体左前。目视右掌。

（2）右脚向右后落步，重心后移，右腿半蹲，上体稍右转。同时右掌向上、向右、向下划弧停于左腋下；左掌向左、向上划弧停于右臂上与左胸前，两掌心左下右上。目视左掌。

（3）左脚尖稍向右移，右腿下蹲成左虚步。左臂伸直向左、向后划弧成反勾手；右臂伸直向下、向右、向上划弧抖亮掌，掌心朝前。目视左方。

图 9-47

2.并步对拳（图 9-48）

（1）左腿后撤一步，同时两掌从两腰侧向前穿出伸直，掌心朝上。

（2）右腿后撤一步，同时两臂分别向体后下摆。

（3）左腿后退半步向右腿并步直立。两臂由后向上经体前屈臂下按，两掌变拳，停于腹前，拳面相对，拳心朝下。目视左方。

3.还原（图 9-49）

两臂自然下垂，随之头转向正前方。两眼向前平视。

图 9-48　　　　　　　　　图 9-49

第二节　气功术健身

一、易筋经健身

易筋经是我国的一项传统气功术。"易",就是改变,往往被理解为改善、增强;"筋"就是筋骨、筋脉、肌肉;"经"则是指规则、指南、方法。"易筋经"即为活动筋骨肌肉的方法。易筋经是从我国古代的一种传统体育形式发源而来的,融合健身养生于一体,较为广泛地影响着现代中国传统功法和民族体育的发展。其基本套路动作如下。

(一)预备势

并拢双脚垂直站立,两手在身体两侧自然下垂。稍微向内收下颏,嘴唇与牙齿要合拢,自然地将舌贴住上腭。眼睛直视前方。

(二)韦驮献杵第一势

(1)左脚向左方向移动半步,两脚间的距离与肩宽相同,稍微弯曲两膝,两膝之间保持开立姿势。两手在身体两侧自然下垂。

(2)从身体两侧向前抬两臂,直至两臂平行;两手掌心相对,指尖朝向前方。

(3)稍微弯曲两臂肘,自然向内收肘部,手指大约朝向斜前上方30°,两掌收到胸前,掌间保持一拳左右的距离,掌根与膻中穴持平,虚腋;眼睛向前下方直视。

(三)韦驮献杵第二势

(1)抬起两肘,把两掌伸到平直状态,两手的手指相对,掌心朝下方,掌臂与肩大约在一个高度。

(2)向前伸展两掌,掌心朝向下方,指尖对准前方。

(3)向两侧平平地举起两臂,掌心朝向下方,指尖向外。

(4)并拢五指,坐腕立掌。眼睛对准前下方。

(四)韦驮献杵第三势

(1)放松手腕,向前平平地举起两臂,把两臂向内收。收到胸前位置后平屈,掌心朝向下方,掌与胸之间的距离大约为一拳。眼睛对准前下方。

(2)向内旋动两掌,再向外翻转手掌,直至手掌在耳垂下位置时,掌心向上,虎口相对,向外展开两肘大约与肩同高。

(3)向前移动重心,前脚掌支撑身体重心,提踵。向上托起两掌直到头顶,掌心向上、向外展肩部、伸展肘部、向内收下颏,舌头抵住上腭,牙关要咬紧。

(4)做好上述动作后,保持片刻。

(五)摘星换斗势

以左摘星换斗势为例:

(1)慢慢地使两脚跟落地,两手成拳状,拳心向外,向两侧上举两臂。然后慢慢伸开两拳成掌状,掌心对着斜下方,放松身体。眼睛直视前下方。

(2)向左转动身体,膝盖弯曲。向上举起右臂经过身体前方后向下摆动,摆到左髋关节外侧时做"摘星"姿势,自然张开右掌;左臂经过身体侧面向下摆动,摆到身体后方后,左手背与命门轻贴。眼睛直视右掌。

(3)膝盖伸直,转动身体保持正站立姿势。右手经过身体前方向额头方向上摆,摆到头顶右上方位置时,手腕放松,稍微弯曲肘部,掌心与下方相对,手指指向左方,中指尖与肩井穴保持垂直;左手背与命门轻贴。眼睛随着手的变化而转动,身体姿势保持不变之后眼睛对准掌心。

(4)做好上述姿势后,保持片刻,然后自然伸展两臂,在体侧自然落下。

右摘星换斗势与左摘星换斗势动作相同,唯方向相反。

(六)倒拽九牛尾势

以右倒拽九牛尾势为例:

(1)稍微弯曲两膝,向右移动身体重心,向左侧后方撤左脚;右脚跟转向内侧,右腿膝盖弯曲保持右弓步姿势。向内旋动左手,从上到前、下画弧后伸直左手,依次收回五指成拳状,拳心对准上方;右手向前上方画弧,直到与肩保持相同高度时,依次收回五指成拳状,拳心对上方相对,比肩稍高。眼睛注视右拳。

(2)先向后方移动身体重心,稍微弯曲左膝。向右转动腰部,用腰部带动肩部,用肩部带动臂部。向外旋动右臂,向内旋动左臂,肘部弯曲向内收回。眼睛直视右拳。然后,向前移动身体重心,膝部弯曲保持弓步姿势。稍微向左转动腰部,用腰部带动肩部,用肩部带动臂部,向前后伸展两臂。眼睛直视右拳。

(3)重复(2)3遍。

(4)右脚支撑身体重心,收回左脚,转动右脚尖保持正方向,两脚成开立姿势。两臂在身体两侧自然下落。眼睛注视前下方。

左倒拽九牛尾势与右倒拽九牛尾势动作相同,唯方向相反。

(七)出爪亮翅势

(1)左脚支撑身体重心,收回右脚,与左脚保持开立姿势。向外旋动右臂,向内旋动左臂,摆动左右臂使之保持侧平举姿势,两掌的掌心向前,在身体前方环抱两臂,然后向内收两臂,两手成柳叶掌姿势立在云门穴前,掌心保持相对,指尖指向上方。眼睛看前上方。

(2)展开肩膀,扩胸,肩膀放松,慢慢向前伸展两臂,并慢慢转到掌心向前,成荷叶掌姿势,指尖指向上方。眼睛直视前方。腕部放松,肘部弯曲,臂部收回,立柳叶掌于云门穴。眼睛直视前下方。

(3)重复(2)3～7遍。

(八)九鬼拔马刀势

以右九鬼拔马刀势为例:

(1)向右转动躯干。向外旋动右手,掌心保持向上;向内旋动左手,掌心保持向下。然后从胸前向内收回右手,使右手经过右腋下向后伸展,掌心保持向外。左手从胸前伸到前上方的方向,掌心保持向外。向左转动躯干。右手经过身体右侧向前上摆动,直到摆至头前上方后弯曲肘部,从后到左绕头转动半圈,掌心做掩耳姿势;左手身体左侧向下摆动,直到摆至头部的左后方,弯曲肘部,手背与脊柱轻贴,掌心保持向后,指尖指向上方。向右转动头部,用右手的中指按压耳廓,用手掌扶按玉枕。眼睛随着右手的转动而移动,最后眼睛对准左后方。

(2)向右转动身体,展臂扩胸。眼睛视线对准右上方,保持这个动作片刻。膝盖弯曲,向左转动上体,向内收右臂,含胸;左手尽量沿着脊柱向上推动。视线对准右脚跟。

(3)重复(2)3遍。

(4)膝盖伸直,转动身体朝向正方。右手向上经过头顶上方向下移动直到保持侧平举姿势;左手经过身体左侧向上转动直到保持侧平举姿势,两掌的掌心朝下。眼睛与前下方对准。

左九鬼拔马刀势与右九鬼拔马刀势动作相同,唯方向相反。

(九)三盘落地势

(1)左脚左迈步,脚间距同宽肩,脚尖朝前方向。眼睛视线直视前下方。膝盖弯曲向下蹲。肩部与肘部同时向下沉,用力向下按两掌直到大约与环跳穴保持同样的高度,稍微弯曲肘部,掌心保持向下,指尖朝向外。眼睛注视前下方,同时发出"嗨"声,声音发出之后舌尖轻轻地抵在上牙齿与下牙齿之间,使声音不再发出。

(2)翻转手掌,掌心保持向上,稍微弯曲肘部,向上托起直到成侧平举姿势。慢慢直立身体。眼睛注视前方。

(3)重复(1)~(2)3遍。

(十)青龙探爪势

以左青龙探爪势为例:

(1)收回左脚,两脚保持并立姿势,两脚间的距离与肩宽相同。两手握固,弯曲两臂肘部并向内收回到腰间位置,拳轮与章门穴轻贴,拳心保持向上。眼睛看前下方。右拳手指伸展变掌,伸直右臂并经下向右方向外展,直到保持比肩稍低的位置,掌心保持向上。眼睛随着手转动。

(2)弯曲右臂的肘部与腕部,右掌五指弯曲成"龙爪",指尖朝向左方,经过下颏向身体左方向平直伸出龙爪,视线随着手转动。躯干向左转动90°。眼睛视线与右掌指所指方向保持一致。

(3)"右爪"五指伸直变掌,向左前方弯曲身体,掌心向下按到左脚的外侧。眼睛看下方。躯干从左前开始向右前方向转动,手臂向外旋动,掌心保持向前。视线随手移动。

(4)上体保持直立。右拳随着上体抬起收回到章门穴位置,拳心保持向上。眼睛看前下方。

右青龙探爪势动作与左青龙探爪势相同,唯方向相反。

(十一)卧虎扑食势

以左卧虎扑食势为例:

(1)右脚尖45°内扣,收回左脚到右脚内侧,保持丁步姿势。向左转动身体大约90°,两手握固在腰间章门穴位置。眼睛随身体转动。

(2)左脚前迈成左弓步,两拳提至肩部云门穴,并内旋变"虎爪",向前扑按,肘稍屈。目视前方。

(3)从腰到胸慢慢屈伸躯干,适当地移动身体重心。两手在躯干屈伸的过程中向下、后、上、前绕环一周。然后向下俯上体,两手下按直到十指接触地面。后腿的膝部弯曲,脚趾与地面接触;稍微抬起前脚跟。塌腰、挺胸、抬头、瞪目。眼睛注视向上方。

(4)身体直立,两手收到腰间章门穴位置。向后移动身体重心,左脚尖保持135°内扣,向左移动身体重心,身体向右旋转180°,收回右脚到左脚内侧,保持丁步姿势。

右卧虎扑食势与左卧虎扑食势动作相同,唯方向相反。

(十二)打躬势

(1)直起身体保持正方向,向后移动身体重心。向内扣右脚尖,脚尖保持向前,收回左脚与右脚保持开立姿势。两手随身体向左转动保持放松,向外旋动两手,掌心保持向前,外展两手到侧平举后,两臂肘部弯曲,两掌做掩耳状,十指扶按枕部,指尖保持相对,用两手的食指弹拨中指击打枕部7次。眼睛看前下方。

(2)向前俯身,两腿保持伸直,从头部开始经颈椎—胸椎—腰椎—骶椎逐节缓缓牵引向前弯曲,眼睛一直看脚尖。

(3)由骶椎至腰椎—胸椎—颈椎—头依次逐节缓缓伸直,身体直立,两掌掩耳,十指扶按枕部,指尖相对。目视前下方。

(4)重复(2)~(3)动作3遍,身体向前弯曲的幅度不断加大,每次动作重复之间稍停片刻。

(十三)掉尾势

(1)保持身体直立,快速拨动两手使之离开双耳。向前方自然伸展手臂,交叉十指成拳状,掌心保持向内。肘部弯曲,翻掌向前伸直,掌心保持向外。再次弯曲肘部,掌心保持向下,向内收肘部直至胸前位置。向前弯曲身体,塌腰、抬头,交叉两手慢慢向下按。眼看前方。

(2)头向左后转,臀向左前扭动。目视尾闾。两手交叉,稍停,还原至体前屈。

(3)向右后方向转动头部,向右前房扭动臀部。眼睛看尾闾。两手保持交叉,停一会后,继续保持体前屈的姿势。

(4)重复(2)~(3)动作3遍。

(十四)收势

(1)松开两手,向外旋动两臂,慢慢使上体保持直立。两臂侧平举,掌心朝上方,向上举起两臂,稍微弯曲肘部,掌心保持向下。眼看前下方。

(2)肩膀放松,肘部弯屈,向内收两臂,两掌经过头、面、胸前向下移动到腹部位置,掌心保持向下。视线对准前下方。

（3）重复（1）～（2）动作 3 遍。

（4）放松两臂,在体侧自然下垂。收回左脚,两脚并拢垂直站立。舌抵上腭,眼睛看前方。

二、八段锦健身

八段锦是由八节动作组成的一种健身运动方法。"八"不是单指段、节和八个动作,而是表示其功法有多种要素,相互制约,相互联系,循环运转。"锦"指为单个导引术式的汇集,如丝锦那样连绵不断,是一套完整的健身方法。

八段锦在民间广为流传,群众基础广泛,同时,八段锦还是我国高校民族传统体育教学的重要课程之一,八段锦的健身练习方法及动作具体如下。

预备式:身体直立,两臂下垂,全身放松,舌抵上腭,目光平视（图9-50）。

图 9-50

（一）第一段:两手托天理三焦

自然站立,双手自然下垂,呼吸自然,随着吸气,两臂从体侧缓缓上举至头顶,掌心朝上;两手手指相叉,内旋翻掌朗上撑起,肘关节伸直,如托天状;同时两脚跟尽量上提,抬头,眼看手背（图 9-51）。随着呼气,两臂经体侧缓缓下落;脚跟轻轻着地,还原成预备式。练习时,两手上托时掌根用力上顶,腰背充分伸展。脚跟上提时,两膝用力伸直内夹。反复练习数次。

图 9-51

(二)第二段：左右开弓似射雕

直立，左足跨出一大步，身体下蹲作骑马式。两臂在胸前交叉，右臂在外，左臂在内。"左开弓"动作，拇指伸直与食指成八字撑开，其余三指扣住，缓缓用力向左侧平推，同时右拳松握屈肘向右平拉，似拉弓状，眼看左手。两臂下落，经腹前向上抬起，在胸前交叉，右手在内，左手握拳在外。"右开工"动作同"左开弓"，唯左右相反。模仿拉弓射箭的动作，开弓时要缓缓用力，回收时慢慢放松。开弓时呼气，收回时吸气。如此反复练习（图9-52）。

图 9-52

(三)第三段：调整脾胃须单举

并步直立，两臂屈肘上抬至胸前，掌心向下。"左举"动作，左手内旋上举至头顶，同时右手下按至右胯旁。左手向下，右手向上至胸前；"右举"动作同"左举"，唯左右相反。练习时，注意以吸气配合上举下按，以呼气配合过渡性动作。上举时须有托、撑的意思。反复练习（图9-53）。

图 9-53

(四)第四段：五劳七伤往后瞧

直立，两脚并步，头缓缓向左、向后转，眼看后方。上动稍停片刻，头慢慢转回原位。头缓缓向右、向后转，眼看后方。转头时，注意身体保持正直，以呼气配合转头后看动作，以吸气配合转头复原动作。反复练习（图9-54）。

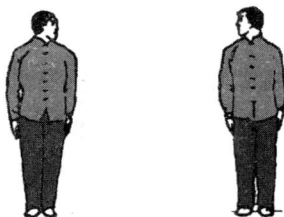

图 9-54

(五)第五段:摇头摆尾去心火

两足分开,左脚向左横跨一步成马步,两手张开,虎口朝里,扶住大腿前部(图 9-55)。随着吸气,头向左下摆,臀部向右上摆,上体左倾。随着呼气,头向右下摆,臀部向左上摆,上体右倾。上体前俯,头和躯干和向左、向后、向右、向前绕环一周。练习中,上体摇摆时,坐要稳,不要上下起伏。呼吸与头、臀摇摆协调一致(图 9-55)。

图 9-55

(六)第六段:双手攀足固肾腰

两脚并步直立,上体后仰,两手由体侧移至身后。上体缓缓前俯深屈,两膝挺直,两臂随屈体向前、向下,用手攀握脚尖(或手触地),保持片刻。练习时,身体放松,动作缓慢,上体后仰吸气,前屈攀足呼气,反复练习(图 9-56)。

(七)第七段:攒拳怒目增力气

马步开始,左脚向左平跨一步成马步,两手握拳抱于腰间,眼看前方。左拳向前用劲缓缓冲出,小臂内旋拳心向下。左拳变掌,再抓握成拳收抱腰间。右拳向前用劲缓缓冲出,小臂内旋拳心向下。左侧冲拳,方法同左前冲拳,推向左侧冲出。右侧冲拳同左侧冲拳,唯左右相反。冲拳时,呼气并瞪眼,收拳时吸气。身要正,步要稳,冲拳要运劲(图 9-57)。

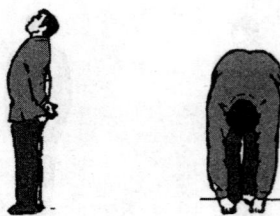

图 9-56

图 9-57

(八)第八段:背后七颠百病消

自然直立,并足,两掌紧贴腿侧,两膝伸直,两手左里右外交叠于身后;脚跟尽量上提,头上顶,同时吸气。足跟轻轻落下,接近地面,但不着地,同时呼气。练习时,注意呼吸与提脚配合,如此连续起落颠动,使全身放松。最后脚跟落地,恢复至开始时直立状态,垂臂收功(图9-58)。

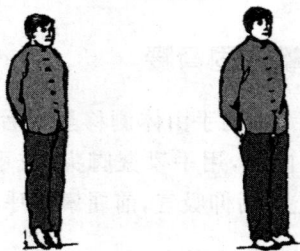

图 9-58

第三节 民间民俗运动健身

一、放风筝运动健身

风筝有着悠久的历史,据史料记载,至今在我国已有 2 500 多年的历史。在古代,南方称风筝为"鹞",北方称风筝为"鸢"。如今,放风筝成为人们日常休闲和健身的重要项目,在风和日丽的天气里,人们便来到郊外或广场放风筝,体会这项运动带来的喜悦。经常参加放风筝运动,不仅能有效地锻炼身体,同时还极大地丰富人们的精神文化生活。要想放好风筝,必须要掌握一定的技术,并且勤加练习,一般来说,放风筝的技术主要包括起飞、上升和操纵两种。

(一)起飞

1.大型风筝的起飞

由于大型的风筝体积比较大,不便于一个人放飞,这时就需要旁人辅助。其技术要领为:一个人拿住放飞线,另外一人在远处十几米或几十米以外,迎风而站立。待有风吹来之时,提线之人发出信号,拿风筝的人将风筝往上一举并松开手,而提线的人顺势收线。这时风筝就会迎风而起。

2.中小型风筝的起飞

中小型风筝体积较小,放风筝者可以一手持线轮,一手提住风筝的提线,等到风来之际,乘势将风筝放出,由于有人身体对风的影响,需要不断地边抖边放,克服风的扰流影响,这样才能保证风筝的起飞。需要注意的是,风筝在起飞的过程中,会偏离方向,如果风筝左偏就向左甩线,右偏就向右甩线。

(二)上升和操纵

风筝起飞以后,就要通过一系列的方法和技巧,来使风筝尽快地上升,并且达到一定的高度。下面重点介绍一下其中的两种方法。

1.原地操控和提升风筝

原地操控和提升风筝,即放风筝者站在原地不动,只靠机动灵活地收放线,用手操纵风筝,把它放上去。具体来说,可以将原地放风筝时风筝的爬升过程分为以下三个阶段。

(1)风筝起飞后,先用持线的手向后拉线,由于增加了风筝与迎面气流的相对速度,所以风筝会上升一段。

(2)慢慢地松线,这时风筝会略有下沉,但不会下降很多,然后再拉线,使风筝上升一段。

(3)采用一拉一松的方法使风筝上升一段以后,再以适当的速度放线,这时风筝会后退,并稍稍下沉,然后再反复收放线,使风筝又上升一段。

2.跑动操控和提升风筝

放风筝的必要条件是要有一定的风速,风速太小或放风筝经验还不足的人,不跑是很难把风筝放上去的。在跑动中操控和提升风筝的技术方法如下所述。

放风筝者在跑动过程中一手持线,一手持轮。要侧着身体跑,不时向后看着风筝的情况,决不能低头猛跑,不看风筝。也不能只看风筝,而向后退着跑。这种方法主要适用于放风筝的初学者和技术水平较低者。

此外,放风筝者除了注意放风筝的技术动作外,还要注意保持一定的跑速。跑速决定于风筝上升的情况和手上风筝线拉力的大小。风筝上升快,线的拉力大时,则要放慢脚步;风筝上升慢,线的拉力小时,应增加跑的速度。风筝在空中出了毛病,要跌下来时,必须立即松线、停跑,使风筝自己恢复过来再上升。在风筝上升时要同时以适当的速度放线,放线太快了,风筝上不去,放线太慢了,风筝也升不高,要控制在风筝能稳定上升的速度放线,使风筝向上不断爬高。

二、毽球运动健身

毽球是一项老幼皆宜的终身性休闲游戏。把一束鸡毛插在铜钱上,再以布条缠牢,即扎成一个惹人喜爱的毽子。毽球的踢法多种多样,可以比次数、比花样,对活动关节、加强韧带、发展灵敏和平衡素质有良好作用。

现代毽类运动包括毽球和花样踢毽两个项目,起步于 20 世纪中期。到 20 世纪 80 年代,毽类运动得到迅速普及,广泛开展于工厂、学校和机关事业单位当中。1984 年,毽球被列入国家体委正式开展的体育比赛。

毽球运动的基本技术如下。

(一)准备姿势

踢毽球的准备姿势主要有平行站法和前后站法两种。

(1)平行站法。两脚左右开立,比肩略宽,两臂体侧自然前屈,两脚几乎站在同一条直线上,两脚尖内收呈"内八字"型,后脚跟提起,脚跨趾扣地,着力点在脚掌内侧,身体重心前倾,大、小腿约成 100°～110°,两膝内收,膝关节面稍超出脚尖,肩关节垂直面领先于膝关节。

(2)前后站法。两脚前后开立,左脚稍跨出一只脚的距离,右脚在后,两脚跟提起。其他动作与平行站法基本相同。

(二)起动与移动

起动是移动的开始,而移动则是起动的继续。起动的快慢,取决于准备姿势的正确与否。在平时的训练和比赛中,必须根据来球的方向、弧度、速度和落点,及时地向前后左右起动和移动,转移重心,使身体尽快接近来球,并处于适当的击球位置,然后采取相应的技术动作。

(三)发球技术

发球的技术动作主要包括抛球、击球和击球后随球跟进三个环节。

抛球要抛准、抛稳,将球垂直抛于体前固定高度和位置,力量要适当。抛球是整个发球动作的基础,对于初学者来说,它是极为重要的基础环节。

击球要准确、有力、脚法固定、击球点准确。在熟练的基础上,对不稳定的抛球,做适当的调整,因此它是发球的关键环节。

(四)踢球技术

用膝关节以下部位击球称为踢球,它是运动员用脚的某一部位将球击向预定目标的技术动作。常见的踢球方法有脚内侧踢球、脚外侧踢球、正脚背踢球等。

1.脚内侧踢球

左脚支撑,右大腿带动小腿屈膝上摆,同时膝关节外张,小腿上摆,击球的一刹那踝关节内屈端平,用脚弓内侧把球向上踢起。

2.脚外侧踢球

左脚支撑,右大腿带动小腿,膝内收,小腿向体外侧上摆,击球的一刹那勾足尖,踝关节外屈端平,用脚背外侧把球向上踢起。

3.正脚背踢球

脚背踢球方法有脚背屈踢、脚背绷踢、脚背直踢三种,共同点是单脚支撑用脚趾或脚趾跟部踢球。

(1)脚背屈踢。屈踝,右脚大腿带动小腿,屈膝屈踝上摆,脚背与地面平行,以大腿上摆力量把球踢起。

(2)脚背绷踢。脚背上绷,右腿膝微屈,脚微直,自然放松,当球下落到离地面 10~15 厘米时,脚插进球底部,小腿用力,同时屈踝绷腿把球向上踢起。

(3)脚背直踢。右脚大腿带动小腿屈膝向前摆,脚背绷直,扣脚趾,击球时小腿迅速前摆。

(五)触球技术

用膝关节以上除手臂以外任何部位击球称为触球。触球的方法有腿触球、腹触球、胸触球、肩触球和头触球五种。

1.腿触球

左脚支撑,右腿屈膝,大腿带动小腿上摆,当球下落到略低于髋部时,用大腿的前半部分(靠膝部)触球。

2.腹触球

对准来球屈膝略向后蹲,稍含胸收腹,当腹部触球的一刹那稍挺腹,如来球过猛,也可以挺腹,使球轻轻弹出。

3.胸触球

两脚自然开立,当球传到胸前约 10 厘米时,两臂自然微屈,两肩稍用力向后拉,挺胸,同时两脚蹬地,身体挺起,用胸部触球。

4.肩触球

两脚自然开立对准来球,当球传到肩前约 10 厘米处时,肩稍后拉前摆,用肩部击球。

5.头触球

两脚自然开立,当球传到头前约 10 厘米时,两脚蹬地,同时颈部稍紧张向前摆头,用前额触球。

第十章　极限运动健身与运动方法研究

极限运动,被世界各国誉为"未来体育运动"。它除了追求竞技体育超越自我、超越精神的"更高、更快、更强"的精神以外,也对参与和勇敢精神予以强调,并追求在跨越心理障碍时所获得成就感和愉悦感,同时它也体现了人类回归自然、保护环境的美好愿望。

第一节　极限运动概述

一、极限运动的概念及其特点

极限运动(Extreme Sports)是一种强调人与自然的融合,通过对运动器具的掌握和控制,最大限度地发挥生命潜能,在挑战自我和自然的过程中,获得身心健康愉悦、满足新鲜刺激感、实现个人价值的新兴休闲运动。极限运动主要项目有蹦极、攀岩、登山、野营、滑板、轮滑、BMX 小轮车、滑水、漂流、摩托艇、皮划艇等。极限运动迎合了现代人走向自然、寻求刺激、实现自我的需要,因而又被称为区别于传统健身与竞技体育的"另类体育"。

极限运动最早兴起于 20 世纪 50—60 年代美国的一些城市社区。与竞技运动相比,极限运动没有固定或专门的场地,主要在城市街区和大自然环境中进行。以滑板、轮滑、BMX 小轮车为代表的"街区运动"的活动场所主要分布在街道上;以攀岩、登山、冲浪、水上摩托、高山滑雪、漂流等项目为代表的"绿色运动"则主要在大自然中进行。

除活动场所外,极限与竞技运动所追求的成功目标也有很大的差别。传统的田径、球类、体操、拳击等项目追求的是战胜对手,而极限运动追求的是对人身心刺激的感受、满足感和成就感。所以,极限运动没有完善周全的"规则"和"标准",也不在乎奖牌和纪录。满足兴趣、陶冶情操、实现个人价值是极限运动参与者真正所需要的。

作为一种新兴的休闲运动,极限运动的大部分项目只有很短的历史,没有约定俗成的规则,也没有统一固定的技术要领,内容非常广泛。综合当前对极限运动的各种认识,极限运动应具有以下特点。

（1）人与自然完美结合的运动：大街小港，高山溪流，蓝天大海都是极限运动者的运动场所，强调在户外自然环境中发挥人的生命极限是极限运动的重要特点之一。

（2）大众化的运动：很多极限项目不需要大力士般的强壮、短跑般的速度、篮球运动员般的高大、足球运动员般的默契技战术配合，对体能和身体素质也没有严格要求，任何人都能参与。

（3）个性化的运动：极限运动强调个人技术、勇气和冒险精神。极限运动的大部分是个人项目，最大限度地表现自我、实现自我，并从中得到愉悦感和成就感是极限运动的主要本质特征。

二、极限运动的项目与分类

常见的极限运动分类方法是按季节和空间分类，具体如下。

（一）按季节分类

夏季项目主要有滑板、单排轮滑、速降单排轮滑、小轮车特技、极限攀爬、空中冲浪、街区雪橇、水上运动等。

冬季项目主要有滑板滑雪、雪地自行车、攀岩、滑雪、雪中穿越、自由滑雪等。

（二）按空间分类

水上项目有滑水、潜水、激流皮艇、摩托艇、冲浪等。

陆上项目有街区特技、滑板、小轮车、"U"形台、攀岩、探险，以及冬季的冰雪运动等。

空中项目有蹦极、空中冲浪、滑翔伞、悬崖跳水等。

第二节　陆上运动健身

常见的陆上极限类运动项目主要有攀岩、蹦极、山地自行车、轮滑等。本节主要就攀岩、蹦极、山地自行车等陆上运动健身项目的基本知识及健身方法进行论述。

一、攀岩运动健身

(一)攀岩运动概述

攀岩(Rock-climbing)运动迄今已有 100 多年的历史,它作为一种专门的运动萌芽于 19 世纪的欧洲,兴起于 20 世纪 50 年代末和 60 年代初。1865 年,英国登山家埃德瓦特首次使用钢锥、铁链和登山绳索等简单设备,成功地攀登上险峰,成为攀岩运动的创始人。

(二)攀岩运动健身学练方法

1. 身体姿势

身体自然放松在攀岩的过程中是很重要的。在攀岩时,要做到以 3 个支点稳定身体重心,而重心要随攀岩动作的转换而移动,这是攀岩能否稳定、平衡、省力的关键。要想身体放松就要根据岩壁陡缓程度,使身体和岩壁保持一定距离,靠得太近,会影响观察攀岩路线和选择支点。

动作要领:在攀登时,上、下肢要协调舒展,攀岩要有节奏,上拉、下蹬要同时用力,身体重心一定要落在脚上,保持面向岩壁、三点固定支撑、直立于岩壁上的攀登姿势。

2. 手臂动作

手在攀岩过程中是抓住支点、维持身体平衡的关键,手臂力量的大小直接影响攀岩的质量和效果。因此,一个优秀的攀岩运动员必须有足够的指力、腕力和臂力。对初学者来说,在不善于充分利用下肢力量的情况下,手臂动作就显得尤为重要。

动作要领:手臂的用力在人工岩壁攀登和自然岩壁攀登时情况不同,前者要求第一指关节用力扣紧支点的同时,手腕要紧张,手掌要贴在岩壁上,小臂也要随手掌紧贴岩壁而下垂,在引体时,手指(握点)有下压抬臂动作,其动作规律是,重心活动轨迹变化不大,节奏更为明显。但攀登自然岩壁时其动作就变化很大,要根据支点不同采用各种用力方法,如抓、握、挂、扣、扒、捏、拉、推压、撑等(图 10-1)。

图 10-1

3. 脚部动作

两腿的力量能否充分利用会直接影响攀岩运动员攀登技术的发挥。只靠手臂的力量,攀登不可能持久。

动作要领:两腿外旋,大脚趾内侧靠近岩面,两腿微屈,以脚踩支点维持身体重心,在自然岩壁支点大小不一和方向不同的情况下,要灵活运用(图10-2)。但要切记,膝部不要接触岩石面,否则会影响到脚的支撑和身体平衡,甚至会造成滑脱而使膝部受伤。另外,在用脚踩支点时,切忌用力过猛,并要掌握用力的方向。

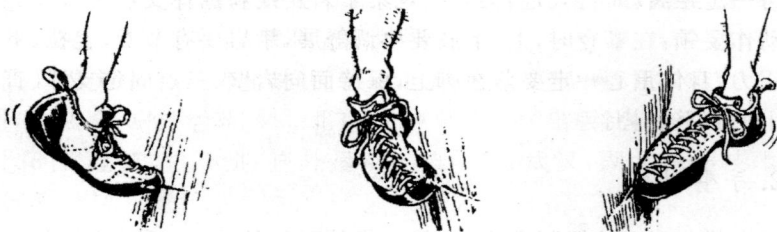

图 10-2

4. 手脚配合

对初学者或技术还不熟练的攀岩者来说,上肢力量显得更为重要,攀登时往往是上肢引体,下肢蹬压抬腿而移动身体。如果上肢力量差,攀登时就容易疲劳,表现为手臂无力、酸疼麻木,逐渐失去抓握能力,失去抓握能力后,即使有好的下肢力量,也难以维持身体平衡。

动作要领:学习攀岩,首先要练好上肢力量,上肢又要以手指和手腕、小臂力量为主,再配合以脚腕、脚趾以及腿部的力量,使身体重心随着用力方向的不同而协调地移动,手脚动作的配合也就自如了。

5. 节奏控制

攀岩讲究节奏,讲究动作的快慢和衔接。每个动作做完,身体都有一定的惯性,如果上一动作正确到位,身体平衡,就可利用这一惯性直接冲击下一支点。

动作要领:在攀岩的过程中,动作要连贯但不能毛躁,上升时一定要由脚发力,不能为求快而手拉脚蹬,动作必须连贯做实,一般做一两个连贯动作后稍稍停顿一下,调整重心,观察、选择路线。

6.借助上升器的攀岩

动作要领:在上方将主绳一端固定好,将另一端扔至峭壁下方。下方固定拉紧。后继攀登者双手各握一只分别与双脚相连接的上升器,并将它们卡于主绳上,与双脚协调配合,不断沿主绳上攀。也可利用双主绳,将上升器分别卡于两根主绳上向上攀登。也可利用一根主绳,将分别连接身体和双脚的两个上升器卡于主绳上,利用腿部的屈伸动作,沿主绳向上攀登。

7.利用抓结的攀岩

抓结是一种绳结,抓结攀登是在没有上升器的情况下采用的攀登方法。其连接方法是用两根辅助绳在主绳上打成抓结(手握端),另一端打成双套结(连脚端),不断向上攀登。

动作要领:抬腿提膝使拉紧了的辅助绳松弛,将上升器沿主绳向上推进到不能再推为止,脚随之下蹬,身体重心移到上升一侧,另侧也如此动作,反复进行,直到登顶。在操作过程中,需维持好身体平衡,可利用岩壁的摩擦力向上抬腿,始终保持面朝岩壁姿势,动作要协调、有节奏。

二、蹦极运动健身

(一)蹦极运动概述

蹦极的起源传说是公元 500 年前后,在西太平洋瓦努阿图 BUNLAP 部落中,有一位土族妇女为逃避丈夫的虐待,爬上了可可树,用一种当地具有弹性的蔓藤牢牢绑住脚踝,她威胁其丈夫要从树上跳下来,随后爬上来的愚蠢丈夫也说要跟着跳下去。于是,柔嫩的蔓藤救了女人的命,而暴虐的丈夫则命丧黄泉。该部落为了纪念这位勇敢的妇女,将绑藤从高处跳下发展为一种风俗习惯。他们依山建起一座由树桩和蔓藤捆扎而成的 20~30 米的高塔,年轻的男子从上面俯冲而下,象征他们的成熟,成为他们的成年礼,并向他们信奉的图腾祈愿部落的平安和丰收。

（二）蹦极运动健身学练方法

1.蹦极运动装备

（1）弹跳绳

一般蹦极地点都有专业弹跳绳,旧式弹跳绳没有安全绳的后备系统。新式弹跳绳采用"双保险",为防意外,弹跳绳的设计皆按人体下降速度及反弹高度精确地分为轻绳及重绳,安全系数较高。

（2）扣环

扣环的作用在于连接弹跳绳与弹跳者的重要环节,一般采用的扣环为纯钢制品,每个安全钢扣环承受能力都可达 10 500 磅的重量,约 4 772 千克。

（3）绑膝装备

进行前跳式蹦极或后跃式蹦极时采用的装备,可将蹦极者腰部固定于弹跳绳一端。

（4）绑脚装备

自由式蹦极的必备,用于捆绑脚踝。

（5）绑背装备

进行往前跳及花式跳法时使用的工具,功用在于保护背部和平衡身体。

（6）抱枕

抱枕的作用就是为了保证运动者在其过程中保持身体平衡,消除紧张感。

2.蹦极运动技术

（1）绑腰后跃式

此跳法为绑腰站于跳台上采用后跃的方式跳下,为弹跳初学者之第一个规定基本动作,弹跳时仿佛掉入无底洞,整个心脏皆跳出,约 3 秒时突然往上反弹,反弹持续 4～5 次,当定神观看时,自己已安全悬挂于半空中,整个过程约 5 秒,真是紧张又刺激。

（2）绑腰前扑式

绑腰前扑式跳法为绑腰站于跳台上采用向前扑的方式跃下,为弹跳初学者之第一个基本动作做的另一种尝试跳法。此种跳法近似于绑腰后跃式,但弹跳者面朝下,真正感受到恐怖与无助,当弹跳绳停止反弹时能真正享受重生的欣喜。

（3）绑脚高空跳水式

此跳法为弹跳者表现英姿最酷的跳法,将装备绑于脚踝上,弹跳者站于跳台上面朝下,如奥运选手跳水时的神情,弹跳者倒数五个数后即展开双臂,向下俯冲,仿佛雄鹰展翅,气度非凡。

(4)绑脚后空翻式

绑脚后翻式跳法是弹跳跳法中难度系数最高但也最神气的跳法。将装备绑于脚踝上,弹跳者站于跳台上背朝后,展开双臂向后空翻,此种跳法需要强壮的腰力及十足的勇气,若弹跳者认为自己的胆识超人,不妨在体验过绑腰、绑脚高空跳后,向自己的勇气挑战。

(5)绑背弹跳式

绑背弹跳式跳法被弹跳教练喻为最接近死亡的感受。弹跳者将装备绑于背上,双手抱胸双脚往下悬空一踩,仿佛由高空坠落,顿时感觉大地悬转,地面事物由小变大,整个过程仿佛与死神打交道,真是刺激过瘾到极点。

(6)双人跳

双人跳法是向恋人宣誓爱的誓言的最高境界。双人于空中反弹时,弹跳绳将两人紧紧扣在一起,此时是您许下诺言的最佳时刻。当然,我们要求其中一方必须要有弹跳经验才能进行此项甜蜜又惊险的双人跳。

三、山地自行车运动健身

(一)山地自行车运动概述

我国是"自行车大国",这种"大"主要体现在自行车是我们最常见的人力交通工具,而对于包括山地自行车和公路自行车竞技运动来讲,我国在这方面的发展才刚刚起步。

山地自行车不同于公路自行车的地方在于,它的骑行地点主要在不平坦的地带。骑上山地自行车征服艰难的路段总能产生一种成功的喜悦。20世纪初期越野赛跑应运而生,随着30年代初期第一个大车轮的制造,自行车在街道旁边行驶就容易得多了。当今的山地自行车运动是20世纪70年代初期才在农村逐渐发展起来的。现如今,山地自行车已发展成为一项单独的赛事,山地户外挑战赛中也少不了山地自行车的赛段。

(二)山地自行车运动健身学练方法

1.山地自行车的基本操作技术

山地自行车的基本操作技术主要包括热身、身体姿势、手的姿势、踏蹬技巧、变速技术以及刹车技术这几方面,具体如下。

（1）热身

大多数车手对运动前的热身运动不够重视。肌肉得不到适当的伸展，在运动中很容易受伤，即使不受伤，运动的效果也很差。骑车是一项锻炼心血管承受能力的运动，热身运动有利于相关肌肉和肌腱做好运动前的准备。先伸展一下身上的肌肉，慢慢地骑行一段时间，然后再逐渐加速，随之增大运动的强度。这样，身体能逐渐地从无氧运动过渡到有氧运动。

（2）身体姿势

正确的骑车姿势是：上体较低，头部稍倾斜前伸；双臂自然弯曲，便于腰部弓曲，降低身体重心，同时防止由于车子颠簸而产生的冲击力传到全身；双手轻而有力地握把，臀部坐稳鞍座。

下坡时，身体重心要始终靠后。如果坡度允许，车手胸部的重心应该落在鞍座上。

上坡时，要把重心移到鞍座后部，使双腿获得最大的杠杆作用。同时，上半身放低，要趴在车把上，以固定车位。

（3）手的姿势

手握车把的姿势由车手自己决定，具体来说，手的姿势应该遵循以下几个方面的要求。

首先，轻轻地握住车把，肘部稍微弯曲，肩部放松，后背伸直。

其次，车把不要抓得太紧。不然，上半身会一直处于紧张状态，很容易失去控制，而且手臂也容易感到疲劳。

再次，骑车过程中，拇指和其他几个手指分开成空拳状握住车把，拇指和其他几个手指一起放在车把上面。这样碰到什么障碍物，手会从车把上滑下来。

（4）踏蹬技巧

脚蹬是用来传送能量的，车手应该掌握能够最大限度地传送能量的踏蹬技巧。这就是曲柄绕中轴转动，脚蹬随之进行环形运动。为了能连续、平稳地把能量传送到动力传动系统，车手应该学会如何连贯地踩动脚蹬做环形运动，不可上下猛踩脚蹬。要想掌握这一技巧，最好的方法是选择平坦的地面，或者在公路上骑车。不过，在自行车越野运动中，要想持续地保持某一节奏是根本不可能的，更不用说保持较快的节奏了。但是，如果自行车的质量较好，车手可以稳稳当当地坐在鞍座上不动，因此也可以保持较快的节奏。

自行车运动的踏蹬方法有自由式、脚尖朝下式和脚跟朝下式三种。每种方法都具有其独特的特点，因此具体应该根据实际情况和需要进行有针对性地选择和运用。

（5）变速技术

变速装置是为更省力、更舒适而设计的，以免除因出力不均而产生的疲劳。变速的时机为上坡、下坡、路面凹凸不平、逆风以及疲劳的时候，也可以说当踩踏感觉吃力时，即为变速的时机。

（6）刹车技术

刹车提供了非常好的制动力，车手只需要一两个手指就能操作刹车装置，锁住车轮，其他三个手指用于握住车把，控制自行车。一般来讲，前闸的刹车效果比后闸好。但是，根据地形和车闸刹车效果的不同，两个车闸应该谨慎使用。在短而急的斜坡上向下骑行，或者在土质疏松的地面上转弯时，除非骑车的技术非常娴熟，尽量不要使用前闸。在下坡的急转弯，需要使用到刹车时，尽量使用后刹车的力量。

2. 应对不同地形的骑行技巧

自行车越野运动的挑战性主要来自于车手能否应付各种地形。

（1）多石的地面

在岩石较多的地方骑车，平衡性不好把握，自行车很难控制。车手必须运用各种技能，骑在车上的时候要尽量放松，还要学会挑好走的路走。在多岩石的地面上骑车，最好的部分就是要像冲浪一样"随波逐流"。下行时根据路况，要放开胆子，凭借着一股冲劲，以较高的速度，迅速穿过去。车速越快，地面也就显得越平坦。但是，在这之前必须仔细研究这里的地形。

在多岩石的地面上骑行，车手会随着自行车左右摇晃，如果距离不是太长，采取俯卧的姿势，站在脚蹬上，降低身体的重心，把自行车控制住。这样，一方面能够比较灵活地使自行车保持平衡，同时双腿还能更好地发挥杠杆作用，使前轮保持平稳。肘部下垂还可以防止前轮上翘。要想改变骑车的方向，车手只需要把身体的重心从一侧移动到另一侧，再轻轻地推动自行车朝着某个方向前进就行了。

（2）沙地

沙地常常让车手望而生畏，但应付这种地形的技巧与铺满碎石和沙砾的地形一样。遇到这种地形，自行车前轮很容易陷在沙里，车手也很难控制自行车前进的方向。大面积的沙地通常很难穿过，车手一般要扛着自行车步行前进。但对于面积较小的沙地，车手可以借助较高的车速，成功地穿过去。

进入沙地之前，自行车要达到一定的速度。把链条调到小一号或小两号的飞轮上，同时身体重心后移，减少前轮上的重量，保证前轮不会陷在沙土中。用足力气，保证脚蹬以平稳的节奏转动，以保持自行车前进的速度，同时不要转动车把。这么做的目的是用最快的速度穿过沙地,不至于被沙土困住。如果在其他质地比较硬的道路上遇到沙土,通常沿着路边没有沙土的地方骑过去。比较潮湿的沙地,只要身体的重心不在前轮上,并且用力均匀,一般能够成功地穿越。

(3)泥泞、杂草丛生的地形

在旷野骑车随时会遇到满是泥浆的路面、杂草丛生的地形,车手要有思想准备,也要掌握一定的技巧。

骑车外出不可能总会遇到干爽的天气,要有思想准备,因为随时都会遇到满是泥浆的路面。遇到这种情况,不要回避,只要去勇敢地面对。要知道,在下坡或爬坡的过程中,滑倒是不足为怪的,扛着自行车走也是经常的事情。车轮与车架接合的地方很容易积满泥巴,泥巴更是常常粘在轮胎上,致使自行车寸步难行。如果有水,从水中骑过去,可以去掉泥巴,使问题有所缓解。遇到大面积的沙地、泥浆和水时,要保持身体的重心离开前轮,落到鞍座的后部。尽量不要刹车,因为刹车会减少轮胎与地面之间的摩擦力。也不要挺直后背,不然会失去控制。把自行车调到比较省力的齿轮上面,让前轮从沙土、泥浆和水面上方轻轻地"飘"过去。

如果所经过的地方植被比较浓密(如森林中铺满树叶或小草的地面),自行车骑起来会比较费劲,但一定不要用力太大,以免弄得自己心跳加快,筋疲力尽。有时这种地形还会使轮胎同地面之间的摩擦力减小,车手要像对待泥泞地形一样来对待这种地形。在这种情况下骑车,需要对自行车及其相关部件的操作规程做一些调整。安装适于在泥泞环境中使用并能增加与地面之间摩擦力的轮胎。

(4)坚硬的地面

在比较硬的地面上骑车最省力,骑起来也最舒服。这种地面就同公路一样,有时候比公路还要好:阻力小,车轮滚动的速度快。但是,如果地面比较潮湿或者上面覆盖着一层沙砾和树叶,这就需要谨慎小心,注意降低和稳住重心,因为这种地形往往非常滑。

(5)坡路

①上坡骑行技术。山地自行车运动是在山地中骑车,因此爬坡成了不可缺少的一部分。正确的骑车技巧有助于车手成功地应付各种各样的山道。能否驱动自行车向前、向上运动,取决于两个关键性的因素:一是动力传动系统的运转与力量的大小;二是车轮与地面之间的摩擦力。动力传动系统的运转与力量的大小同车手身体的强健程度和力气的大小直接相关。摩擦力则与骑车技巧、自行车轮胎的类型、车手身体的重心位置以及轮胎的压力有关。

对于短而陡的坡,劳动强度很大。高强度运动持续的时间可能比较短,关键是车手要保持正确的骑车姿势。要想冲到坡顶,在助跑阶段要积累足够的冲力。一般情况下,急转弯以后紧接着就要爬坡。这时,车手一般没有冲力,但一定要保持相当的牵引力。最好的办法是保持正确的骑车姿势,把身体的重心移到后轮上,不过前轮上也要保持足够的重量,以防自行车前翻。

遇到很长的上坡时,由于运动强度和骑车技巧与爬陡坡时不同,应根据自己的体力状况及时调整传动比,也就是调节蹬踏用力时省力的齿轮来保持车子能快速前进,不能等到骑不动车和速度完全降下来时再改变传动比,应坚决避免重新起动的现象出现。坡路较长或有陡坡时,可适时使用站立式骑行方法,调节用力部位,让部分肌肉得到休息。

②下坡骑行技术。下坡时,车手应该牢牢记住的一句名言是:骑得越快,路面显得越平坦。下坡骑行要勇敢机智,胆大心细,精力集中,两眼密切注视前方路面,随时准备果断处理路面上出现的任何情况;不仅要充分利用车子运动惯性滑行,而且要敢于主动踏蹬,加大速度。在下坡时,身体重心要尽量后移,以手臂完全伸直为宜。同时,上体前倾、下压使胸部降到鞍座的高度(图 10-3)。

图 10-3

需要注意的是,在没有了解前面的地形之前,下坡的速度不应太快。车手需要熟悉途中有什么障碍,以便能够安全地绕过去。即使对当地的地形比较熟悉,但最近没有在这里骑过车,尤其是近来天气不好时,车手也应该先仔细地观察一下地形,以免发生比较危险的意外事故。

下坡骑行过程中,免不了出现车速过快或有意外情况出现要使用刹车,这时应主要使用后闸。如果后闸达不到理想的刹车效果,可以轻轻地按动前闸,但不要把前轮完全锁住。在下坡时最好不使用前闸,因为一旦摔倒,从自行车上往后摔要比从车把上向前甩出去安全得多。

（6）弯道

过弯道时技术要求：转弯前要控制车速。用点刹的方法逐渐减速，尽可能前后闸同时使用，进入弯道后将闸放开，转弯时，身体和车子要保持一致，向里倾斜，上体和车子保持一条直线，以克服离心力。倾斜角度根据速度和弯道大小而定，但一般不得超过 28°角，否则就有滑倒的危险（图 10-4）。

转弯时，车手还可以像专业摩托车手那样使内侧的膝盖触地。如果弯道不是太急，并且脚蹬离地面还有足够的距离，可以再踏几下脚蹬，以进一步提高车速。有些车手喜欢使外侧的脚蹬处于低位，并用脚使劲踩住，以减少鞍座所承受的重量。这样，身体可以充分放松，同时又能增大内侧脚蹬与地面之间的距离，但这样做会影响平衡性。向下按压内侧的车把，以增加前轮同地面的摩擦力。

图 10-4

第三节　水上运动健身

水上运动，顾名思义，是指与水环境有着密切联系的体育运动项目。常见的水上极限类运动项目有潜水、漂流、冲浪、帆船、帆板等，本节主要就以上水上运动项目的基本知识及健身方法展开介绍。

一、潜水运动健身

（一）潜水运动概述

潜水，是指为进行水下勘查、打捞、修理和水下工程等作业而在携带或不携带专业工具的情况下进入水面以下所进行的活动。后来潜水逐渐发展成为一项以在水下活动为主要内容,从而达到锻炼身体和休闲娱乐目的的一种休闲体育运动项目。随着社会发展与生活水平的提高,人们越来越崇尚时尚休闲的体育运动,潜水运动则逐渐成为人们喜爱的一种休闲运动方式。

(二)潜水运动健身学练方法

1.潜水装备及其操作

(1)基本个人装备

潜水运动离不开水下装备,基本的潜水装备可为潜水者带来安全保障。

①呼吸管:在浮潜时使用呼吸管不用将头抬离水面也可以呼吸。在水肺潜水运动中,潜水者通常通过呼吸管来进行水下作业(如观察水下环境等)。

②潜水服:即使是在热带地区最热的日子里进行潜水,最好也要穿上适合的潜水衣,因为深水中的温度比较低,而潜水活动在通常情况下并不像游泳那样激烈,寒冷可能会造成疲倦、反应迟钝、肌肉抽筋等症状,因此一套合身、厚度适宜的潜水服是潜水爱好者的必需装备之一。

③面镜:潜水时所用的面镜与游泳时所用的防水镜是不同的,潜水面镜有用于平衡压力的鼻囊,并可防止水进入鼻腔。

④蛙鞋:潜水时所穿的蛙鞋具有提供水下推动力的作用。与游泳不同,水肺潜水只是依靠腿部的运动来实现移动,而双手通常用来做其他的事情(如水下摄影,操纵其他设备、仪器等)。

⑤气瓶:潜水所用的气瓶中通常装的是高压的空气或混合气体,供潜水者水下呼吸所用。气瓶需要定期送专业机构检验,对一般潜水爱好者来说,通常只是向潜水店租用,不需自己购买气瓶。

⑥潜水仪表:进行潜水运动时,潜水仪表是必备的装备之一。其主要有压力表、深度表、罗盘、潜水计时表等。

⑦浮力调整器(BC):潜水所用的浮力调整器是控制浮力的装置。在水面上时可以使潜水者轻易地浮在水面上;在水下时,可以通过微调 BC 内的空气来实现最佳的浮力状态(中性浮力)。

⑧空气压力调节器:进行潜水运动时,空气压力调节器具有调节气瓶里的压力的作用。这是因为人不可以直接吸入气瓶里的高压气体,而需要通过空气压力调节器来进行压力调节。调节器由一级头和二级头组成,一级头用来连接 BC,二级头是用来呼吸的,许多潜水者都配有一个备用的二级头。

⑨配重和配重带:配重是为了平衡潜水者本身、潜水服、各种潜水设备等所产生的浮力,通常配重是铅制的,由配重带拴在潜水者的腰上,如遇有某些紧急情况需要立即上升时,潜水者可以迅速解开配重带,抛弃配重。这里需要强调的是,在深水中快速上浮至水面是很危险的。

(2)专业潜水设备

专业的潜水设备主要包括潜水摄影、摄像机。潜水摄影、摄像机需要有特别的防水外壳,用于水下摄影、摄像。现在许多摄影器材生产厂家纷纷推出与自己的摄影器材相匹配的防水外壳,也相继推出一些适用于水下操作的专业摄影器材。

(3)辅助潜水装备

对于潜水爱好者来说,辅助潜水装备也是不可缺少的。主要包括以下几种。

①潜水刀:具有多种用途,主要是防止潜水者被渔线、渔网或海藻缠住时用的。

②潜水电脑:潜水时所用的潜水电脑可帮助潜水者记录潜水活动的各项数据,并可以直接给潜水者提示减压时间等重要参数。

③潜水浮标:潜水时必须在水面放置浮标,以告知水面船只避开。

④水下电筒:潜水爱好者进行夜潜活动时,水下电筒是必备的工具之一。

⑤水下记录板:用来和潜伴在水下进行充分的沟通。

⑥药品箱:用来存放一些常用药,如创可贴、晕船药、感冒药、止泻药等。

⑦潜水日记:用来记录潜水爱好者的潜水经历,并且最好由该次潜水活动的潜水长签署以证明。

⑧装备袋:潜水时应携带专门用来放置潜水用品、设备的装备袋,当然,贵重的东西最好随身携带,如潜水电脑等。

2.技术要领

(1)做好下海前的准备工作

准备工作主要包括熟练掌握呼吸管和调节器的使用方法、水面休息方法以及紧急情况处理等。入水前的准备工作十分重要,需要潜水者亲自检查装备功能是否正常,为确保水下安全,同伴之间应该再相互检查一遍。

(2)入水的姿势

正确的入水姿势对潜水者来说也很重要。正面直立跳水时,水深需在1.5米以上,双脚前后开立,一手按住面罩,一手按空气筒背带。背向坐姿入水时,面向里坐于船邦上,向后仰面入水。正面坐姿入水,可供游泳初学者使用。侧身入水,在橡皮艇上浮卧滚身入水。

（3）潜降

潜水者在进行潜降时常采用 BC（浮力调解器）法,此方法是使用浮力调节器,并配合配重带,头上脚下地进行潜降。不用浮力调解器时,头下脚上。

（4）上升

潜水者在上升时应将上升速度控制在每分钟 18 米以内,简单地说,即不要超过自己呼出的气泡的上升速度;上升过程中应始终保持呼吸不要停止;上升时抬头看水面,可以伸出右手指定方向。注意背后,身体缓缓自转。

（5）浮潜与水肺潜水的区别

浮潜,是指在潜水者能屏息的时间里潜泳,直到无法再憋气时浮出水面的方法。水肺潜水,是指潜水者背负氧气筒,借筒内氧气呼吸,长时间潜水的方法。

（6）不适合潜水的病症

感冒、耳鼻疾病、心脏病、高（低）血压、糖尿病、醉酒、神经过敏症。

3.水肺潜水的原则

（1）两人同行原则

两人从入水到上岸都必须在一起;教练不得允许同伴自行上岸;两人应经常保持密切联系。

（2）落单时的应对原则

当其中有一个潜水者落单时,应保持镇静,浮上几米,寻找同伴;找不到时,就浮出水面;注意观察气泡。超过 10 分钟,仍无同伴的踪迹,应回到入水地点。如无必要,请不要猎杀水中动物。每 10 米检查残压计余量。

4.潜水手语

潜水运动中,潜水者应掌握以下几种潜水手势。

我现在情况良好——"OK"。

注意（物体）方向——"食指指示方向"。

上浮——"右手握拳,拇指向上"。

下潜——"右手握拳,拇指向下"。

对于初次潜水者或潜水时间不长的人来说,调节耳压是十分重要的,水的压力会使人的耳道感到不适,甚至会感觉到疼痛。此时潜水者应用手捏住鼻子,用力向鼻腔内鼓气,从而使耳道内气压升高,以抵消水的压力,然后再向下潜。潜水者如果感到耳内疼痛难以忍受,则应立刻上浮。

二、漂流运动健身

(一)漂流运动概述

漂流运动是极限运动的一种,也是奥运会运动项目之一。漂流运动最早起源于爱斯基摩人的皮船和中国的竹术筏,但当时这项运动只是为了满足生活和生存需要。在第二次世界大战之后,漂流才成为一项真正的户外运动。一些喜欢户外运动的人尝试着把退役的充气橡皮艇作为漂流工具,逐渐形成了今天的水上"艇漂"景观。

(二)漂流运动健身学练方法

1.漂流的渡河技术

(1)激流

一条河有多种状态:有的河段河水蜿蜒平稳地流动,平静得像池塘一样;有的河段落差明显,激流如奔腾的烈马;在河流的某些地段,水面由于错综复杂分布的巨石的影响而扩宽成缓慢流动的水面;在河流的某些地段,河水通过狭窄的悬崖缝挤压而下,流水与崖壁碰撞巨浪滔天。不同之处不可尽数,但形成这些不同的原因却只有四点:第一,斜度——河床顺流而下的斜度;第二,平整度——受石块、边缘形状以及砾石形状影响的河床表现;第三,构造——河床的宽窄度;第四,体积——顺流而下的水量(通常以立方英尺/秒来计算)。

可见漂流的关键在于如何应付激流。而应付激流的难易程度由躲开障碍物的难易程度决定。这受水速、障碍物类型、湍流、通道宽度、拐弯处形状等的影响,而且对于一股特定的流水来说,这些影响也是随其经过位置的水平面高低变化而不同的。一个河流探险者必须了解每一股激流的特性。激流的种类如下。

①舌状潮水。在许多激流的开头,是平稳而快速流动的水,其形状成倒"V"字形,这个"V"形就标志着是激流的通道。

②通道。顺流而下的河水通常以不同的大小沿多条通道通行。而激流和通道很少与河岸平行,并且在流动过程中经常分开,对一个漂流者来说,了解这些激流和横跨河面的激流对船的影响以及如何最有效地利用它们是很有必要的。

③形如干草堆的排浪。当快速流动的潮水趋向变缓时,将形成一系列

大的持续的波浪(我们叫作干草堆),平直排列的持续的干草堆排浪通常表示最深的通道。

(2)河道弯曲

一个漩涡就是河水在该处不能停止也不能逆流而上的地方,是由于石块存在于河流的中部或河岸对河水一排持续的波浪的反射,或是一个较急的河流转弯……顺流而下的潮水和漩涡的分界线以打旋的水和水泡为标志。这是由顺流而下的主潮水和顺流而上的漩涡中的水之间的摩擦引起的。

在较急的河道拐弯处,潮水被离心力牵引,在外环线堆积。内环线则存在着流速较慢的水(可能是漩涡),并且较浅,因此最深的通道和最快的流速是沿着外环线的。

(3)逆流

逆流即部分河水在某一区段摆脱主流,逆向流动,形成一股与主流方向相反的猛烈的水流。逆流作为最危险的河流特征之一,可产生以下几种情况:孔洞、阻塞、水力(阻力)、拖滞、卷曲、侧向卷曲、激流尾部和滚浪。

①常见的形式是孔。当水流过巨石的表面时形成的。水流过岩石上面再注入河底,在水面形成一个间隙,这个间隙被往回的逆流填满。从逆流看,这些水孔后面是大量的、平整的、泡沫状的小水坑。

②垂直下落的瀑布底部。这是另一种典型的逆流。这种水力现象的形式与孔很相似,但更强,因为这些水以巨大的势能涌向瀑布底,它们也更危险,因为底部这些泡沫状的逆流有可能抓住游泳者和木筏。

(4)间断连续的波浪

这种波浪与间断的海洋波浪非常相似,也有足够的力量打击漂流艇筏。

(5)倒卷浪

河水流过半隐于水下的礁石的顶部,汇入礁石后面憩流(止水),河水自动形成反向的流动(向上游方向流动)。所以,倒卷浪多出现于隐秘于水下的礁石的下游位置。如果潜藏于水下的礁石体积较大,相应地在其下游也会出现较大的倒卷浪。而这种较大的倒卷浪通常被称作"洞"。一些"洞"的形态颇像抽水马桶,一旦误入"歧途",被吸住,就会陷在其中,甚至把船掀翻。

(6)直立浪

当流速快的水流遇到流速慢的水流,水流量无法及时排走,就会浪浪相叠摞起来,形成高高的直立浪。直立浪通常都是些冲天大浪,但是非常有规律;而被礁石激起的水浪往往是散乱不齐的。如果直立浪很高但坡度平缓,不妨让船头对准浪尖,直接骑过去,这就是所谓"切浪"技术。如果直立浪非常陡峭汹涌,建议从浪的边缘通过。

尽管强度不同,大部分的小溪、山涧、河流都具有以上列举的各种成分。为了解水流运动中的相互作用,近距离地观察一下这些激流、漩涡、弯道等是非常有用的。

2.漂流操桨技术

(1)前进与后退

正对前进方向或背对前进方向向前侧身,手臂打直,把桨伸到水里,利用整个身体的力量把两边桨往回拉或前推,要记住身体的用力方向与桨对水的作用力相反、水的反作用力与推动艇筏前进的方向一致。每次划动都应是一个持续的动作,力量均匀地作用于每个桨,一个基本的技巧就是"直面危险,努力拉动"。因为这种拉动是最有力的,所以很多操作都用此方法让船减速或后退。

(2)改变船的角度

①单桨转动。只使用一支桨,当一支桨划动时,另一支桨在水面,会让船产生一些后退运动。

②双桨转动。双桨转动需要一点技巧,需一支桨推动时,同时拉动另一支桨,双手反向运动。

双桨操作船会转得快些,并且可以围着中心转。这种技术是用于让船在大的波浪中直行,设置船朝向渡口的角度或者让船转向。

(3)避开障碍

为避开直接的障碍,常常用摆渡的方法从旁边穿越水流,其基本技巧如下。

①确定水的流向(不必与河岸平行)。

②让船左右转动以便与水流成一个角度(即设定摆角角度)。

③平滑拉动,持续操桨。

(4)激流摆渡

当船边水流的力量(由摆渡角度引起)推动船从侧边穿越水流时,猛烈的敲击会降低船速。这样即使最小的水流运动也可能让船摆上渡口。基本技巧如下。

①把船转到你想到达的角度上,改变船在河中的位置,最重要的是让船与流水保持一定角度,然后开始向后划桨,而不是向着河岸。

②当船处于一个不是直对逆流的摆渡位置,用旋转船的方法将船从侧边滑过障碍或穿过一个狭窄的通道。用双桨旋转让船转向,并利用船后部旋转时水流对船的力量,让船从障碍物后部穿越,让船首保持直指逆流的

方向。

这种方式用于让船保持钝角(大于 45°)或在没有空间转动船首时避开障碍,而无须花费太大的力气。(此技巧要求对水流有较高的认识和判断能力。)

(5)利用后部旋轴使船转向

①以一个钝角接近障碍,在拐弯处上渡口。最重要的是船对水流的角度,而不是对岸的角度。

②拉动上首桨(离障碍物最远),使船旋转,让船首首先穿过船道。在水流与岩石的冲撞中,船可能撞上岩石,在石头周围摇摆。毫无疑问,一个操桨者为了很技巧地穿过急流,必须学会娴熟地使用纵旋轴、后旋轴和运用所有划桨技术。

(6)排桨船操作技巧

与双桨船由一人操桨不同,排桨推进是通过船长和船员的共同努力,并且大部分操作都是顺流的,船以比水流更快的速度向前进。船员坐在船边,并使力量均匀地分布于船的两侧。船长坐在船首指挥,把他手中的桨作为方向舵。这时船上人员的配合更紧密,因为船的前进趋势常在障碍物中形成一个紧密的道路。因此船长必须预料到前方水况,并迅速地通知船员跟进,而不是与水流背道而驰。船长发布的口令,用这些口令就可以像一人划船一样地操作船。

在有许多障碍物的水域和危险水道,根本没有时间精确地指向通道,让桨向前,因为船顺流而下的速度太快了。这时,可以用以下方法来降低船速,让船穿过水流而到达边沿。

①逆流摆渡,需更强的力量。用此方法应让桨向前,使船与水流成一定角度,桨与逆流成一定角度,指向你想到达的那边。

②顺流摆渡,所需力量较小,但能让操桨手看清前方,在最后时刻也易让船头转向。它是让后桨动作,让船首与逆流成一个角度,指向你想到达的那边。

排桨船操作给了我们一个激动人心(经常湿透全身)的体验河水的方式。每个有经验的船员都能迅速地执行命令,让船穿越复杂的障碍和水流,让船员特别地亲近河水。

三、冲浪运动健身

(一)冲浪运动概述

1778 年,英国探险家 J. 库克船长在夏威夷群岛就曾见过当地居民玩冲浪这种活动。1908 年以后冲浪运动传到欧美一些国家。1960 年以后冲浪运动传入亚洲。近几十年,冲浪运动有着较快的发展,北美洲、夏威夷、秘鲁、南非以及澳大利亚东部海滨都曾举行过大型的冲浪比赛。

(二)冲浪运动健身学练方法

1.冲浪运动的基本技巧

一般冲浪运动是从人身冲浪的训练开始的。人身冲浪,即冲浪者先游离海岸等待大浪,当大浪冲向海岸时,就以侧泳的方式游向海岸。当游到浪峰上时,把脸朝下,背部拱起来,并把手放在腿的旁边。这样海浪就会把人冲向岸边。海浪消失,冲浪者就把两手张开以减慢速度。在冲浪板冲浪中,人身冲浪所带来的冲浪感觉训练与平衡感训练具有十分重要的作用。利用冲浪板冲浪的选手,需要把腹部趴在冲浪板上,然后划到海浪成型的地方。当大浪开始冲向岸边时,冲浪选手就奋力划到海浪的前面,在海浪开始把冲浪板冲向海边时,迅速站立起来,一脚在前,一脚在后,以改变身体的重心来驾驭冲浪板横过波面。在冲浪运动中,大部分冲浪者是站在冲浪板的中央或者后面部分来控制方向,只有少数优秀的冲浪运动员能够移动自己的重心到冲浪板的前端。

在冲浪运动过程中,通常一个大浪能把冲浪者冲到岸边沙滩上,有技巧的冲浪者往往会与海岸线形成某个角度行进,也就是斜着向岸边冲过来。这样冲浪的距离就可以加长,有时他们可以以 55 千米/小时以上的速度冲过 400 米以上的距离。对于冲浪运动员来说,平均 1 米的浪高是十分理想的,1 米以下虽然也可以,只是效果稍差。在夏威夷海岸,有些浪高甚至可高达 8 米以上,给冲浪运动爱好者提供了具有较高挑战性的冲浪环境。

2.冲浪运动的玩法

对于冲浪运动爱好者而言,不同的冲浪玩法则具有不同的技巧性与难度。

(1)竞速和曲道的玩法

在冲浪运动中,竞速和曲道两种冲浪玩法讲求的是速度和过弯的技巧。二者的不同之处在于,竞速是直线竞速,大都在极强的风浪下进行,目前世界上的直线疾速记录为 94 千米/小时,而一般的玩家平常的速度大概有40~50 千米/小时。曲道则是采用绕浮标的方式来进行比赛,除了速度之外,稳定性、过弯与角度都是曲道最吸引冲浪者的地方,也由于曲道的水域大都是浪况较小的环境,因此如果玩家不慎落水,一般也很少出现受伤或装备损坏的情形。

（2）浪区和花式的玩法

除竞速和曲道玩法之外，花式和浪区玩法也是十分受冲浪爱好者欢迎的两种玩法。

浪区的玩法是一种难度更高的玩法，从基本的过浪、浪前转向，一直到下浪、上浪、飞跃、空翻、浪上360°空翻等，每一个动作都需要高度的技巧，而在浪区玩风浪板的玩家必须已经有一定的冲浪基础，对海流、潮汐、地形及浪况的分析也需有所认识，否则会很难进入状态。冲浪的学习必须是循序渐进的。

花式玩法一般都是在碎浪区或平水区做较大的动作，如跳跃、空翻、花式转帆和空中转向等。花式玩法的难度和危险性都很高，必须有一定的冲浪基础才可以学习，而且最好是有专业教练进行指导，否则会很容易出现人受伤或装备损坏等情况。

四、帆船运动健身

（一）帆船运动概述

帆船是指利用风力前进的船。而帆船运动则是依靠自然风力作用于帆上，由人驾驶船只行驶的一项水上运动。帆船运动集竞技、娱乐、观赏和探险于一体，备受热爱运动的人们的欢迎和喜爱。1900年第2届奥运会上，帆船运动被列为正式比赛项目。

现代帆船运动始于荷兰。1660年荷兰的阿姆斯特丹市长将一条名为"玛丽"的帆船送给英国国王查理二世。1662年查理二世举办了英国与荷兰之间的帆船比赛。1720年爱尔兰成立皇家科克帆船俱乐部。1851年英国举行环怀特岛国际帆船赛。1870年美国和英国首次举行横渡大西洋的美洲杯帆船赛。帆船分稳向板帆艇和龙骨帆艇两类。稳向板帆艇轻快灵活，可在浅水中快速行驶。奥运会项目中的飞行荷兰人型、荷兰人型、470型、星型、托纳多型等均属此类，是世界上最为普及的帆船。龙骨帆艇也称"稳向舵艇"，体大不灵活，稳定性好，帆力强，只能在深水中行驶。奥运会项目中的暴风雨型、索林型等均属此类。比赛在海面进行，场地由3个浮标构成等边三角形，每段航道长度为2～2.5海里。比赛为绕标航行，共进行7场，取其中成绩最好的6场之和评定总分，总分少者名次列前。每场计分方法为第一名0分，第二名3分，第三名5.7分，第四名8分，第五名10分，第六名11.7分，第七名13分，后续每个名次加1分。1896年被列为首届奥运会比赛项目,但因天气不好未举行。1900年再次被列为奥运会比赛项目。原为男女混合项目,从1988年奥运会起男女分设。第29届北京奥运会上,帆船比赛就是在青岛国际帆船中心及周边水域举行的。2012年第30届伦敦奥运会上,帆船比赛在韦茅斯-波特兰港举行。

(二)帆船运动健身学练方法

1.基本操纵技术

(1)掌握力学原理

帆船的前进主要依靠帆,当帆被风吹鼓起来时,形状就像机翼,其下风面等于机翼的上部,当风吹过时,产生相当于支撑飞机的浮力。而帆的另一面也受到风的推力,两股力合起来推动船向前移行。

帆和风压的原理与机翼相似,只是空气涡流太大时,帆的作用反而减小。因此为了调整涡流大小,帆船须装置主帆和副帆,主帆负责调整风力,而由副帆来直接承受风力。当主帆与副帆间的空隙变得很小时,将使涡流紊乱,船速减小;反之,二者间隙变得很大时,则会减弱逆风力,加快船速。双帆的功用在于调节涡流和便于转弯。只要熟悉了帆体的力学原理,予以灵活应用,便可在海上纵横无阻了。

(2)学会自行组装船体

一般来说,除龙骨(或稳向板)和舵在出海后装置外,其余部件都可在出海前装配好。组装时可按以下步骤进行。

①立起船桅。

②先架上前支柱,而后再架起两侧支柱。

③将主帆穿过帆桁上的沟,以便装上船桅。

④把副帆脚索绑上副帆的帆脚鸠孔,再分别穿过两舷的副帆脚索导孔,予以绑紧。

⑤系起降绳于帆上。

⑥绑上龙骨(或稳向板)绳。

⑦将船系在码头上,并放下龙骨(或稳向板),装稳舵。

⑧拉起降绳使主帆张起来,然后再将副帆装上,整个船体便算全部组装完毕。

(3)熟悉各种结绳法

系绑绳子是组装船体及出海航行中经常会使用到的技术,关系到航程的顺利与否,同时在停泊时也要用上。常用的结绳法有下列几种。

①8字结:可用于防止绳索由洞眼或滑轮中脱落。

②卷结：拆解容易，适宜短时间的绑系，可用来绑在木桩上。

③双半结：特点在于不怕强拉，且越拉越紧。

④船头结：为最安全的系船结。

⑤旗结：用于一粗一细的两绳并结。

（4）下锚起锚

帆船停泊必须靠锚，锚还可防止大风将船吹翻。下锚时，要先将船头朝上风向转，等船身静止后才慢慢放下锚。放时切忌将整团锚绳一齐用力丢下，这样易使绳子因钩到障碍物而无法顺利沉至水底。锚着底后，不久自会被风吹向下风侧，再将绳子拉紧。如果停泊中遭遇风浪时，可通过放长绳子或多下一锚来安定船身。最重要的是下锚不可下在船侧的方向。

至于起锚，通常先将主帆张起，放松帆脚索，而后张开副帆，放下船舵，握紧舵柄，待上述启航工作准备好才拉收绳子起锚。否则还来不及张帆操舵，船已随风漂走了。遇强风大浪时，则可启动发动机推向下锚处，方便收锚，锚拉上甲板后，应立即洗净泥沙，缠妥绳子。

（5）开航练习

解开系船绳，船便开始随风移动，正式启航。这时首先要看清风向，依航程配合操作，使船向下风侧漂流，并掌舵前进，拉紧主帆，船就会慢慢行进了。但是需要注意的是，当船头已朝向下风侧时要把舵柄归回正位。

2. 航行方法

（1）顺风航行

顺风航行，是指风来自正船尾或正船尾左右 22.5°角内的方向，此时正确的驶帆方法是松开帆脚索，使帆面与来风成垂直以获涨风之利，这种操纵术称为表翼驶帆。顺风航行唯一要留心的是风力的变化，在平缓流畅的风速下可加挂球形帆；一旦突遇强风时，张上球形帆反会因操纵不易而倾覆。此外，船尾也会在风力增大时被推得很高，甚至造成主帆转朝反向，因此要谨慎处理。

（2）偏顺风航行

偏顺风航行是指介于侧风与顺风之间的航行，可将副帆向上风侧推，以取得较稳定的航行。不过，当处于风大浪高之际，顺风性会得到一定的增强，而使舵无法回复至原偏顺风的方位，此时舵的功能尽失，极易导致翻船，对付的办法是将帆脚索松开以降低受风力。

（3）侧风航行

侧风航行，也叫"横风航行"，角度介于顺风与逆风之间，驶帆基本技巧是对准目标，做固定航向的航行。首先将帆脚索放松，让帆在风中摆动，待风向和船体成直角时,才拉紧帆脚索。为能充分利用风力,可把帆摆成45°,但一开始时仍应置于30°方位。

（4）逆风航行

逆风航行,又称"抢风调向"或"抢风行驶",需要极高的操纵技巧。因为一般情况下,风绝对不会一直保持同样的强度及方向,驶帆者在抢风时必须对风向和风力的细微变化提高警觉。最好尽量以船的前进力向上风向移动,采取"之"字形的迂回路线行驶。

（5）偏逆风航行

偏逆风航行,是交替运用侧风航行和偏逆风航行两种技术,先由侧风转至偏逆风再回复侧风,如此循环,效果良好。操纵步骤为先用侧风航行,熟练后才将主帆拉紧,舵柄朝下风侧推进,则船头自然会转向上风侧,唯因逆风势猛,要用力方能掌稳舵。如果船身有倾斜现象时,可放松舵柄,让船朝逆风方向,直到帆被风拍动之际,才用力拉,这样帆将因饱受风力而推力大增。当风力变弱时,应坐到下风侧,使上风侧的船腹上仰,便利行驶时的稳定。

（6）转向运用法

一般来说,帆船的转向主要有两种,即抢风转向和服风转向。抢风转向时,须用下风舵,将船首横过风的转向,使另一边的船舷受风。服风转向,则是用上风舵将船尾横过风向,以让另一侧船舷受风。

五、帆板运动健身

（一）帆板运动概述

帆板是世界上最简单的小帆船。帆板运动是运动员站在一块尖头平尾、长约 2.8～3.9 米、宽约 60 厘米的厚板上,两手操纵一面插在板中央约有 4 米高的三角帆,以风为动力,在水面上滑行的新兴的水上运动项目。

由于板体小、重量轻和流线型的结构,阻力很小,最高速度可达每小时60 千米左右。帆板运动把帆船、滑水和冲浪运动的特点结合在一起,既能增强臂力、腹背力和腿部力量,又能发展灵敏性和身体平衡能力,并且能培养人们勇敢顽强、坚忍不拔的精神。因此,帆板是一项很好的水上运动项目。

帆板的结构比帆船简单。板体是用胶合板或玻璃钢做成的密封浮体,样子很像墨鱼骨。板体可以承载桅杆、帆和人的全部重量,其附件有稳向板、尾底骨、桅杆、帆、万向节、操纵杆和拉帆索等,就是没有舵。

（二）帆板运动健身学练方法

1. 陆上模拟训练

陆上模拟训练的方法主要是将航板的头朝着前进方向，将帆置于下风，人背对风向拉起帆绳，学习起帆及左转、右转的动作要领。此外，也需学习依风的强弱调节帆的张度，在微风时放松，强风时拉紧。

2. 平衡和落水训练

帆板滑行实际是一种平衡运动，操纵者要完全靠自身的体重平衡，才不致"翻船"。首先在没有装帆的航板上练习，最好选择水深齐腰的水面，第一阶段是在板上练习坐姿，然后练习半蹲，最后完全站直，试着保持平衡。

在完成平衡训练后，可练习万一"翻船"时的安全落水法。通常从帆板上落水都是在出其不意的情况下发生的。一般人戏称的"贴邮票"，是指因背风太大而使帆翻覆在水面，人也直接扑倒在帆上。另外一种被称为"盖棉被"，是人先向后倒，帆面再随后盖在人身上。两者都是在转向使风时，角度操作不当而造成的错误落水。

正确的安全落水方法为：当强风吹来无法操纵帆板时，应先把手松开，让帆顺风向前倒下，而人则从逆风一方落水。

3. 起帆要领

在水面启航前，还要自行起帆。起帆时航板应与风向成直角，而帆前缘顺着风向放置，利用双足踩夹帆杆根柱，用身体的力量轻轻慢慢拉动帆杆绳子，直至把帆杆竖直，然后出手提住帆杆中间附着的横式手把柄。出发前还要确认帆杆根柱是否插进航板的万向接头上，左右抖动手把柄看看是否运用自如，接着就可以入水冲风破浪去了。

4. 基本驾乘法

帆船驾乘主要是学习控制风帆与风的夹角，以调节帆面承受风力的大小。帆船的驾乘法主要有以下几种。

（1）侧风驾乘。航行方向与风向成 90°，是所有驾乘技巧的基础。

（2）顺风驾乘。风来自正后方，看起来速度应该会很快，但却因为顺风使船帆压力几乎消失，人失去凭靠，不易保持平衡，反使速度降缓，并较易发生危险。

（3）偏顺风驾乘。风由斜后方吹来，是介于侧风和顺风间的航行，不但速度快而且容易平衡,是最佳乘航条件。

(4)偏逆风驾乘。风来自斜前方,此时帆对风的张角非常小,速度会逐渐转慢。

(5)逆风驾乘。无论帆板或帆船都不能逆风(顶风)而行,但可采用一种曲折迂回的"之"字形航行,即交替以向左和向右的偏逆风驾乘。

第四节　冰雪运动健身

一、滑冰运动健身

(一)滑冰运动概述

速度滑冰是指在规定距离内以竞速为目的的滑冰比赛,是一种以冰刀为用具在冰上进行的竞速运动,是冰上运动项目之一。速度滑冰是冰上运动的源头,冰上运动的其他项目都是在速度滑冰的基础上产生和发展起来的。

花样滑冰则是早在新石器时期,人类为了生产和生活的需要,用兽骨制成冰刀作为狩猎和生活中必备的交通工具。后来,人们用兽骨制成绑式冰鞋在冰上活动,随着人类社会的发展,逐步分化出以游戏和娱乐为主的冰上活动,即花样滑冰的雏形。花样滑冰在 13 世纪得到了较快的发展,并在欧洲广为流行。一些上层人物开始享受花样滑冰给他们带来的乐趣。18 世纪,花样滑冰不仅在欧洲,而且在美洲也取得了较大的发展。1742 年,英国爱丁堡滑冰俱乐部制定了许多章程和条例,规定每一个花样滑冰爱好者都必须经过测验,并达到规定的标准,才能加入该俱乐部,此后,欧洲许多国家都相继成立了类似的滑冰机构。

(二)滑冰运动健身学练方法

1. 冰上站立

两脚稍分开,与肩同宽,平稳站立,冰刀与冰面保持垂直,两膝微屈,上体保持正直(稍前倾),重心落在支撑脚上,两臂在体侧前伸开,自然控制身体平衡,目视前方。

2.单足蹬冰、单足向前滑行

准备姿势与双足滑行相同,在蹬冰结束后要保持重心不变和单足向前滑行姿势,蹬冰足放在滑足后,保持身体重心平稳,换脚时,浮足要接近滑足,两臂在两侧自然伸展。

3.双足向后滑行

双足成内八字形站在冰面上,足尖靠近,足跟分开,身体重心在冰刀前半部,双膝微屈。开始时双足同时用内刃向后蹬冰。双足间的距离同肩宽时,将双足跟向内收紧,形成双足平行向后滑,同时两膝逐渐伸直,靠拢后再次蹬冰,如此反复进行。

4.前外刃弧线滑行

以左足内刃蹬冰,用右足外刃滑出为例,身体向右侧圆弧内倾斜转体,右臂在前,左臂在后,滑足膝部逐渐伸直。换足时右足用内刃蹬冰,左足用外刃着冰,滑出前外弧线。滑膝的伸屈要和两臂及浮足的移动协调一致。

5.前内刃弧线滑行

以右足滑前内弧线、左足内刃蹬冰为例,右足用内刃向前滑出,身体重心向左倾斜,转体,右臂在前、左臂在后,面向滑行方向,右膝微曲,左足蹬冰后沿滑线靠近滑足前移,逐渐伸直,滑足膝部逐渐伸直,换足时右足用内刃蹬冰,左足用内刃滑出。

6.后外刃弧线滑行

双足平行站立,两肩和臂平放,面向滑行的方向,用右足后内刃蹬冰,两臂动作协调配合,右臂用力向后滑行方向摆动,左臂在前。右足蹬冰后迅速放在滑足前,左足做后外刃弧线滑行,当滑行到弧线一半时头向圆内,上体随着向外转动,浮足靠近滑足移向滑线前,上体姿势不变,然后再做右后外弧线滑行。

7.后内刃弧线滑行

双足平放在冰面上,背向滑行方向,两臂伸向身体两侧,用右足蹬冰,左后内刃做弧线滑行,右臂在前,左臂向滑行方向用力摆动,右足蹬冰后迅速放在滑线后,滑至弧线的一半时,浮足向滑足靠近,上体均匀缓慢地向圆内转动,浮足伸向滑线前,上体保持姿势不变。换足继续滑行,方法同上,方向相反。

8.急停

在滑冰项目中,急停不仅可以避免在练习时受伤,还可以在表演节目的段落和结束时,增强表演的效果。

(1)双足向前内刃急停:在向前滑行时,突然将足尖靠近,足跟分开,身体重心后移,两腿微屈,双膝靠近,形成用双足冰刀内刃向前刮冰的急停动作。

(2)单足前外刃急停:在向前滑行时,突然用右或左足前外刃做横向刮冰急停动作,身体稍向后倾,另一足离开冰面。

二、滑雪运动健身

(一)滑雪运动概述

滑雪运动是指手持滑雪杖、足踏滑雪板在雪面上滑行的运动,其关键要素是"立""板""雪""滑"是关键要素。滑雪运动在许多国家是冬季中最受欢迎的休闲和竞技项目。

滑雪运动是在滑动中操纵技术,重心不易控制,易形成错误动作,因此大学生参与滑雪运动初期,应在专业人员的严格指导下进行练习。

(二)滑雪运动健身学练方法

1.蹬冰式滑行

蹬冰式滑行是指运动员在平地或缓下坡地段,两腿按速度滑冰方法蹬动与滑进,双手虽持杖但不使用,只是配合腿部动作而摆动,或将两杖夹在腋下而不摆动。一般的,运动员一腿蹬动后,身体重心必须移到滑行腿板上,使之延长自由滑进距离。上体放松前倾成弧形,以减少空气阻力;膝关节尽量弯曲,增加蹬动时间,小腿与地面夹角以 70°~80°为宜;注意蹬动方向应与雪板纵轴垂直,出板角度应尽量缩小。蹬冰式滑行适合在平地及缓坡,当滑行速度达到 7.5~8 米/秒以上时运用。蹬冰式滑行具体还可以分为以下两种类型。

(1)一步一撑蹬冰式滑行

一步一撑蹬冰式滑行在平地、较缓的坡地、短距离加速时均可运用。具体技术方法如下。

①双杖推撑的同时，右脚蹬动并移重心至左板。

②左脚向前滑进，右脚蹬动后向左板靠拢。

③自由滑进的左脚再蹬动，同时开始撑杖。

（2）两步一撑蹬冰式滑行

两步一撑蹬冰式滑行被广泛应用于平地及缓坡滑行，该滑行技术的特点是容易掌握，节奏性也较强。具体技术方法如下。

①右板向前滑进并利用内刃进行有效的蹬动，接着将重心移到左侧板上并承担体重向前滑行，同时两侧杖推撑，但左侧杖的推撑力要大于右侧杖。

②连续若干次后，调换至另一侧开始，如此反复。

2. 单蹬式滑行

单蹬式滑行是一种在平地或缓坡滑行时的有效方法。具体技术方法如下。

（1）用右腿雪板内刃向外侧用力蹬动，两杖同时向后推撑。

（2）蹬动结束后，重心移向左侧板并承担体重向前滑进，与此同时，双杖前摆。

（3）左板向前滑进一段距离后，重心向右倾，右板着地后，准备再一次蹬动，两杖前摆插地。

（4）右脚准备再一次蹬动，两杖插入板尖两侧。

3. 登坡滑行

（1）两步一撑蹬冰式滑行登坡

两步一撑蹬冰式滑行登坡是上坡滑行常用的方法，它适用于不同角度的坡面。具体技术方法如下。

①上坡时步频不需要明显加快，由于膝关节弯曲度大，登行效果也好。

②两杖用力不同，滑行板侧用力较大。插杖也不对称。

③随着坡度的增大，两步一撑第一步滑行距离较短，往往只起到过渡作用。

（2）交替蹬撑滑行登坡

蹬动及撑杖的配合与"两步一撑蹬冰式滑行"一样，只是两脚的蹬动与滑行方向不同。动作节奏和每步滑行距离应随坡度变化而变化。滑行条件好时，每步的滑行距离应稍长些。

4. 转弯滑行

(1)身体向弯道圆心侧倾倒。

(2)内侧板沿弯道切线方向滑进,并时刻调整方向,勿远离圆心。

(3)外侧板应按弯道的法线方向向外侧蹬动,同时需要加快频率,以便与内侧板相配合,变换转动方向。

5. 滑降

自由技术滑行的滑降技术方法与传统技术的滑降技术方法相同。但因越野滑雪板的宽度与高山板不同,雪鞋后跟部也不固定在板上,速度快时不易控制,容易失去平衡。所以必要时要先控制速度,以防失去平衡。

第五节　空中运动健身

一、热气球运动健身

(一)热气球运动概述

热气球是利用空气受热膨胀的物理原理,使气球升空,从而实现人们在空中自由飞翔的运动。热气球运动是一种国外流行的体育运动方式,也是我国新兴的体育运动项目,国内目前普遍使用的是七型热气球,最大直径17 米,高 23 米,体积约 2 180 立方米,最高飞行高度可达 7 000 米。热气球是一项老少皆宜的运动项目,据国际航联统计,热气球在所有飞行器中的安全系数最高。

(二)热气球运动健身学练方法

1. 起飞技术

一个热气球的起飞至少需要四个人的共同作业。首先,在地上把球囊铺展开;其次,将它与放在一边的吊篮连接在一起,用一个小的鼓风机,将风吹入球囊;最后,将火点燃加热在气球球囊内的空气,热空气使气球升到垂直于吊篮的位置,气球立起来就可以起飞了。

2.驾驶技术

热气球是随风而行的,并非真的被"驾驶"。由于风在不同的高度有不同的方向和速度,驾驶员可以根据飞行需要的方向选择适当的高度。

3.速度控制

热气球飘飞速度的快与慢,是由风速的快慢决定的,因为热气球本身并没有动力系统,飞行速度完全取决于风速。热气球最大下降速度 6 米/秒,最大上升速度 5 米/秒。

4.飞行时间

在一天当中,太阳刚刚升起时或太阳下山前 1~2 个小时,风很平静,气流也很稳定,是热气球飞行的最佳时间。

如果携带足够的石油液化气或丙烷,一只热气球通常能持续飞行 2 个小时,但热气球飞行的持续时间也受其他因素的影响,例如气温、风速、吊篮重量(包括乘客)和起飞的具体时间等。

5.复原

热气球恢复原状需要地勤人员的帮助,地勤人员驾驶卡车或小货车跟随飘飞的气球,预先到达降落点。

二、滑翔伞运动健身

(一)滑翔伞运动概述

滑翔伞是无动力飞行的一种形式,使用的动力是地球引力,滑翔器下降(低于 1.5 米/秒)的同时会获得高于 60 千米/小时的向前飞行的速度。它体现了一种人与自然的交流,备受崇尚自然者的喜爱。

(二)滑翔伞运动健身学练方法

1.张伞技术

滑翔伞的伞衣绝不能有破损,因此取出伞衣时要小心,一边展开伞衣必须一边检查有无破损,铺伞衣的步骤如下。

(1)检查吊绳是否有乱绳打结或脱落,铺伞时风口朝上铺成扇型,所有吊绳都必须放在伞衣的上方,操纵绳拉至伞衣外侧,使伞衣后缘全部露出。

(2)将左右操纵带分开放,伞衣中心线与起跑路线相同。

(3)将操纵绳整理好放在最外面,后组绳放在中间,前组绳放在最里面,最后将操纵带挂至套带的挂钩时需再一次检查伞绳是否乱绳,前后操纵带是否扭曲。

2.收伞技术

为将降落场地留给后面陆续着陆者,飞行员一着陆便要立刻大收伞并将伞提至空旷休息区内慢慢整理。大收伞技术步骤如下。

(1)将两手的操纵环分别扣回原位。

(2)理整齐两组操纵带,左手握住小连接环处,右手将所有吊绳握在手中,手臂尽量伸至最长,然后绕成圆形交至左手,再继续将吊绳收于左手中,一直到无法再收为止。

(3)右手握住吊绳与伞衣连接处背至肩上。

(4)一边收吊绳,须一边向前走,不可在原地用力拉吊绳,以免伞衣被尖锐物刮破。

3.折伞技术

和张伞一样,折伞时应将伞衣伞腹朝上平铺在地,吊绳置于伞腹之上,检查伞衣内有无杂物。折伞技术步骤如下。

(1)检查伞衣两侧吊绳有无乱绳,然后将左右吊绳分别打结置于伞衣上。

(2)将一边伞衣由稳定翼处一片一片折至中央部位后换另一边,在此中央部位与另一边相叠,此时必须将伞衣内部空气由后缘向风口处压出,再由后缘风向口方向折叠。

(3)先收伞衣,再收套带,最后收安全帽。

(4)将折叠好的伞衣放入伞包。注意拉伞包拉链时不可将伞衣夹破。

4.斜坡起飞

(1)选择一个正面迎风、坡度在 25°～30°、可以跑步起飞的斜坡。

(2)在预定起飞地点上方约 10.20 米处开伞。

(3)无风情况下跑速达 3 米/秒时,可安全起飞。对初学者而言,理想的正面风约 12 米/秒。

5.起飞滑行

(1)快速向前跑,使伞衣在头顶正上方张开,让空气由风口灌入后、翼型适度形成。如果在跑的过程中,伞不在头顶正上方,而是倾斜拉起时,伞衣调整要慢慢拉下倾斜相反方向的操纵绳,人同时向中央下方跑去,使伞衣回复头顶正上方。

(2)伞衣平整拉起或修正后平整拉起至头顶上方时,加速向山下跑。当伞衣升力增加时,身体会有向上拉起的感觉,这时绝对不可跳跃,应继续加速向前跑,以免使伞衣瞬间失去重力而塌下。

(3)升力感觉相当强时,跑动中双手同时将操纵绳拉下至肩膀位置,使伞衣和飞行员向空中飞去。双脚离开地面后,双手放回耳朵位置。通常双手操纵绳同时下拉至相同位置,飞行伞自然直线飞行。

6.转弯技术

(1)左右转弯:左操纵绳拉得比右操纵绳多时,伞向左侧转动;反之则向右侧转动。但无论左或右操纵绳已经拉至1/2刹车位做直线滑行时,如果左或右操纵绳再往下多拉一点,伞便会急速转弯,容易造成螺旋旋转的危险。因此转弯时,操纵绳不可超过1/4耳朵位置,直到左右转弯非常熟练时才可做大动作的转弯。

(2)停止转弯:将拉下的操纵绳回至原位或将两操纵绳置于同一位置即可转弯,速度取决于操纵绳拉下多少,拉下多,翼倾斜面大,转弯速度急速、摆动激烈;反之则倾斜面小,转弯速度慢,摆动不明显。

7.刹车技术

(1)使用双手伸直的操纵绳位置为全滑行。
(2)双手下拉至双耳位置为1/4刹车。
(3)双手拉至双肩为1/2刹车。
(4)双手拉至腰部为3/4刹车。
(5)双手伸直为全刹车。

8.降落

(1)确认降落地点、操纵绳双手拉下相当1/4位置,并保持此姿势行进。
(2)进入最后降落滑行时,稍许加速。
(3)高度降至5米以下时将操纵绳拉下,双脚即将接触地面,高度大约1米时将操纵绳拉下至全刹车位置。

(4)在降落过程中,注意手脚的协调配合。刹车过早,伞衣高度较高会因停顿而失速,有伤及飞行员尾椎或腰椎、坐骨神经,并使骨盆破裂的危险;刹车过晚,下降速度较快,可能伤及脚。应保持镇定,双脚伸直,不可屈膝、缩腿、滚翻着陆。

参考文献

[1]李相如,苏明理.全民健身导论[M].北京:高等教育出版社,2008.

[2]卢锋.休闲体育学[M].北京:人民体育出版社,2005.

[3]安丽娜.体育与健康教程理论研究[M].北京:中国纺织出版社,2016.

[4]王秀玲.全民健身与城市体育[M].沈阳:白山出版社,2015.

[5]南来寒.全民健身路径[M].长春:吉林文史出版社,2014.

[6]董孔楣,陈立民,李永刚.全民健身运动理论和科学实践研究[M].北京:中国书籍出版社,2014.

[7]刘巍,张建,杨忠强.全民健身新论[M].哈尔滨:东北林业大学出版社,2013.

[8]胡耿丹.运动生物力学[M].上海:同济大学出版社,2013.

[9]胡桂英.运动心理学[M].杭州:浙江大学出版社,2008.

[10]封飞虎,凌波.运动生理学[M].武汉:华中科技大学出版社,2014.

[11]王祺.科学的体育锻炼[J].黑龙江科技信息,2010(16).

[12]王莉,孟亚峥,黄亚玲,邹新娴,李圣鑫,王芳.全民健身公共服务体系构成与标准化研究[J].北京体育大学学报,2015(03).

[13]杨毛元等.大众健身理论与实践研究[M].长春:吉林大学出版社,2015.

[14]张钧,张蕴琨.运动营养学[M].北京:高等教育出版社,2010.

[15]于军,周君华,黄义军.全民健身服务实践体系建设研究[M].北京:中国书籍出版社,2012.

[16]卢元镇.社会体育导论[M].北京:高等教育出版社,2004.

[17]卢元镇等.全民健身与生活方式[M].北京:北京体育大学出版社,2001.

[18]胡小明,虞重干.体育休闲娱乐理论与实践[M].北京:高等教育出版社,2004.

[19]李鸿江.田径(第3版)[M].北京:高等教育出版社,2014.

[20]马良.现代田径运动竞技与健身[M].北京:中国商务出版社,2007.

[21]于建兰.田径运动竞技与健身[M].哈尔滨:东北林业大学出版

社,2008.

[22]尹默林.游泳运动与水中健身[M].上海:上海大学出版社,2013.

[23]梅雪雄.游泳[M].北京:高等教育出版社,2008.

[24]汤信明.足球运动教学与训练[M].武汉:华中科技大学出版社,2012.

[25]何志林.足球教学训练工作指南[M].北京:人民体育出版社,2010.

[26]刘青松.高校篮球运动教程[M].北京:中国水利水电出版社,2015.

[27]高治.现代篮球技战术实践与创新[M].北京:中国书籍出版社,2014.

[28]张瑞林.网球运动[M].北京:高等教育出版社,2010.

[29]马鸿韬.健美操运动教程[M].北京:北京体育大学出版社,2010.

[30]宋雯.瑜伽教学与实践[M].北京:北京体育大学出版社,2011.

[31]张选惠.民族传统体育概论[M].北京:人民体育出版社,2006.

[32]林小美.大学武术[M].杭州:浙江大学出版社,2008.

[33]国家体育总局健身气功管理中心.健身气功·易筋经 五禽戏 六字诀 八段锦[M].北京:人民体育出版社,2005.

[34]周庆海.传统养生功法[M].北京:化学工业出版社,2011.

[35]孟刚.户外运动[M].北京:北京师范大学出版社,2008.

[36]张建新,牛小洪.户外运动宝典[M].武汉:湖北科学技术出版社,2008.

[37]董立.大学生户外运动[M].成都:西南交通大学出版社,2010.